# 만들면서 배우는

# 라즈베리파이 라지그 프로젝트

## First Edition

커널연구회(www.kernel.bz)

정재준(rgbi3307@nate.com)

# 저작권

## 만들면서 배우는 라즈베리파이 라지그 프로젝트

저자 정재준

커널연구회는 리눅스 커널과 자료구조 알고리즘을 연구하고 리눅스 시스템 프로그래밍 및 디바이스드라이버 개발을 통하여 창의적인 프로젝트를 수행하여 IoT 관련 제품들을 만들어 일상 생활을 풍요롭고 편리하게 하는데 가치를 두고 있습니다.　아울러 관련 기술들을 교육하여 여러사람들과 공유할 수 있도록 노력하고 있습니다.　커널연구회가 연구 개발한 결과물들은 체계적으로 문서화하여 온라인(www.kernel.bz)상에서 무료 혹은 유료로 제공하고 있습니다. 커널연구회가 제공하는 저작물에는 저작권을 표시하고 있으며 사용자는 저작권 표시를 보존해 주어야 합니다.　커널연구회가 유료로 제공하는 저작물은 사용자에게 개인키(암호)를 부여 하므로 개인키를 타인에게 공개 및 양도하는 일이 없도록 해야 합니다.

기타 자세한 내용들은 커널연구회 웹사이트(www.kernel.bz)를 방문해 주시기 바랍니다.
감사합니다.

발행인: 정재준
발행처: 커널연구회
출판사등록번호: 제2011-75호
출판사등록일: 2011년 09월 27일
전화: 02-2181-3507　/ 팩스: 031-594-5307
ISBN: 978-89-97750-07-8

초판발행일: 2016년 04월 20일

값 28000원
93000

9 788997 750078
ISBN 978-89-97750-07-8

# 커널연구회 로드맵

## 연구개발 및 교육

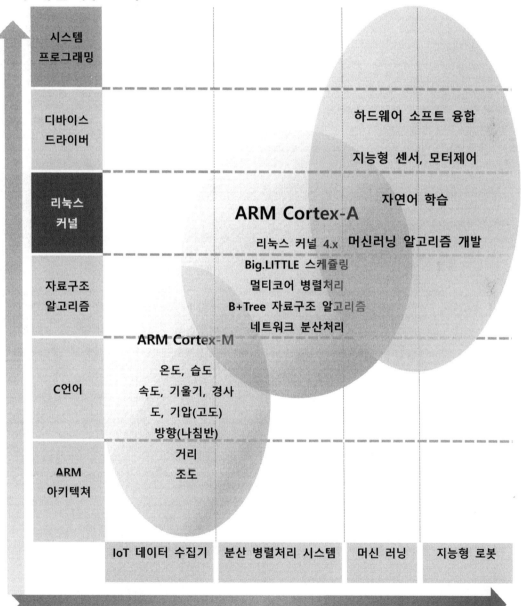

커널연구회(www.kernel.bz)         정재준 (rgbi3307@nate.com)

# 커널연구회 교육과정 로드맵

커널연구회 교육학원은 다음과 같은 훈련과정 개발 체계를 갖추고 있습니다. 먼저 프로그래밍의 가장 기본이 되는 "C언어와 자료구조 알고리즘"에 대해서 자체적으로 출판한 교재를 통하여 교육생들이 확실이 기초를 다질 수 있도록 교육한후, 이것을 바탕으로 "리눅스 시스템 프로그래밍" 과정을 익혀서 어플리케이션을 개발할 수 있도록 합니다. 그리고 "ARM 아키텍쳐 펌웨어 실습" 과정을 거쳐서 STM32 펌웨어 프로그래밍을 할 수 있는 역량을 배양합니다. 위의 과정들을 마치게 되면 "리눅스 커널과 디바이스드라이버 실습" 과정을 통하여 IoT 환경의 프로젝트를 수행하도록 하는 훈련과정 개발 체계를 갖추고 있습니다. 최종적으로는 교육과정에서 산출한 내용물과 교육 프로젝트 수행 결과물들을 서로 공유하여 사회에 공헌하는 체계로 접근하고 있습니다.

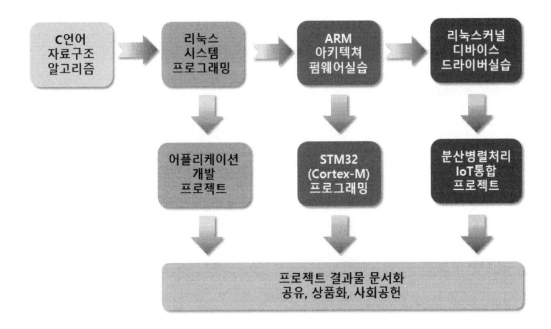

♣ 좀더 자세한 내용들은 커널연구회(www.kernel.bz) 웹사이트를 참조하세요.

# 라지그 프로젝트 교육안내

만들면서 배우는 라즈베리파이 라지그 프로젝트는 커널연구회의 교육과정을 통해서 자세히 학습할 수 있도록 구성했다. 본 책자는 라지그 프로젝트를 수행하기 위한 여러가지 배경지식에 대해서 설명하는 것이다. 라즈베리파이에는 리눅스가 포팅되어 있으므로 리눅스 환경에서 시스템 프로그래밍하기 위해서 여러가지 개발환경 설치하는 것에 대해서는 자세히 설명하고 있으나, 소프트웨어 구현과 실습에 대해서 책으로 모두 설명하기에는 여러가지 제약사항들이 많은 실정이다. 그래서 소프트웨어를 설명하고 직접 구현 및 실습하는 것은 아래와 같은 커널연구회 교육과정을 통해서 진행하고 있다.

커널연구회 라지그(RaZig) 프로젝트 교육과정에 참여하기 위해서는 C언어와 자료구조 알고리즘 및 리눅스 시스템 프로그래밍에 대해서 어느 정도 사전 지식을 갖추고 있어야 한다. 커널연구회는 C언어와 자료구조 알고리즘 교육 과정과 리눅스 시스템 프로그래밍 교육과정을 마련하고 있으므로 사전 지식이 부족하다면 아래 링크를 참조해 주기 바란다.

## 커널연구회 교육과정 상세 안내 링크

http://dev.kernel.bz/doc/kernel_bz_edu_detail_intro.htm

라지그 프로젝트는 C언어와 자료구조 알고리즘 및 리눅스 시스템 프로그래밍 과정을 이수하신 분들을 대상으로 아래와 같이 교육을 진행한다. 교육 기간은 2개월이지만, 상황에 따라서 변경될 수 있으므로 커널연구회 웹사이트(http://www.kernel.bz)를 자주 참조해 주기 바란다.

## 라지그 프로젝트 교육내용

| 순번 | 교육 제목 | 상세 내용 |
|---|---|---|
| 1 | 라즈베리파이 개발환경 | 라즈베리파이 개발환경 설정방법<br>통합개발도구(Code Blocks) 설치<br>디바이스 포팅<br>사운드, 비디오, USB WiFi 동글, 카메라 모듈 포팅<br>GPIO 헤더핀맵 이해 |
| 2 | 리눅스 시스템 프로그래밍 | 오픈소스 사용법 설명<br>카메라 제어 프로세스 코딩(쓰레드, 데몬, 시그널)<br>카메라 동작감시 프로세스 코딩(쓰레드, 데몬, 시그널)<br>음악 및 동영상 재생 프로세스 코딩(쓰레드, 데몬, 시그널)<br>인터넷 라디오 플레이 프로세스 코딩(쓰레드, 데몬, 시그널) |

커널연구회(www.kernel.bz)                               정재준 (rgbi3307@nate.com)

| 3 | 웹서버프로그래밍 | 아파치, PHP, MySQL 연동방법<br>PHP 웹페이지와 C언어 시스템 프로그래밍 연동방법<br>스마트폰과 USB WiFi 무선 인터페이스 방법 |
|---|---|---|
| 4 | 모터 제어<br>프로그래밍 | 모터 제어 보드의 이해<br>PWM 인터페이스 이해 및 코딩<br>스마트폰으로 모터제어 인터페이스 코딩<br>PHP와 C언어로 로봇제어 프로그래밍 코딩 |
| 5 | 센서 데이터 수집<br>프로그래밍 | 라지그 센서 보드의 이해<br>I2C 인터페이스 이해 및 코딩<br>스마트폰으로 센서 데이터 수집 인터페이스 코딩<br>PHP와 C언어로 센서 데이터 통계 및 그래프 처리 기능 코딩 |

커널연구회의 라지그 프로젝트 교육과정에 참여하기 전에 아래에 대해서 먼저 점검해 보는 것도 필요하다.  아래에서 0, 1, 2 번 사항에 대해서는 어느 정도 선행학습 되어 있어야 한다.  그리고, 3, 4, 5 번 사항은 반드시 필요한 것은 아니지만 알고 있으면 많은 보탬이 될 듯 하다.

### 사전 점검 내용

0. 커널연구회 라지그 프로젝트에 대해서 사전 정보를 파악하고 있는가?
1. C 언어와 자료구조 알고리즘에 대해서 어느정도 학습했는가.
2. 리눅스 시스템 프로그래밍은 어느정도 알고 있는가?
3. 웹(PHP, MySQL)서버 프로그래밍도 가능한가?
4. 3D 프린터를 사용하기 위해서 3D 도면을 설계해본 경험은 있는가?
5. 하드웨어 회로 설계에 대한 지식은 어느 정도인가?

커널연구회(www.kernel.bz)                          정재준 (rgbi3307@nate.com)

# 저자 소개

**정재준 (rgbi3307@nate.com) / 커널연구회(www.kernel.bz)**

저자는 학창시절 마이크로프로세서 제어 기술을 배웠으며 리눅스 커널을 연구하고 있다.  15년 이상 쌓아온 실무 경험을 바탕으로 "C언어와 자료구조 알고리즘", "리눅스 시스템 프로그래밍", "리눅스 커널과 디바이스드라이버 실습2", "오라클 실무활용 SQL튜닝2"등의 책을 집필하고, 월간임베디드월드 잡지에 다수의 글을 기고 하였다.  또한 "맞춤형 문장 자동 번역 시스템 및 이를 위한 데이터베이스 구축방법 (The System for the customized automatic sentence translation and database construction method)" 라는 내용으로 프로그래밍을 하여 특허청에 특허출원 하였다. 최근에는 서울시 버스와 지하철 교통카드 요금결재 단말기에 들어가는 리눅스 커널과 디바이스 드라이버 개발 프로젝트를 성공적으로 수행했고 여러가지 임베디드 제품을 개발했다.  저자는 스탠포드대학교의 John L. Hennessy 교수의 저서 "Computer Organization and Design" 책을 읽고 깊은 감명을 받았으며, 컴퓨터구조와 자료구조 알고리즘 효율성 연구를 통한 기술서적 집필에 노력하고 있다.  저자는 온라인 상에서 커널연구회(http://www.kernel.bz/) 웹사이트를 운영하며 연구개발, 교육, 관련기술 공유 등을 위해 노력하고 있다.

♣ 저자가 집필한 책들

# 목차

## 내용

라즈베리파이 라지그 프로젝트 ................................................................................................. 1

저작권 ................................................................................................................................ 2

커널연구회 로드맵 ................................................................................................................ 3

커널연구회 교육과정 로드맵 .................................................................................................... 4

라지그 프로젝트 교육안내 ...................................................................................................... 5

저자 소개 ............................................................................................................................ 7

목차 ................................................................................................................................... 8

1.  라즈베리파이 설치하기 ..................................................................................................... 13

　　1.1 준비물 ..................................................................................................................... 14

　　1.2 SD카드 준비 ............................................................................................................ 15

　　1.3 부팅하기 .................................................................................................................. 17

　　1.4 기본 설정하기 ........................................................................................................... 19

　　　　1.4.1 사용자 암호 변경 ............................................................................................... 19

　　　　1.4.2 국가별 언어 선택 ............................................................................................... 21

　　　　1.4.3 사용자 프로파일 변경 ......................................................................................... 27

　　　　1.4.4 네트워크 설정 ................................................................................................... 27

　　　　1.4.5 apt-get 업데이트 ............................................................................................. 28

　　　　1.4.6 한글 폰트 설치하기 ........................................................................................... 29

　　　　1.4.7 한글 키보드 입력 설정 ........................................................................................ 34

　　1.5 삼바 설치하기 ........................................................................................................... 36

　　1.6 NFS 설치하기 .......................................................................................................... 40

　　1.7 기타 패키지 설치 ....................................................................................................... 43

　　1.8 커널연구회 배포본 ...................................................................................................... 46

2. 개발 환경 설치하기 ......................................................................................................... 50

　　2.1 CODE BLOCKS 설치하기 ........................................................................................... 51

　　2.2 GTK 설치하기 ......................................................................................................... 56

커널연구회(www.kernel.bz)　　　　　　　　　　　　　　　　　정재준 (rgbi3307@nate.com)

*2.2.1 GTK 프로젝트 생성*.................................................................... *67*

*2.2.2 GTK 소스 예제* ........................................................................ *68*

2.3 QT5 설치하기 ................................................................................ 70

*2.3.1 Qt5 표준 라이브러리 설치*........................................................ *71*

*2.3.2 QtCreator 설치* ....................................................................... *79*

*2.3.3 Qt5 실행*................................................................................. *81*

2.4 라즈베리파이 2개로 커널 개발환경 설정 ......................................... 82

**3. 커널소스 빌드**.............................................................................. **83**

3.1 커널소스 다운로드........................................................................ 84

3.2 커널소스 빌드 .............................................................................. 87

*3.2.1 라즈베리파이 보드에서 직접 빌드* ............................................. *88*

*3.2.2 리눅스 Host PC에서 크로스 컴파일* .......................................... *89*

3.3 커널 설치 .................................................................................... 89

3.4 커널 모듈 실행 ............................................................................ 92

3.5 커널소스 디버깅(KGDB) ................................................................ 93

3.6 커널 소스 분석 ........................................................................... 101

*3.6.1 BCM283x 메모리맵* ................................................................ *101*

*3.6.2 디바이스트리 소스파일* ........................................................... *102*

*3.6.3 장치 접근(레지스터) 주소* ...................................................... *113*

*3.6.4 GPIO 핀맵* ............................................................................ *113*

*3.6.5 I2C 드라이버 소스 분석* ......................................................... *117*

**4. 각종 디바이스 포팅** .................................................................... **131**

4.1 멀티미디어 기능........................................................................... 132

*4.1.1 사운드 재생하기*..................................................................... *132*

*4.1.2 비디오 재생하기* ..................................................................... *135*

4.2 디스플레이 설정........................................................................... 135

*4.2.1 TFT-LCD(3.5인치) 포팅* ......................................................... *135*

*4.2.2 HDMI 화면 설정* ..................................................................... *139*

4.3 USB WiFi 동글 포팅 ................................................................... 140

*4.3.1 설치하기*................................................................................. *140*

*4.3.2 WiFi 연결 및 테스트* ............................................................... *144*

*4.3.3 Host AP 설정* ........................................................................ *162*

4.4 카메라 모듈 포팅 ........................................................................ 174

    *4.4.1 설치하기*.................................................................................*174*

    *4.4.2 실행하기*.................................................................................*176*

    *4.4.3 실행 문제(이슈)*.....................................................................*179*

    *4.4.4 실행 명령*.............................................................................*181*

    *4.4.5 웹스트리밍*.............................................................................*184*

  4.5 자동 실행(RC.LOCAL)................................................................193

  4.6 시리얼 포트(/DEV/TTYAMA0) 활성화.....................................194

  4.7 I2C 테스트....................................................................................194

    *4.7.1 I2C 설정하기*.........................................................................*194*

    *4.7.2 I2C 테스트*.............................................................................*197*

  4.8 GPIO 설정.................................................................................205

  4.9 USB 마운트.............................................................................207

**5. 웹서버 구축하기**.............................................................................**210**

  5.1 아파치 설치하기.........................................................................211

  5.2 MYSQL 설치하기.......................................................................215

  5.3 PHP 설치하기...........................................................................219

  5.4 아파치와 PHP 연동...................................................................222

  5.5 PHP와 MYSQL 연동.................................................................223

  5.6 실행 및 동작확인.......................................................................224

  5.7 MYSQL과 C언어 연동...............................................................230

  5.8 SQLITE 활용하기.......................................................................232

    *5.8.1 SQLite 설치*...........................................................................*232*

    *5.8.2 SQLite 실행*...........................................................................*233*

**6. 웹서버 운영하기**.............................................................................**236**

  6.1 PHPMYADMIN 설치...................................................................237

  6.2 PHPMYADMIN 설정...................................................................240

  6.3 PHPMYADMIN 동작 확인.........................................................243

  6.4 CGI 실행하기...........................................................................245

**7. 라지그(RAZIG) 프로젝트**.............................................................**247**

  7.1 라즈베리파이 헤더핀.................................................................247

  7.2 라지그 SENSOR 보드.................................................................248

  7.3 라지그 MOTOR 보드.................................................................250

커널연구회(www.kernel.bz)                                    정재준 (rgbi3307@nate.com)

7.4 라지그 보드 조립 방법 ......................................................................... 251

    *7.4.1 Senosr 보드 조립* ............................................................................ 251

    *7.4.2 Motor 보드 조립* ........................................................................... 258

    *7.4.3 Senosr와 Motor 보드 연결* ........................................................... 262

7.5 라지그 기능 소개 .................................................................................. 264

    *7.5.1 개인용 PC기능* ................................................................................ 266

    *7.5.2 카메라 녹화기능* ............................................................................ 267

    *7.5.3 방범 카메라 기능* ......................................................................... 269

    *7.5.4 센서 데이터 수집 기능* .................................................................. 271

    *7.5.5 음악파일 재생 기능* ....................................................................... 273

    *7.5.6 동영상 및 라디오방송 듣기* ......................................................... 274

    *7.5.7 로봇 자동차 제어기능* .................................................................. 275

7.6 라지그 프로젝트 교육안내 .................................................................... 276

**8. IOT 센서 소개** .......................................................................................... **278**

8.1 온도, 습도 센서(HTS221) ...................................................................... 279

8.2 기압, 고도 센서(LPS25H) ..................................................................... 280

8.3 지자계, 나침반 센서(LIS3MDL) ........................................................... 281

8.4 기울기, 속도 센서(LSM6DS0) ............................................................... 282

**9. 모터 제어** ................................................................................................... **283**

9.1 STEPPING 모터 ...................................................................................... 284

9.2 DC 모터 ................................................................................................... 285

**10. UART 모터 제어** ..................................................................................... **287**

10.1 DYNAMIXEL XL-320 소개 .................................................................... 288

10.2 명령 패킷 프로토콜 ............................................................................. 289

10.3 상태 패킷 프로토콜(응답 패킷) ........................................................... 291

10.4 프로토콜 2.0 ......................................................................................... 292

    *10.4.1 명령 패킷 구조* ............................................................................. 292

    *10.4.2 상태 패킷 구조(Return Packet)* ................................................... 296

    *10.4.3 Packet 전송 전/후 처리* ............................................................... 297

    *10.4.4 명령별 파라미터 설명* .................................................................. 297

10.5 CONTROL TABLE ................................................................................... 303

    *10.5.1 EEPROM 영역* .............................................................................. 305

커널연구회(www.kernel.bz)            정재준 (rgbi3307@nate.com)

*10.5.2 RAM 영역* .................................................................................................... *308*

**부록A. 라지그 프로젝트 소프트웨어 설계 구조** ....................................................... **315**

A1.1 MEDIA PLAY .................................................................................................. 316

A1.2 MEDIA LIST ................................................................................................... 318

A1.3 MOTOR ACTION ............................................................................................ 329

A1.4 SENSOR ACTION ........................................................................................... 336

**부록B. 커널연구회 교육과정 상세안내** .................................................................... **340**

B1.0 커널연구회 교육과정 로드맵 ...................................................................... 340

B1.1 C언어와 자료구조 알고리즘 ....................................................................... 341

B1.2 리눅스 시스템 프로그래밍 ......................................................................... 345

B1.3 ARM 아키텍쳐, STM32 프로그래밍 ........................................................... 349

B1.4 리눅스 커널 자료구조 알고리즘 실습 ....................................................... 352

B1.5 리눅스 커널 소스 디버깅 실습 .................................................................. 356

B1.6 리눅스 커널 DEVICE TREE 실습 ............................................................... 360

**커널연구회 교육학원 위치(약도)** ............................................................................ **366**

커널연구회(www.kernel.bz)                              정재준 (rgbi3307@nate.com)

# 1. 라즈베리파이 설치하기

## 라즈베리파이2 하드웨어 사양

- 900MHz quad-core ARM Cortex-A7 CPU
- 1GB RAM (built-in)
- 4 USB ports
- 40 GPIO pins
- Full HDMI port
- Ethernet port
- Combined 3.5mm audio jack and composite video
- Camera interface (CSI)
- Display interface (DSI)
- Micro SD card slot
- VideoCore IV 3D graphics core

커널연구회(www.kernel.bz)　　　　　　　　　　　　　　정재준 (rgbi3307@nate.com)

## 1.1 준비물

라즈베리파이2 보드, 마이크로 SD카드

**USB 전원(5V, 1A이상), HDMI 케이블, USB 키보드, 마우스, 이더넷 케이블**

**전체 연결한 모습**

참고로 라즈베리파이는 키보드와 마우스에서 상대적으로 전류를 많이 소모하므로, PC 에서 제공하는 USB 전원은 500mA 가 최대이기 때문에 전류가 부족해서 키보드가 동작하지 않는 경우가 자주 발생한다. 따라서 외부 어댑터 전원(5V, 1A 이상)을 사용하는 것이 좋다.

커널연구회(www.kernel.bz)                                    정재준 (rgbi3307@nate.com)

## 1.2 SD카드 준비

마이크로 SD카드 용량은 8GB 정도가 필요하며, 여러가지 패키지들을 설치하고 좀더 여유롭게 개
발하려면 16GB 용량이 좋다.

아래 링크에서 윈도우용 SD카드 포맷 프로그램 다운로드 한다.


https://www.sdcard.org/downloads/formatter_4/eula_windows/index.html


프로그램을 설치하여 아래와 같이 SDFomatter을 실행한다.

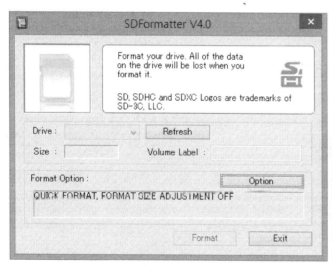

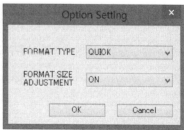

옵션버튼을 클릭하여 FORMAT SIZE ADJUSTMENT을 On 으로 한다.


다음으로 아래 링크에서 SD카드에 저장할 부팅 파일을 다운로드한다.


https://www.raspberrypi.org/downloads/noobs/

다운로드한 파일(NOOBS_v1_4_2.zip)을 압축 해제하여 위에서 포맷한 SD카드의 루트 경로에 파일들을 그대로 복사한다.

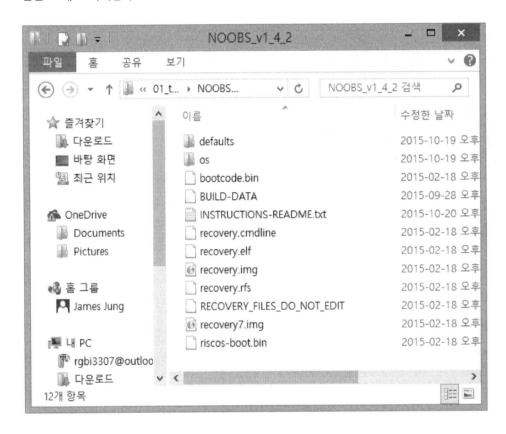

## 1.3 부팅하기

SD카드를 슬롯에 끼워 넣은후, USB 케이블을 통하여 전원을 인가한다.

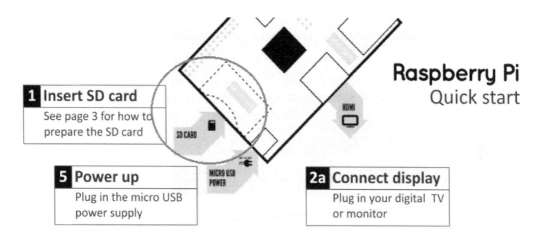

전원을 인가하면 아래와 같이 HDMI 화면에 OS 와 루트 파일시스템 설치 메뉴가 나타난다.
첫번째에 있는 Raspbian 을 선택하고 언어는 English, 키보드는 kr 을 선택한후 Install 버튼을
클릭한다.

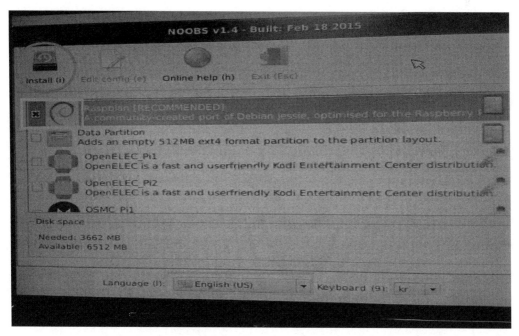

커널연구회(www.kernel.bz)        정재준 (rgbi3307@nate.com)

다음과 같이 SD 카드에 OS 와 루트 파일 시스템 설치가 진행된다. 이 과정은 20~30 분정도
소요된다.

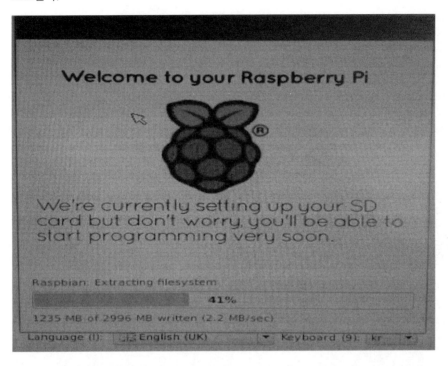

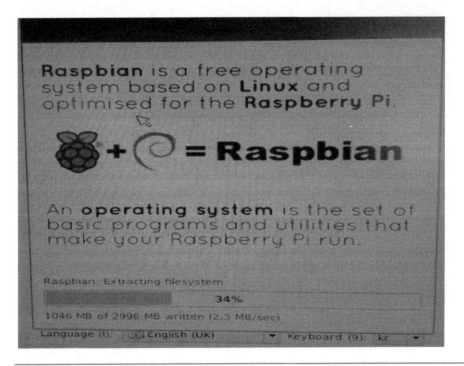

커널연구회(www.kernel.bz)          정재준 (rgbi3307@nate.com)

# 1.4 기본 설정하기

## 1.4.1 사용자 암호 변경

먼저 pi 계정의 비빌번호를 변경한다. 라즈베리파이 2 을 설치하면 pi 계정의 비빌번호는 기본적으로 "raspberry"로 되어 있는데, 이것을 다음과 같이 자신이 원하는 비밀번호로 변경한다.

```
$ passwd pi
Enter new UNIX password:
Retype new UNIX password:
```

다음으로 root 계정 비밀번호를 다음과 같이 생성한다.

```
$ sudo passwd root
Enter new UNIX password:
Retype new UNIX password:
```

root 계정으로 사용자를 변경한다.

```
$ su root
Password:
#
```

이제 root 계정으로 raspi-config 을 실행하여 라즈베리파이 2 의 실행환경을 다음과 같이 설정한다.

```
# raspi-config
```

Advanced Options 을 선택한다.

커널연구회(www.kernel.bz)                                            정재준 ( rgbi3307@nate.com )

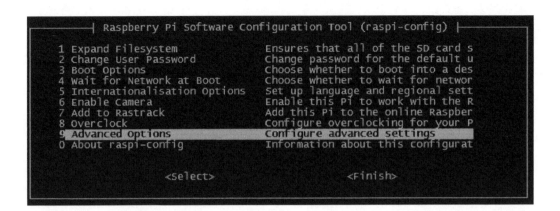

Hostname 을 선택한다.

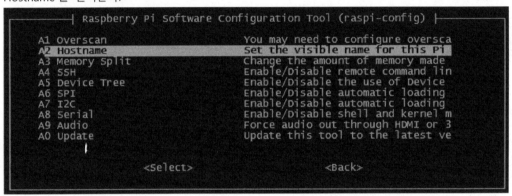

기본적으로 "raspberrypi"로 되어 있는 호스트 이름을 자신이 원하는 이름으로 변경한후 탭키를
눌러서 <ok>을 선택한다.

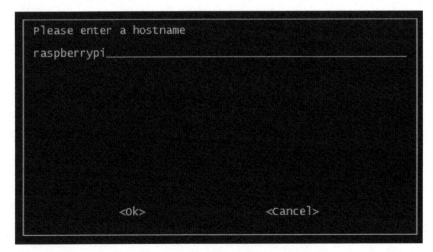

커널연구회(www.kernel.bz)          정재준 (rgbi3307@nate.com)

다음으로 Advanced Options → SSH 메뉴를 선택한다.

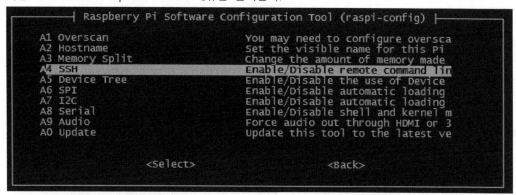

SSH 서버 기능을 <Enable>로 선택하여 원격지에서 ssh로 접속 가능하도록 한다.

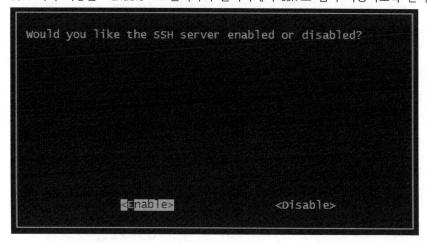

## 1.4.2 국가별 언어 선택

Internationalisation Options 메뉴를 선택한다.

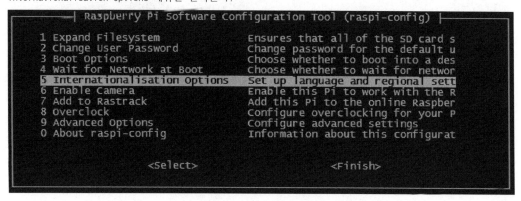

커널연구회(www.kernel.bz)     정재준 (rgbi3307@nate.com)

Change Locale 메뉴를 선택한다.

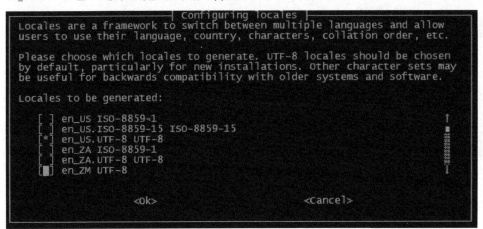

en_US.UTF-8 을 스페이스바를 눌러 선택(*) 한다.

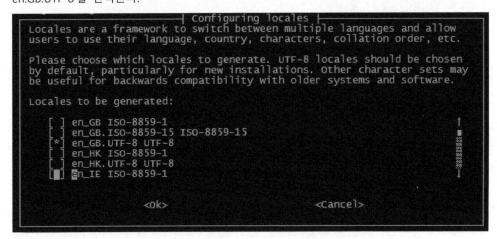

en.GB.UTF-8 을 선택한다.

커널연구회(www.kernel.bz)                  정재준 (rgbi3307@nate.com)

ko_KR.EUC_KR 을 선택하고, ko_KR.UTF-8 을 선택한다.

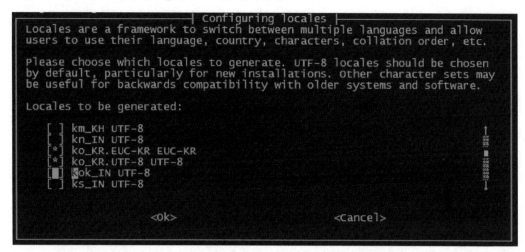

ko_KR.UTF-8 을 선택한다.

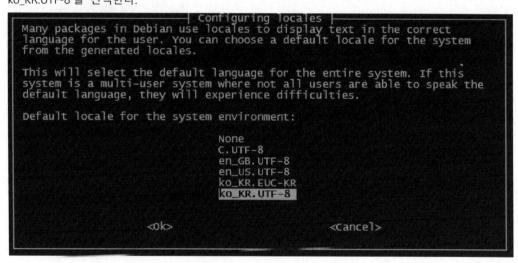

여기까지 설정하고 <ok>을 선택하면 국가별 언어가 설정된다.

커널연구회(www.kernel.bz)　　　　　　　　　　　　　　　　　정재준 (rgbi3307@nate.com)

다음으로 다음과 같이 Change Timezone 을 선택하여 시간 지역을 변경한다.

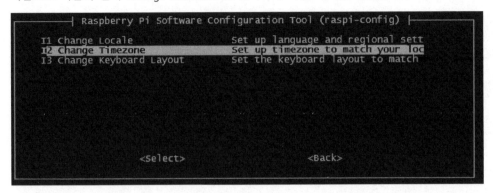

Asia 을 선택한다.

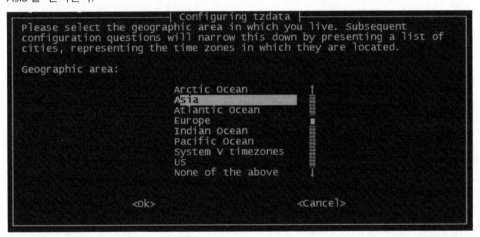

Seoul 을 선택후 엔터하면 시간 지역이 Asia/Seoul 로 변경된다.

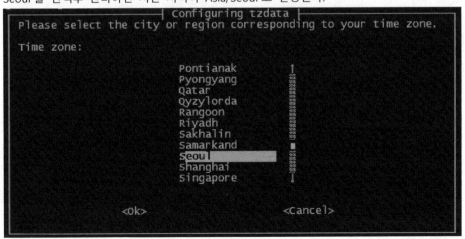

커널연구회(www.kernel.bz)　　　　　　　　　　　　정재준 (rgbi3307@nate.com)

다음으로, 키보드 레이아웃 메뉴를 다음과 같이 선택한다.

```
┤ Raspberry Pi Software Configuration Tool (raspi-config) ├

    I1 Change Locale            Set up language and regional sett
    I2 Change Timezone          Set up timezone to match your loc
    I3 Change Keyboard Layout   Set the keyboard layout to match



               <Select>                      <Back>

```

Generic 104-key PC 을 선택한다.

```
                    ┤ Configuring keyboard-configuration ├
 Please select the model of the keyboard of this machine.

 Keyboard model:

    Ennyah DKB-1008                                              ↑
    Everex STEPnote
    FL90
    Fujitsu-Siemens Computers AMILO laptop
    Generic 101-key PC
    Generic 102-key (Intl) PC                                    ▓
    Generic 104-key PC
    Generic 105-key (Intl) PC
    Genius Comfy KB-12e
    Genius Comfy KB-16M / Genius MM Keyboard KWD-910
    Genius Comfy KB-21e-Scroll                                   ↓

                  <Ok>                      <Cancel>
```

Korean – Korean (101/104 key compatible)을 선택한다.

```
                    ┤ Configuring keyboard-configuration ├
 Please select the layout matching the keyboard for this machine.

 Keyboard layout:

        Korean
        Korean – Korean (101/104 key compatible)
        Other


                  <Ok>                      <Cancel>
```

나머지 키보드 설정들은 default 로 선택된 것으로 하고,

커널연구회(www.kernel.bz)         정재준 (rgbi3307@nate.com)

Control+Alt+Backspace 키로 X 서버를 종료시키는 기능을 <Yes>로 한다.

위와 같이 설정을 마치면 키보드 레이아웃이 변경된다.

마지막으로 탭키를 눌러 <Finish>을 선택후 엔터한다.

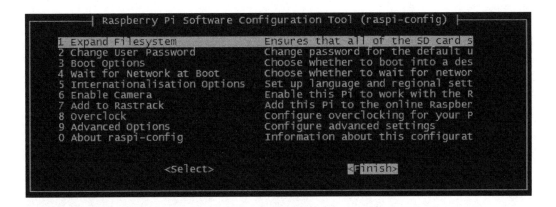

<Yes>을 눌러 재부팅한다.

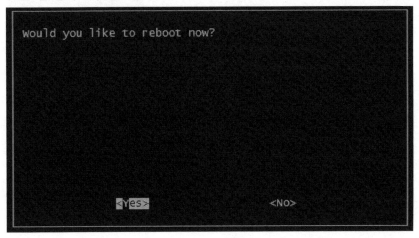

커널연구회(www.kernel.bz)                                       정재준 (rgbi3307@nate.com)

## 1.4.3 사용자 프로파일 변경

vi 편집기로 /root/.bashrc 파일을 다음과 같이 수정한다.

```
export LS_OPTIONS='--color=auto'
eval "'dircolors'"
alias ls='ls $LS_OPTIONS'
alias ll='ls $LS_OPTIONS -al'
alias l='ls $LS_OPTIONS -lA'


alias rm='rm -i'
alias cp='cp -i'
alias mv='mv -i'
```

## 1.4.4 네트워크 설정

```
# vi /etc/network/interfaces

auto eth0
#allow-hotplug eth0
#iface eth0 inet manual
iface eth0 inet static
address 192.168.100.4
netmask 255.255.255.0
network 192.168.100.0
broadcast 192.168.100.255
gateway 192.168.100.1
dns-nameservers 168.126.63.1 168.126.63.2

# vi /etc/resolv.conf
nameserver 168.126.63.1
nameserver 168.126.63.2

//네트워크 재시작
# /etc/init.d/networking restart
```

커널연구회(www.kernel.bz)　　　　　　　　　　　　　　　　　　정재준 (rgbi3307@nate.com)

## 1.4.5 apt-get 업데이트

우분투 패키지 설치 툴인 apt-get 을 다음과 같이 업데이트 한다.

```
# apt-get update

Get:1 http://archive.raspberrypi.org jessie InRelease [13.3 kB]
Get:2 http://archive.raspberrypi.org jessie/main Sources [25.8 kB]
Get:3 http://archive.raspberrypi.org jessie/ui Sources [5,197 B]
Get:4 http://archive.raspberrypi.org jessie/main armhf Packages [67.4 kB]
Get:5 http://archive.raspberrypi.org jessie/ui armhf Packages [7,639 B]
Get:6 http://mirrordirector.raspbian.org jessie InRelease [15.0 kB]
Get:7 http://mirrordirector.raspbian.org jessie/main armhf Packages [8,962 kB]
Ign http://archive.raspberrypi.org jessie/main Translation-en_US
Ign http://archive.raspberrypi.org jessie/main Translation-en
Ign http://archive.raspberrypi.org jessie/ui Translation-en_US
Ign http://archive.raspberrypi.org jessie/ui Translation-en
Get:8 http://mirrordirector.raspbian.org jessie/contrib armhf Packages [37.4 kB]
Get:9 http://mirrordirector.raspbian.org jessie/non-free armhf Packages [70.2 kB]
Get:10 http://mirrordirector.raspbian.org jessie/rpi armhf Packages [1,356 B]
Ign http://mirrordirector.raspbian.org jessie/contrib Translation-en_US
Ign http://mirrordirector.raspbian.org jessie/contrib Translation-en
Ign http://mirrordirector.raspbian.org jessie/main Translation-en_US
Ign http://mirrordirector.raspbian.org jessie/main Translation-en
Ign http://mirrordirector.raspbian.org jessie/non-free Translation-en_US
Ign http://mirrordirector.raspbian.org jessie/non-free Translation-en
Ign http://mirrordirector.raspbian.org jessie/rpi Translation-en_US
Ign http://mirrordirector.raspbian.org jessie/rpi Translation-en
Fetched 9,205 kB in 1min 43s (89.2 kB/s)
Reading package lists... Done
```

우분투 패키지 설치 툴인 apt-get 을 다음과 같이 업그레이드 한다.

커널연구회(www.kernel.bz)　　　　　　　　　정재준 (rgbi3307@nate.com)

```
# apt-get upgrade

패키지 목록을 읽는 중입니다... 완료
의존성 트리를 만드는 중입니다
상태 정보를 읽는 중입니다... 완료
업그레이드를 계산하는 중입니다... 완료
다음 패키지를 과거 버전으로 유지합니다:
  libreoffice-base-drivers raspberrypi-ui-mods
```

## 1.4.6 한글 폰트 설치하기

X 서버에 한글이 제대로 출력 되도록 하려면 아래와 같이 4 가지 패키지(ttf-unfonts-core, fonts-unfonts-extra, ibus, ibus-hangul)를 설치한다.

먼저 ttf-unfonts-core 패키지를 다음과 같이 설치한다.

```
# apt-get install ttf-unfonts-core
```

아래와 같이 설치 진행된다.

```
Reading package lists... Done
Building dependency tree
Reading state information... Done
The following extra packages will be installed:
  fonts-unfonts-core
The following NEW packages will be installed:
  fonts-unfonts-core ttf-unfonts-core
0 upgraded, 2 newly installed, 0 to remove and 15 not upgraded.
Need to get 14.4 MB of archives.
After this operation, 34.3 MB of additional disk space will be used.
Do you want to continue? [Y/n]
Get:1 http://mirrordirector.raspbian.org/raspbian/ jessie/main fonts-unfonts-core all 1.0.2-080608-
12 [14.4 MB]
```

커널연구회(www.kernel.bz)         정재준 (rgbi3307@nate.com)

```
Get:2 http://mirrordirector.raspbian.org/raspbian/ jessie/main ttf-unfonts-core all 1.0.2-080608-12
[3,810 B]
Fetched 14.4 MB in 29s (494 kB/s)
Selecting previously unselected package fonts-unfonts-core.
(Reading database ... 116795 files and directories currently installed.)
Preparing to unpack .../fonts-unfonts-core_1.0.2-080608-12_all.deb ...
Unpacking fonts-unfonts-core (1.0.2-080608-12) ...
Selecting previously unselected package ttf-unfonts-core.
Preparing to unpack .../ttf-unfonts-core_1.0.2-080608-12_all.deb ...
Unpacking ttf-unfonts-core (1.0.2-080608-12) ...
Processing triggers for fontconfig (2.11.0-6.3) ...
Setting up fonts-unfonts-core (1.0.2-080608-12) ...
Setting up ttf-unfonts-core (1.0.2-080608-12) ...
```

다음으로 fonts-unfonts-extra 을 다음과 같이 설치한다.

```
# apt-get install fonts-unfonts-extra
```

```
패키지 목록을 읽는 중입니다... 완료
의존성 트리를 만드는 중입니다
상태 정보를 읽는 중입니다... 완료
다음 새 패키지를 설치할 것입니다:
  fonts-unfonts-extra
0개 업그레이드, 1개 새로 설치, 0개 제거 및 2개 업그레이드 안 함.
6,558 k 바이트 아카이브를 받아야 합니다.
이 작업 후 20.4 M 바이트의 디스크 공간을 더 사용하게 됩니다.
받기:1 http://mirrordirector.raspbian.org/raspbian/ jessie/main fonts-unfonts-extra all 1.0.2-
080608+dfsg-5 [6,558 kB]
내려받기 6,558 k 바이트, 소요시간 9초 (711 k 바이트/초)
Selecting previously unselected package fonts-unfonts-extra.
(데이터베이스 읽는중 ...현재 116829 개의 파일과 디렉터리가 설치되어 있습니다.)
Preparing to unpack .../fonts-unfonts-extra_1.0.2-080608+dfsg-5_all.deb ...
Unpacking fonts-unfonts-extra (1.0.2-080608+dfsg-5) ...
Processing triggers for fontconfig (2.11.0-6.3) ...
```

커널연구회(www.kernel.bz)　　　　　　　　　　　　　　　　정재준 (rgbi3307@nate.com)

```
fonts-unfonts-extra (1.0.2-080608+dfsg-5) 설정하는 중입니다 ...
```

## ibus 패키지 설치

```
# apt-get install ibus
```

아래와 같이 설치 진행된다.

```
Reading package lists... Done
Building dependency tree
Reading state information... Done
The following extra packages will be installed:
  dconf-cli dialog gir1.2-ibus-1.0 ibus-gtk ibus-gtk3 im-config libibus-1.0-5 python-notify python3-
gi
Suggested packages:
  ibus-clutter ibus-doc ibus-qt4 libqt5gui5
The following NEW packages will be installed:
  dconf-cli dialog gir1.2-ibus-1.0 ibus ibus-gtk ibus-gtk3 im-config libibus-1.0-5 python-notify
python3-gi
0 upgraded, 10 newly installed, 0 to remove and 15 not upgraded.
Need to get 2,185 kB of archives.
After this operation, 5,385 kB of additional disk space will be used.
Do you want to continue? [Y/n]
Get:1 http://mirrordirector.raspbian.org/raspbian/ jessie/main libibus-1.0-5 armhf 1.5.9-1 [293 kR]
Get:2 http://mirrordirector.raspbian.org/raspbian/ jessie/main dconf-cli armhf 0.22.0-1 [35.1 kB]
Get:3 http://mirrordirector.raspbian.org/raspbian/ jessie/main dialog armhf 1.2-20140911-1 [233 kB]
Get:4 http://mirrordirector.raspbian.org/raspbian/ jessie/main gir1.2-ibus-1.0 armhf 1.5.9-1 [257
kB]
Get:5 http://mirrordirector.raspbian.org/raspbian/ jessie/main python-notify armhf 0.1.1-4 [15.3 kB]
Get:6 http://mirrordirector.raspbian.org/raspbian/ jessie/main python3-gi armhf 3.14.0-1 [436 kB]
Get:7 http://mirrordirector.raspbian.org/raspbian/ jessie/main ibus armhf 1.5.9-1 [451 kB]
Get:8 http://mirrordirector.raspbian.org/raspbian/ jessie/main ibus-gtk armhf 1.5.9-1 [205 kB]
Get:9 http://mirrordirector.raspbian.org/raspbian/ jessie/main ibus-gtk3 armhf 1.5.9-1 [205 kB]
Get:10 http://mirrordirector.raspbian.org/raspbian/ jessie/main im-config all 0.27-2 [53.7 kB]
```

커널연구회(www.kernel.bz)                    정재준 (rgbi3307@nate.com)

```
Fetched 2,185 kB in 1min 21s (26.9 kB/s)
Selecting previously unselected package libibus-1.0-5:armhf.
(Reading database ... 116817 files and directories currently installed.)
Preparing to unpack .../libibus-1.0-5_1.5.9-1_armhf.deb ...
Unpacking libibus-1.0-5:armhf (1.5.9-1) ...
Selecting previously unselected package dconf-cli.
Preparing to unpack .../dconf-cli_0.22.0-1_armhf.deb ...
Unpacking dconf-cli (0.22.0-1) ...
Selecting previously unselected package dialog.
Preparing to unpack .../dialog_1.2-20140911-1_armhf.deb ...
Unpacking dialog (1.2-20140911-1) ...
Selecting previously unselected package gir1.2-ibus-1.0:armhf.
Preparing to unpack .../gir1.2-ibus-1.0_1.5.9-1_armhf.deb ...
Unpacking gir1.2-ibus-1.0:armhf (1.5.9-1) ...
Selecting previously unselected package python-notify.
Preparing to unpack .../python-notify_0.1.1-4_armhf.deb ...
Unpacking python-notify (0.1.1-4) ...
Selecting previously unselected package python3-gi.
Preparing to unpack .../python3-gi_3.14.0-1_armhf.deb ...
Unpacking python3-gi (3.14.0-1) ...
Selecting previously unselected package ibus.
Preparing to unpack .../ibus_1.5.9-1_armhf.deb ...
Unpacking ibus (1.5.9-1) ...
Selecting previously unselected package ibus-gtk:armhf.
Preparing to unpack .../ibus-gtk_1.5.9-1_armhf.deb ...
Unpacking ibus-gtk:armhf (1.5.9-1) ...
Selecting previously unselected package ibus-gtk3:armhf.
Preparing to unpack .../ibus-gtk3_1.5.9-1_armhf.deb ...
Unpacking ibus-gtk3:armhf (1.5.9-1) ...
Selecting previously unselected package im-config.
Preparing to unpack .../im-config_0.27-2_all.deb ...
Unpacking im-config (0.27-2) ...
Processing triggers for man-db (2.7.0.2-5) ...
Processing triggers for gnome-menus (3.13.3-6) ...
Processing triggers for desktop-file-utils (0.22-1) ...
Processing triggers for mime-support (3.58) ...
```

커널연구회(www.kernel.bz)　　　　　　　　　　　　　　　　　　정재준 (rgbi3307@nate.com)

```
Processing triggers for libglib2.0-0:armhf (2.42.1-1) ...
Processing triggers for hicolor-icon-theme (0.13-1) ...
Processing triggers for libgtk2.0-0:armhf (2.24.25-3) ...
Processing triggers for libgtk-3-0:armhf (3.14.5-1+deb8u1) ...
Setting up libibus-1.0-5:armhf (1.5.9-1) ...
Setting up dconf-cli (0.22.0-1) ...
Setting up dialog (1.2-20140911-1) ...
Setting up gir1.2-ibus-1.0:armhf (1.5.9-1) ...
Setting up python-notify (0.1.1-4) ...
Setting up python3-gi (3.14.0-1) ...
Setting up ibus (1.5.9-1) ...
Setting up ibus-gtk:armhf (1.5.9-1) ...
Setting up ibus-gtk3:armhf (1.5.9-1) ...
Setting up im-config (0.27-2) ...
Processing triggers for libc-bin (2.19-18+deb8u1) ...
```

ibus-hangul 패키지 설치

```
#  apt-get install ibus-hangul
```

다음과 같이 설치 진행된다.

```
Reading package lists... Done
Building dependency tree
Reading state information .. Done
The following extra packages will be installed:
    libhangul-data libhangul1
The following NEW packages will be installed:
    ibus-hangul libhangul-data libhangul1
0 upgraded, 3 newly installed, 0 to remove and 15 not upgraded.
Need to get 2,538 kB of archives.
After this operation, 6,776 kB of additional disk space will be used.
Do you want to continue? [Y/n]
Get:1 http://mirrordirector.raspbian.org/raspbian/ jessie/main libhangul-data all 0.1.0-3 [2,436 kB]
```

커널연구회(www.kernel.bz)          정재준 (rgbi3307@nate.com)

```
Get:2 http://mirrordirector.raspbian.org/raspbian/ jessie/main libhangul1 armhf 0.1.0-3 [43.5 kB]
Get:3 http://mirrordirector.raspbian.org/raspbian/ jessie/main ibus-hangul armhf 1.5.0-1 [57.8 kB]
Fetched 2,538 kB in 4s (542 kB/s)
Selecting previously unselected package libhangul-data.
(Reading database ... 117253 files and directories currently installed.)
Preparing to unpack .../libhangul-data_0.1.0-3_all.deb ...
Unpacking libhangul-data (0.1.0-3) ...
Selecting previously unselected package libhangul1:armhf.
Preparing to unpack .../libhangul1_0.1.0-3_armhf.deb ...
Unpacking libhangul1:armhf (0.1.0-3) ...
Selecting previously unselected package ibus-hangul.
Preparing to unpack .../ibus-hangul_1.5.0-1_armhf.deb ...
Unpacking ibus-hangul (1.5.0-1) ...
Processing triggers for gnome-menus (3.13.3-6) ...
Processing triggers for desktop-file-utils (0.22-1) ...
Processing triggers for mime-support (3.58) ...
Processing triggers for hicolor-icon-theme (0.13-1) ...
Setting up libhangul-data (0.1.0-3) ...
Setting up libhangul1:armhf (0.1.0-3) ...
Setting up ibus-hangul (1.5.0-1) ...
Processing triggers for libc-bin (2.19-18+deb8u1) ...
```

## 1.4.7 한글 키보드 입력 설정

위와 같이 설치하면 한글이 X 윈도우상에 보일 것이다. 하지만, 키보드로부터 한글 입력은 아직
안되기 때문에 다음과 같이 설정한다.

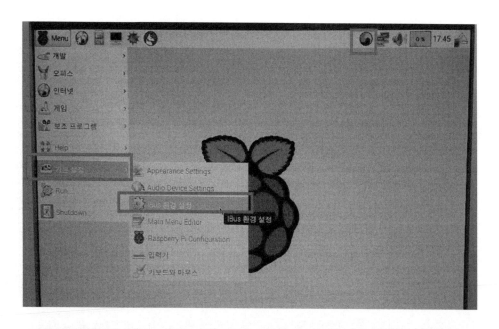

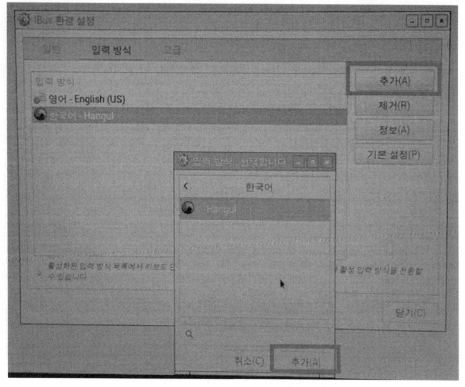

커널연구회(www.kernel.bz)                                       정재준 (rgbi3307@nate.com)

# 1.5 삼바 설치하기

삼바는 윈도우에서 리눅스 파일 시스템을 공유할 수 있도록 해준다. 아래와 같이 삼바를
설치한다.

```
# apt-get install samba samba-common-bin
```

아래의 패키지들이 설치된다.

```
Reading package lists... Done
Building dependency tree
Reading state information... Done
The following extra packages will be installed:
  attr libaio1 libfile-copy-recursive-perl libhdb9-heimdal libkdc2-heimdal python-crypto python-
dnspython
  python-ldb python-ntdb python-samba python-tdb samba-dsdb-modules samba-vfs-modules tdb-tools
update-inetd
Suggested packages:
  python-crypto-dbg python-crypto-doc bind9 bind9utils ctdb ldb-tools smbldap-tools winbind heimdal-
clients
The following NEW packages will be installed:
  attr libaio1 libfile-copy-recursive-perl libhdb9-heimdal libkdc2-heimdal python-crypto python-
dnspython
  python-ldb python-ntdb python-samba python-tdb samba samba-common-bin samba-dsdb-modules samba-
vfs-modules
  tdb-tools update-inetd
0 upgraded, 17 newly installed, 0 to remove and 15 not upgraded.
Need to get 3,408 kB of archives.
After this operation, 22.1 MB of additional disk space will be used.
Do you want to continue? [Y/n]
```

삼바 패스워드 추가

```
# smbpasswd -a pi
```

커널연구회(www.kernel.bz) 　　　　　　　　　　　　　　　　 정재준 (rgbi3307@nate.com)

```
New SMB password:
Retype new SMB password:
Added user pi.
```

## 삼바 환경설정

```
# vi /etc/samba/smb.conf


//환경설정 파일 제일 아래에 추가한다.


[global]
workgroup = WORKGROUP
encrypt passwords = true
unix charset = utf-8
charset = uif-8


[pi]
comment = pi/samba
path = /home/pi
read only = no
writable = yes
printable = no
public = yes
browsable = yes
guest ok = no
```

## 삼바 서비스 시작

```
# /etc/init.d/samba restart


Restarting nmbd (via systemctl): nmbd.service.

Restarting smbd (via systemctl): smbd.service.

Restarting samba-ad-dc (via systemctl): samba-ad-dc.service.
```

커널연구회(www.kernel.bz)　　　　　　　　　　　　정재준 (rgbi3307@nate.com)

윈도우 제어판 → 네트워크 및 공유 센터 → 고급 공유 설정 을 열어서 아래와 같이 "사용자의 계정 및 암호를 사용하여 다른 컴퓨터에 연결" 옵션을 선택한다.

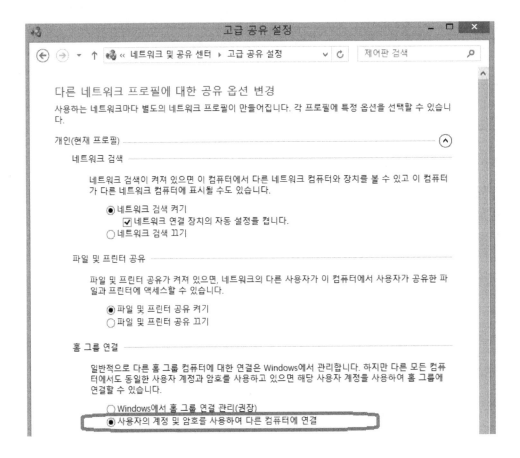

윈도우 실행창에 라즈베리파이 2 의 네트워크 주소를 입력하면,

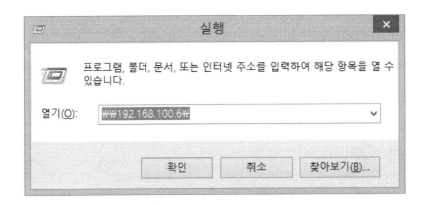

커널연구회(www.kernel.bz)                                                   정재준 ( rgbi3307@nate.com )

다음과 같이 라즈베리파이 2 의 pi 사용자 계정의 폴더가 나타난다.

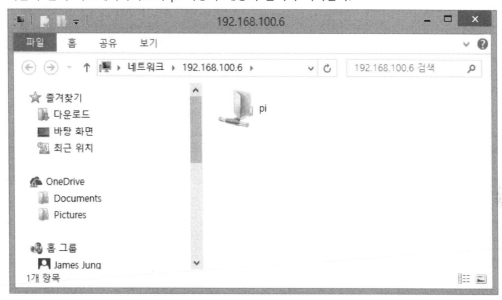

더블클릭하여 삼바를 설치할 때 등록한 사용자 계정인 pi 와 암호를 입력하면 다음과 같이 라즈베리파이 2 의 pi 계정의 파일들이 열리고 파일 read/write 작업을 할 수 있다.

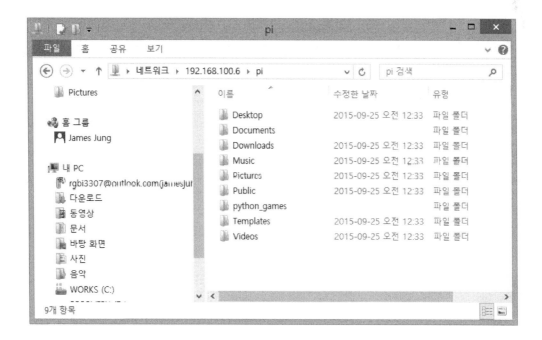

커널연구회(www.kernel.bz)        정재준 (rgbi3307@nate.com)

# 1.6 NFS 설치하기

NFS(Network File System)는 SUN 사가 개발한 RPC(Remote Procedure Call) 기반 시스템으로, NFS 서버의 특정 경로를 클라이언트에서 파일시스템으로 마운트하여 자신의 영역인것처럼 사용할 수 있도록 해준다. Server/Client 기반에서 서버의 파일을 클라이언트들이 공유하여 사용할 수 있다. 먼저 서버역할을 하는 머신에 NFS 서버를 다음과 같이 설치한다.

## NFS 패키지 설치

```
# apt-get install nfs-common nfs-kernel-server portmap
```

다음과 같이 패키지들이 설치 진행된다.

```
Reading package lists... Done
Building dependency tree
Reading state information... Done
Note, selecting 'rpcbind' instead of 'portmap'
nfs-common is already the newest version.
rpcbind is already the newest version.
rpcbind set to manually installed.
The following NEW packages will be installed:
  nfs-kernel-server
0 upgraded, 1 newly installed, 0 to remove and 178 not upgraded.
Need to get 101 kB of archives.
After this operation, 373 kB of additional disk space will be used.
Do you want to continue? [Y/n]
Get:1 http://mirrordirector.raspbian.org/raspbian/ jessie/main nfs-kernel-server armhf 1:1.2.8-9
[101 kB]
Fetched 101 kB in 1s (81.7 kB/s)
Selecting previously unselected package nfs-kernel-server.
(Reading database ... 141206 files and directories currently installed.)
Preparing to unpack .../nfs-kernel-server_1%3a1.2.8-9_armhf.deb ...
Unpacking nfs-kernel-server (1:1.2.8-9) ...
Processing triggers for systemd (215-17+deb8u2) ...
Processing triggers for man-db (2.7.0.2-5) ...
Setting up nfs-kernel-server (1:1.2.8-9) ...

Creating config file /etc/exports with new version

Creating config file /etc/default/nfs-kernel-server with new version
Processing triggers for systemd (215-17+deb8u2) ...
```

설치가 완료되면 다음과 같이 클라이언트에 공유할 경로를 생성하고 읽고, 쓰고, 실행하는 권한을 부여한다.

```
root@RAZIG20:/home/pi/Academy# pwd
/home/pi/Academy
root@RAZIG20:/home/pi/Academy# mkdir nfs
root@RAZIG20:/home/pi/Academy# chmod 777 nfs
root@RAZIG20:/home/pi/Academy# ll
drwxr-xr-x   7 pi pi 4096 Feb 11 13:02 .
drwxr-xr-x  27 pi pi 4096 Feb  5 20:20 ..
drwxrwxrwx   2 pi pi 4096 Feb 11 13:02 nfs
```

다음은 NFS 환경설정 파일에 경로 접근권한을 부여한다.

**/etc/exports**

```
/home/pi/Academy/nfs 192.168.100.*(rw,sync,no_root_squash)
/home/pi/Academy/nfs 10.20.0.*(rw,sync,no_root_squash)
```

NFS 서버를 다음과 같이 실행한다.

```
# /etc/init.d/nfs-kernel-server restart
Restarting nfs-kernel-server (via systemctl): nfs-kernel-server.service.

# /etc/init.d/rpcbind restart
Restarting rpcbind (via systemctl): rpcbind.service.

//실행결과 확인
# rpcinfo -p
program vers proto   port  service
    100000    4   tcp    111  portmapper
    100000    3   tcp    111  portmapper
    100000    2   tcp    111  portmapper
    100000    4   udp    111  portmapper
    100000    3   udp    111  portmapper
    100000    2   udp    111  portmapper
    100003    2   tcp   2049  nfs
    100003    3   tcp   2049  nfs
    100003    4   tcp   2049  nfs
    100227    2   tcp   2049
```

커널연구회(www.kernel.bz)                         정재준 (rgbi3307@nate.com)

| | | | | |
|---|---|---|---|---|
| 100227 | 3 | tcp | 2049 | |
| 100003 | 2 | udp | 2049 | nfs |
| 100003 | 3 | udp | 2049 | nfs |
| 100003 | 4 | udp | 2049 | nfs |
| 100227 | 2 | udp | 2049 | |
| 100227 | 3 | udp | 2049 | |
| 100021 | 1 | udp | 33635 | nlockmgr |
| 100021 | 3 | udp | 33635 | nlockmgr |
| 100021 | 4 | udp | 33635 | nlockmgr |
| 100021 | 1 | tcp | 50262 | nlockmgr |
| 100021 | 3 | tcp | 50262 | nlockmgr |
| 100021 | 4 | tcp | 50262 | nlockmgr |
| 100005 | 1 | udp | 45073 | mountd |
| 100005 | 1 | tcp | 43152 | mountd |
| 100005 | 2 | udp | 56807 | mountd |
| 100005 | 2 | tcp | 38743 | mountd |
| 100005 | 3 | udp | 45863 | mountd |
| 100005 | 3 | tcp | 45061 | mountd |

위와같이 NFS 서버를 설치한후에 클라이언트 머신에서 NFS 서버 경로를 다음과 같이 마운트하여 사용한다.

## 클라이언트에서 NFS 서버경로 마운트

```
# mount -t nfs -o nolock 192.168.100.12:/home/pi/Academy/nfs /mnt/nfs
```

위와 같이 마운트하면 서버(192.168.100.12)에 있는 경로인 /home/pi/Academy/nfs 가
클라이언트쪽의 경로인 /mnt/nfs 에 마운트된다. 클라이언트는 /mnt/nfs 파일 경로에서 서버
경로를 공유하여 파일 시스템을 사용할 수 있게 된다.

커널연구회(www.kernel.bz)                정재준 (rgbi3307@nate.com)

# 1.7 기타 패키지 설치

기타 유용한 패키지들을 다음과 같이 설치한다.

```
# apt-get install vim zip lrzsz
```

다음과 같이 설치 진행된다.

```
패키지 목록을 읽는 중입니다... 완료
의존성 트리를 만드는 중입니다
상태 정보를 읽는 중입니다... 완료
다음 패키지를 더 설치할 것입니다:
  vim-runtime
제안하는 패키지:
  minicom ctags vim-doc vim-scripts
다음 새 패키지를 설치할 것입니다:
  lrzsz vim vim-runtime zip
0개 업그레이드, 4개 새로 설치, 0개 제거 및 2개 업그레이드 안 함.
6,264 k 바이트 아카이브를 받아야 합니다.
이 작업 후 28.9 M 바이트의 디스크 공간을 더 사용하게 됩니다.
계속 하시겠습니까? [Y/n]
받기:1 http://mirrordirector.raspbian.org/raspbian/ jessie/main lrzsz armhf 0.12.21-7 [81.6 kB]
받기:2 http://mirrordirector.raspbian.org/raspbian/ jessie/main vim-runtime all 2:7.4.488-7 [5,047 kB]
받기:3 http://mirrordirector.raspbian.org/raspbian/ jessie/main vim armhf 2:7.4.488-7 [809 kB]
받기:4 http://mirrordirector.raspbian.org/raspbian/ jessie/main zip armhf 3.0-8 [326 kB]
내려받기 6,264 k 바이트, 소요시간 10 초 (589 k 바이트/초)
Selecting previously unselected package lrzsz.
(데이터베이스 읽는중 ...현재 118360 개의 파일과 디렉터리가 설치되어 있습니다.)
Preparing to unpack .../lrzsz_0.12.21-7_armhf.deb ...
Unpacking lrzsz (0.12.21-7) ...
Selecting previously unselected package vim-runtime.
Preparing to unpack .../vim-runtime_2%3a7.4.488-7_all.deb ...
'/usr/share/vim/vim74/doc/help.txt 의 /usr/share/vim/vim74/doc/help.txt.vim-tiny(으)로 전환, vim-
```

커널연구회(www.kernel.bz)　　　　　　　　　　　　　　정재준 (rgbi3307@nate.com)

```
runtime 패키지' 추가하는 중
'/usr/share/vim/vim74/doc/tags 의 /usr/share/vim/vim74/doc/tags.vim-tiny(으)로 전환, vim-runtime
패키지' 추가하는 중
Unpacking vim-runtime (2:7.4.488-7) ...
Selecting previously unselected package vim.
Preparing to unpack .../vim_2%3a7.4.488-7_armhf.deb ...
Unpacking vim (2:7.4.488-7) ...
Selecting previously unselected package zip.
Preparing to unpack .../archives/zip_3.0-8_armhf.deb ...
Unpacking zip (3.0-8) ...
Processing triggers for man-db (2.7.0.2-5) ...
lrzsz (0.12.21-7) 설정하는 중입니다 ...
vim-runtime (2:7.4.488-7) 설정하는 중입니다 ...
Processing /usr/share/vim/addons/doc
vim (2:7.4.488-7) 설정하는 중입니다 ...
update-alternatives: using /usr/bin/vim.basic to provide /usr/bin/vim (vim) in auto mode
update-alternatives: using /usr/bin/vim.basic to provide /usr/bin/vimdiff (vimdiff) in auto mode
update-alternatives: using /usr/bin/vim.basic to provide /usr/bin/rvim (rvim) in auto mode
update-alternatives: using /usr/bin/vim.basic to provide /usr/bin/rview (rview) in auto mode
update-alternatives: using /usr/bin/vim.basic to provide /usr/bin/vi (vi) in auto mode
update-alternatives: using /usr/bin/vim.basic to provide /usr/bin/view (view) in auto mode
update-alternatives: using /usr/bin/vim.basic to provide /usr/bin/ex (ex) in auto mode
zip (3.0-8) 설정하는 중입니다 ...
```

## 라즈베리파이용 웹브라우즈 FireFox (iceweasel) 설치

```
# apt-get update

# apt-get install iceweasel --no-install-recommends
```

다음과 같이 설치 진행된다.

```
Reading package lists... Done
Building dependency tree
Reading state information... Done
The following extra packages will be installed:
  libevent-2.0-5
Suggested packages:
  fonts-stix otf-stix fonts-oflb-asana-math
  fonts-mathjax mozplugger libgnomeui-0
The following NEW packages will be installed:
  iceweasel libevent-2.0-5
0 upgraded, 2 newly installed, 0 to remove and 0 not upgraded.
Need to get 30.2 MB of archives.
After this operation, 69.3 MB of additional disk space will be used.
Do you want to continue? [Y/n]
```

## Menu → Internet → Iceweasel 실행 화면

커널연구회(www.kernel.bz)           정재준 (rgbi3307@nate.com)

## 1.8 커널연구회 배포본

라즈베리파이를 설치할 때 마다 위의 설정과정을 반복하는 것은 매우 불편하고 시간이 많이
걸리는 작업이다. 그래서 커널연구회(www.kernel.bz)는 위의 설치과정을 모두 적용하여
배포본으로 제작했다. 커널연구회는 라즈베리파이의 루트파일시스템인 라즈비안에 다음과 같은
패키지들을 포팅하여, 위의 번거러운 설정과정을 거치지 않아도 쉽게 라즈베리파이를 사용할 수
있도록 했다.

**커널연구회 배포본(포팅한 내용)**

1. 한글 입력 가능하도록 포팅

2. USB 와이파이(RealTek RTL8188CU) 포팅

3. 아파치(Apache2) 웹서버 포팅

4. PHP5 포팅

5. MySQL5 포팅

6. phpMyAdmin 포팅

7. SQLite3 포팅

8. 기타 유용한 패키지들 포팅

아래 링크에 첨부한 압축파일(.zip)을 다운로드하여 압축해제후 8GB 이상의 SD 카드 최상위
경로에 복사한후, 라즈베리파이 보드에 장착하면 설치가 진행된다.

- 다운로드: **http://103.60.126.23/download/raspi/NOOBS_raspi_kernel_bz_v02.zip**
- 배포본 파일 용량: **1.2GB (다운로드 소요시간: 15 ~ 25 분)**
- 설치후 차지하는 용량: **3.5GB**

설치 완료되면 네트워크는 DHCP 로 자동 설정된다. 내부 아이피나 고정 아이피를 사용하시는
분은 /etc/network/interfaces 에서 네트워크 정보를 변경하면 된다.

웹서버 작업 디렉토리는 기본적으로 /var/www/html/ 이다. phpMyAdmin 접속 주소는
http://localhost/phpmyadmin/ 이다. phpMyAdmin 로그인 계정은 root 에 암호는 kernel.bz 이다.

MySQL 로그인 계정 또한 root 에 암호는 kernel.bz 이다.

사용자 암호는 모두 kernel.bz 로 되어 있다. root 암호는 sudo passwd root 을 실행하여
사용자가 원하는 암호로 변경하 수 있다.

PC 에 있는 USB 전원은 최대 500mA 까지 전류가 출력된다. 이 전원으로는 라즈베리파이의 키보드, 마우스, WiFi 모듈을 모두 동작시키는데 부족하다. 라즈베리파이에 최대 1000mA(1A) 전류가 공급되어야 안정적으로 동작한다. 따라서 라즈베리파이에 인가되는 전원은 5V, 1A 이상 공급될 수 있는 외부 어댑터를 사용하는것이 좋다.

아래는 커널연구회에서 제작한 배포본이 설치되는 과정을 스크린샷으로 출력한 화면이다.

**Welcome to your Raspberry Pi**

SD카드를 설정하는 동안 기다려 주시기 바랍니다. 이작업은 20~30분정도 소요됩니다.
작업이 완료되면 프로그램들을 실행할 수 있게 됩니다.

라즈비안은 리눅스 기반의 무료 운영체제이며 **라즈베리파이**에 최적화되었습니다.

 = 라즈비안

**커널연구회**(www.kernel.bz)는 라즈비안에 각종 유용한 패키지들을 포팅하여 사용자가 쉽게 리눅스를 사용할 수 있도록 했습니다.

**라즈비안**은 루트파일 시스템을 부팅하여
**pi** 사용자 계정으로 로그인을 합니다.
암호는 **kernel.bz** 입니다.

root 암호는 **sudo passwd root**
을 실행하여 신규 생성을 합니다.

부팅된후 **raspi-config** 프로그램을 실행하
여 환경설정 할 수 있습니다.
**커널연구회**(www.kernel.bz)에서 기본적인
내용들은 설정해 두었습니다.

**raspi-config** 프로그램은 사용자 콘솔의
명령어로 실행할 수도 있고
**X윈도우**에서도 실행가능 합니다.

**X윈도우** GUI(Graphic User Interface)는
마이크로소프트 윈도우즈와 유사하게
구성되어 있습니다.

사용자 콘솔에서 명령어를 직접 입력하는
인터페이스도 제공을 합니다.
**startx** 명령을 실행하면 X윈도우가 실행됩
니다.

커널연구회(www.kernel.bz)      정재준 (rgbi3307@nate.com)

**라즈비안**에 여러가지 프로그램들이
(개발도구,오피스 문서작성, 인터넷, 게임)
이미 설치되어 있으므로
부팅이 되면 바로 실행할 수 있습니다.

프로그래밍을 처음으로 해보시는 분이라면
Menu -> Programming -> **Scratch** 을
실행해 보시기 바랍니다.

**라즈베리파이**에서 제공하는 아래의 **Pi Store**에서 각종 프로그램들을 다운로드할
수 있으며 판매도 할 수 있습니다.

http://store.raspberrypi.com

커널연구회(www.kernel.bz)      정재준 (rgbi3307@nate.com)

# 2. 개발 환경 설치하기

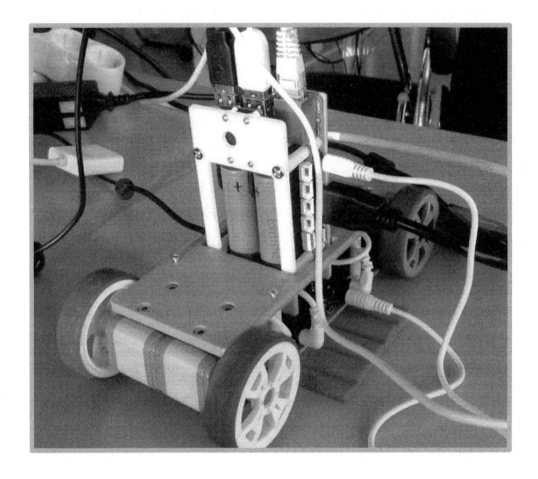

이번장은 라즈베리파이 환경에서 개발을 효율적으로 하기 위해서 통합개발환경(IDE)을 설치하는 방법에 대해서 설명한다.

**2.1 Code Blocks 설치하기**
**2.2 GTK 설치하기**
**2.3 Qt5 설치하기**
**2.4 라즈베리파이 2 개로 커널 개발환경 설정**

커널연구회(www.kernel.bz)                             정재준 (rgbi3307@nate.com)

## 2.1 Code Blocks 설치하기

GNU gcc 통합개발환경(IDE)인 Code Blocks 을 설치하면 X 윈도우 GUI 상에서 프로그램을 개발 및 디버깅할 수 있다. Qt 에 비해서 가볍게 콘솔 어플리케이션을 작성할 수 있다.

**코드블락 스크린샷**

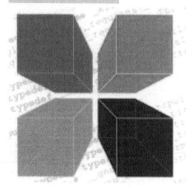

다음과 같이 apt-get 으로 설치한다.

```
$ sudo apt-get install codeblocks
```

다음과 같이 설치 진행된다.

```
Reading package lists... Done
Building dependency tree
Reading state information... Done
The following extra packages will be installed:
  codeblocks-common libcodeblocks0 libutempter0 libwxbase2.8-0 libwxgtk2.8-0
  xbitmaps xterm
Suggested packages:
  libwxgtk2.8-dev wx-common codeblocks-contrib xfonts-cyrillic
The following NEW packages will be installed:
  codeblocks codeblocks-common libcodeblocks0 libutempter0 libwxbase2.8-0
  libwxgtk2.8-0 xbitmaps xterm
0 upgraded, 8 newly installed, 0 to remove and 2 not upgraded.
Need to get 9,952 kB of archives.
```

커널연구회(www.kernel.bz)　　　　　　　　　　　　정재준 (rgbi3307@nate.com)

```
After this operation, 28.3 MB of additional disk space will be used.
Do you want to continue? [Y/n]
Get:1 http://mirrordirector.raspbian.org/raspbian/ jessie/main libwxbase2.8-0 armhf 2.8.12.1+dfsg2-2
[467 kB]
Get:2 http://mirrordirector.raspbian.org/raspbian/ jessie/main libwxgtk2.8-0 armhf 2.8.12.1+dfsg2-2
[2,170 kB]
Get:3 http://mirrordirector.raspbian.org/raspbian/ jessie/main libcodeblocks0 armhf 13.12-3 [1,908
kB]
Get:4 http://mirrordirector.raspbian.org/raspbian/ jessie/main codeblocks-common all 13.12-3 [3,257
kB]
Get:5 http://mirrordirector.raspbian.org/raspbian/ jessie/main codeblocks armhf 13.12-3 [1,541 kB]
Get:6 http://mirrordirector.raspbian.org/raspbian/ jessie/main libutempter0 armhf 1.1.5-4 [7,516 B]
Get:7 http://mirrordirector.raspbian.org/raspbian/ jessie/main xbitmaps all 1.1.1-2 [32.1 kB]
Get:8 http://mirrordirector.raspbian.org/raspbian/ jessie/main xterm armhf 312-2 [571 kB]
Fetched 9,952 kB in 12s (767 kB/s)
Selecting previously unselected package libwxbase2.8-0:armhf.
(Reading database ... 123672 files and directories currently installed.)
Preparing to unpack .../libwxbase2.8-0_2.8.12.1+dfsg2-2_armhf.deb ...
Unpacking libwxbase2.8-0:armhf (2.8.12.1+dfsg2-2) ...
Selecting previously unselected package libwxgtk2.8-0:armhf.
Preparing to unpack .../libwxgtk2.8-0_2.8.12.1+dfsg2-2_armhf.deb ...
Unpacking libwxgtk2.8-0:armhf (2.8.12.1+dfsg2-2) ...
Selecting previously unselected package libcodeblocks0.
Preparing to unpack .../libcodeblocks0_13.12-3_armhf.deb ...
Unpacking libcodeblocks0 (13.12-3) ...
Selecting previously unselected package codeblocks-common.
Preparing to unpack .../codeblocks-common_13.12-3_all.deb ...
Unpacking codeblocks-common (13.12-3) ...
Selecting previously unselected package codeblocks.
Preparing to unpack .../codeblocks_13.12-3_armhf.deb ...
Unpacking codeblocks (13.12-3) ...
Selecting previously unselected package libutempter0.
Preparing to unpack .../libutempter0_1.1.5-4_armhf.deb ...
Unpacking libutempter0 (1.1.5-4) ...
Selecting previously unselected package xbitmaps.
Preparing to unpack .../xbitmaps_1.1.1-2_all.deb ...
```

커널연구회(www.kernel.bz)　　　　　　　　　　　　　　　정재준 (rgbi3307@nate.com)

```
Unpacking xbitmaps (1.1.1-2) ...

Selecting previously unselected package xterm.

Preparing to unpack .../archives/xterm_312-2_armhf.deb ...

Unpacking xterm (312-2) ...

Processing triggers for hicolor-icon-theme (0.13-1) ...

Processing triggers for shared-mime-info (1.3-1) ...

Processing triggers for gnome-menus (3.13.3-6) ...

Processing triggers for desktop-file-utils (0.22-1) ...

Processing triggers for mime-support (3.58) ...

Processing triggers for man-db (2.7.0.2-5) ...

Setting up libwxbase2.8-0:armhf (2.8.12.1+dfsg2-2) ...

Setting up libwxgtk2.8-0:armhf (2.8.12.1+dfsg2-2) ...

Setting up libcodeblocks0 (13.12-3) ...

Setting up codeblocks-common (13.12-3) ...

Setting up codeblocks (13.12-3) ...

Setting up libutempter0 (1.1.5-4) ...

Creating utempter group...

Setting up xbitmaps (1.1.1-2) ...

Setting up xterm (312-2) ...

Processing triggers for libc-bin (2.19-18+deb8u1) ...
```

설치완료되면 다음과 같이 Menu → Programming → Code::Blocks IDE 을 실행한다.

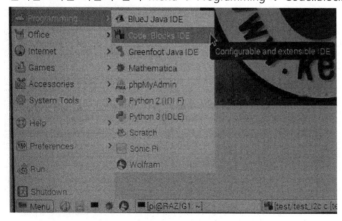

## 코드블락 스크린샷

커널연구회(www.kernel.bz)　　　　　　　　　　　　　　　　정재준 (rgbi3307@nate.com)

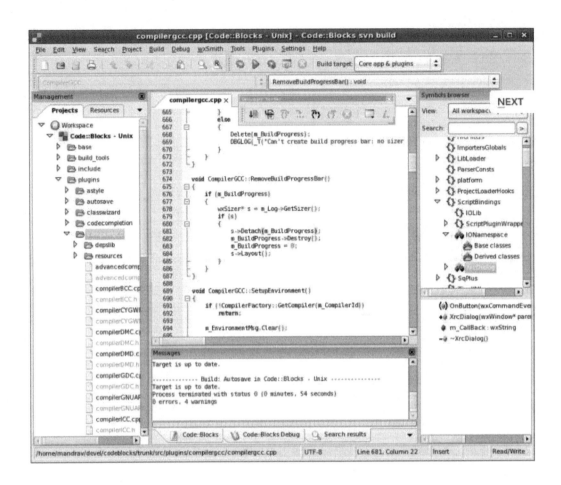

## 코드블락 디버깅 화면

커널연구회(www.kernel.bz)      정재준 ( rgbi3307@nate.com )

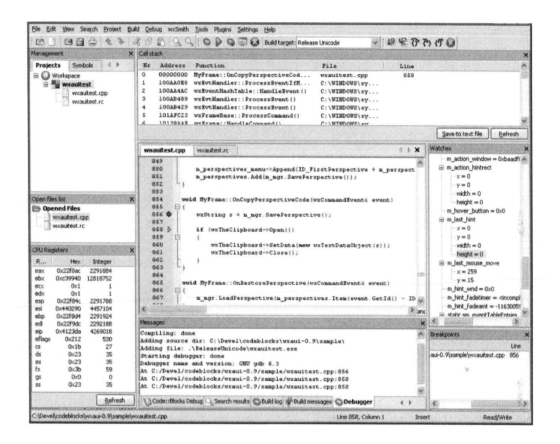

코드 블락을 root 권한으로 실행하기

```
$ sudo codeblocks
```

커널연구회(www.kernel.bz)        정재준 ( rgbi3307@nate.com )

## 2.2 GTK 설치하기

GTK 는 GUI 프로그램을 작성할 수 있는 라이브러리이다. 좀더 자세한 정보는 아래의 GTK
웹사이트를 방문해 보길 바란다.

http://www.gtk.org/

GTK 는 다음과 같이 apt-get 으로 설치하면 된다.

```
$ sudo apt-get install libgtk2.0-dev
```

다음과 같이 설치 진행된다.

```
Reading package lists... Done
Building dependency tree
Reading state information... Done
The following extra packages will be installed:
  autopoint debhelper gettext gir1.2-gtk-2.0 intltool-debian libasprintf-dev
  libatk1.0-dev libcairo-script-interpreter2 libcairo2-dev libelfg0
  libfontconfig1-dev libgdk-pixbuf2.0-dev libgettextpo-dev libgettextpo0
  libglib2.0-bin libglib2.0-dev libharfbuzz-dev libharfbuzz-gobject0
  libice-dev libmail-sendmail-perl libpango1.0-dev libpcre3-dev libpcrecpp0
  libpixman-1-0 libpixman-1-dev libpthread-stubs0-dev libsm-dev
  libsys-hostname-long-perl libunistring0 libx11-dev libx11-doc libxau-dev
  libxcb-render0-dev libxcb-shm0-dev libxcb1-dev libxcomposite-dev
  libxcursor-dev libxdamage-dev libxdmcp-dev libxext-dev libxfixes-dev
  libxft-dev libxi-dev libxinerama-dev libxml2-utils libxrandr-dev
  libxrender-dev po-debconf x11proto-composite-dev x11proto-core-dev
  x11proto-damage-dev x11proto-fixes-dev x11proto-input-dev x11proto-kb-dev
  x11proto-randr-dev x11proto-render-dev x11proto-xext-dev
  x11proto-xinerama-dev xorg-sgml-doctools xtrans-dev
Suggested packages:
  dh-make gettext-doc libcairo2-doc libglib2.0-doc libgtk2.0-doc libice-doc
  imagemagick libpango1.0-doc libsm-doc libxcb-doc libxext-doc
  libmail-box-perl
```

커널연구회(www.kernel.bz)        정재준 (rgbi3307@nate.com)

```
The following NEW packages will be installed:
  autopoint debhelper gettext gir1.2-gtk-2.0 intltool-debian libasprintf-dev
  libatk1.0-dev libcairo-script-interpreter2 libcairo2-dev libelfg0
  libfontconfig1-dev libgdk-pixbuf2.0-dev libgettextpo-dev libgettextpo0
  libglib2.0-bin libglib2.0-dev libgtk2.0-dev libharfbuzz-dev
  libharfbuzz-gobject0 libice-dev libmail-sendmail-perl libpango1.0-dev
  libpcre3-dev libpcrecpp0 libpixman-1-dev libpthread-stubs0-dev libsm-dev
  libsys-hostname-long-perl libunistring0 libx11-dev libx11-doc libxau-dev
  libxcb-render0-dev libxcb-shm0-dev libxcb1-dev libxcomposite-dev
  libxcursor-dev libxdamage-dev libxdmcp-dev libxext-dev libxfixes-dev
  libxft-dev libxi-dev libxinerama-dev libxml2-utils libxrandr-dev
  libxrender-dev po-debconf x11proto-composite-dev x11proto-core-dev
  x11proto-damage-dev x11proto-fixes-dev x11proto-input-dev x11proto-kb-dev
  x11proto-randr-dev x11proto-render-dev x11proto-xext-dev
  x11proto-xinerama-dev xorg-sgml-doctools xtrans-dev
The following packages will be upgraded:
  libpixman-1-0
1 upgraded, 60 newly installed, 0 to remove and 25 not upgraded.
Need to get 20.3 MB of archives.
After this operation, 68.5 MB of additional disk space will be used.
Do you want to continue? [Y/n]
Get:1 http://archive.raspberrypi.org/debian/ jessie/main libcairo-script-interpreter2 armhf 1.14.0-
2.1rpi1rpi1g [331 kB]
Get:2 http://mirrordirector.raspbian.org/raspbian/ jessie/main libelfg0 armhf 0.8.13-5 [55.7 kB]
Get:3 http://mirrordirector.raspbian.org/raspbian/ jessie/main libunistring0 armhf 0.9.3-5.2 [253
kB]
Get:4 http://mirrordirector.raspbian.org/raspbian/ jessie/main libgettextpo0 armhf 0.19.3-2 [115 kB]
Get:5 http://mirrordirector.raspbian.org/raspbian/ jessie/main libharfbuzz-gobject0 armhf 0.9.35-2
[364 kB]
Get:6 http://mirrordirector.raspbian.org/raspbian/ jessie/main libpcrecpp0 armhf 2:8.35-3.3 [139 kB]
Get:7 http://mirrordirector.raspbian.org/raspbian/ jessie/main autopoint all 0.19.3-2 [413 kB]
Get:8 http://archive.raspberrypi.org/debian/ jessie/main libpixman-1-0 armhf 0.33.3+git20151011-
7de61d8-rpi1 [156 kB]
Get:9 http://mirrordirector.raspbian.org/raspbian/ jessie/main gettext armhf 0.19.3-2 [1,167 kB]
Get:10 http://archive.raspberrypi.org/debian/ jessie/main libpixman-1-dev armhf 0.33.3+git20151011-
7de61d8-rpi1 [177 kB]
```

커널연구회(www.kernel.bz)         정재준 (rgbi3307@nate.com)

```
Get:11 http://mirrordirector.raspbian.org/raspbian/ jessie/main intltool-debian all
0.35.0+20060710.1 [29.8 kB]
Get:12 http://mirrordirector.raspbian.org/raspbian/ jessie/main po-debconf all 1.0.16+nmu3 [220 kB]
Get:13 http://archive.raspberrypi.org/debian/ jessie/main libcairo2-dev armhf 1.14.0-2.1rpi1rpi1g
[784 kB]
Get:14 http://mirrordirector.raspbian.org/raspbian/ jessie/main debhelper all 9.20150101 [813 kB]
Get:15 http://mirrordirector.raspbian.org/raspbian/ jessie/main gir1.2-gtk-2.0 armhf 2.24.25-3 [696
kB]
Get:16 http://mirrordirector.raspbian.org/raspbian/ jessie/main libasprintf-dev armhf 0.19.3-2 [31.0
kB]
Get:17 http://mirrordirector.raspbian.org/raspbian/ jessie/main libglib2.0-bin armhf 2.42.1-1 [1,334
kB]
Get:18 http://archive.raspberrypi.org/debian/ jessie/ui libpango1.0-dev armhf 1.36.8-3+rpi1 [440 kB]
Get:19 http://mirrordirector.raspbian.org/raspbian/ jessie/main libpcre3-dev armhf 2:8.35-3.3 [411
kB]
Get:20 http://mirrordirector.raspbian.org/raspbian/ jessie/main libglib2.0-dev armhf 2.42.1-1 [2,472
kB]
Get:21 http://mirrordirector.raspbian.org/raspbian/ jessie/main libatk1.0-dev armhf 2.14.0-1 [127
kB]
Get:22 http://mirrordirector.raspbian.org/raspbian/ jessie/main libfontconfig1-dev armhf 2.11.0-6.3
[875 kB]
Get:23 http://mirrordirector.raspbian.org/raspbian/ jessie/main xorg-sgml-doctools all 1:1.11-1
[21.9 kB]
Get:24 http://mirrordirector.raspbian.org/raspbian/ jessie/main x11proto-core-dev all 7.0.26-1 [729
kB]
Get:25 http://mirrordirector.raspbian.org/raspbian/ jessie/main libxau-dev armhf 1:1.0.8-1 [23.0 kB]
Get:26 http://mirrordirector.raspbian.org/raspbian/ jessie/main libxdmcp-dev armhf 1:1.1.1-1 [40.8
kB]
Get:27 http://mirrordirector.raspbian.org/raspbian/ jessie/main x11proto-input-dev all 2.3.1-1 [157
kB]
Get:28 http://mirrordirector.raspbian.org/raspbian/ jessie/main x11proto-kb-dev all 1.0.6-2 [269 kB]
Get:29 http://mirrordirector.raspbian.org/raspbian/ jessie/main xtrans-dev all 1.3.4-1 [99.3 kB]
Get:30 http://mirrordirector.raspbian.org/raspbian/ jessie/main libpthread-stubs0-dev armhf 0.3-4
[4,042 B]
Get:31 http://mirrordirector.raspbian.org/raspbian/ jessie/main libxcb1-dev armhf 1.10-3 [78.1 kB]
Get:32 http://mirrordirector.raspbian.org/raspbian/ jessie/main libx11-dev armhf 2:1.6.2-3 [726 kB]
```

커널연구회(www.kernel.bz)        정재준 (rgbi3307@nate.com)

```
Get:33 http://mirrordirector.raspbian.org/raspbian/ jessie/main x11proto-render-dev all 2:0.11.1-2
[20.8 kB]
Get:34 http://mirrordirector.raspbian.org/raspbian/ jessie/main libxrender-dev armhf 1:0.9.8-1 [38.8
kB]
Get:35 http://mirrordirector.raspbian.org/raspbian/ jessie/main x11proto-xext-dev all 7.3.0-1 [212
kB]
Get:36 http://mirrordirector.raspbian.org/raspbian/ jessie/main libxext-dev armhf 2:1.3.3-1 [102 kB]
Get:37 http://mirrordirector.raspbian.org/raspbian/ jessie/main libice-dev armhf 2:1.0.9-1 [58.1 kB]
Get:38 http://mirrordirector.raspbian.org/raspbian/ jessie/main libsm-dev armhf 2:1.2.2-1 [33.5 kB]
Get:39 http://mirrordirector.raspbian.org/raspbian/ jessie/main libxcb-render0-dev armhf 1.10-3
[21.7 kB]
Get:40 http://mirrordirector.raspbian.org/raspbian/ jessie/main libxcb-shm0-dev armhf 1.10-3 [12.4
kB]
Get:41 http://mirrordirector.raspbian.org/raspbian/ jessie/main libgdk-pixbuf2.0-dev armhf 2.31.1-
2+deb8u3 [52.2 kB]
Get:42 http://mirrordirector.raspbian.org/raspbian/ jessie/main libgettextpo-dev armhf 0.19.3-2 [128
kB]
Get:43 http://mirrordirector.raspbian.org/raspbian/ jessie/main libharfbuzz-dev armhf 0.9.35-2 [507
kB]
Get:44 http://mirrordirector.raspbian.org/raspbian/ jessie/main libxft-dev armhf 2.3.2-1 [59.1 kB]
Get:45 http://mirrordirector.raspbian.org/raspbian/ jessie/main x11proto-xinerama-dev all 1.2.1-2
[4,938 B]
Get:46 http://mirrordirector.raspbian.org/raspbian/ jessie/main libxinerama-dev armhf 2:1.1.3-1
[19.5 kB]
Get:47 http://mirrordirector.raspbian.org/raspbian/ jessie/main x11proto-fixes-dev all 1:5.0-2 [19.2
kB]
Get:48 http://mirrordirector.raspbian.org/raspbian/ jessie/main libxfixes-dev armhf 1:5.0.1-2 [21.5
kB]
Get:49 http://mirrordirector.raspbian.org/raspbian/ jessie/main libxi-dev armhf 2:1.7.4-1 [231 kB]
Get:50 http://mirrordirector.raspbian.org/raspbian/ jessie/main x11proto-randr-dev all 1.4.0-2 [46.8
kB]
Get:51 http://mirrordirector.raspbian.org/raspbian/ jessie/main libxrandr-dev armhf 2:1.4.2-1 [39.3
kB]
Get:52 http://mirrordirector.raspbian.org/raspbian/ jessie/main libxcursor-dev armhf 1:1.1.14-1
[43.1 kB]
Get:53 http://mirrordirector.raspbian.org/raspbian/ jessie/main x11proto-composite-dev all 1:0.4.2-2
```

커널연구회(www.kernel.bz)        정재준 (rgbi3307@nate.com)

```
[15.3 kB]
Get:54 http://mirrordirector.raspbian.org/raspbian/ jessie/main libxcomposite-dev armhf 1:0.4.4-1
[20.5 kB]
Get:55 http://mirrordirector.raspbian.org/raspbian/ jessie/main x11proto-damage-dev all 1:1.2.1-2
[11.8 kB]
Get:56 http://mirrordirector.raspbian.org/raspbian/ jessie/main libxdamage-dev armhf 1:1.1.4-2 [13.7
kB]
Get:57 http://mirrordirector.raspbian.org/raspbian/ jessie/main libxml2-utils armhf 2.9.1+dfsg1-5
[89.4 kB]
Get:58 http://mirrordirector.raspbian.org/raspbian/ jessie/main libgtk2.0-dev armhf 2.24.25-3 [2,829
kB]
Get:59 http://mirrordirector.raspbian.org/raspbian/ jessie/main libsys-hostname-long-perl all 1.4-3
[11.6 kB]
Get:60 http://mirrordirector.raspbian.org/raspbian/ jessie/main libmail-sendmail-perl all 0.79.16-1
[26.6 kB]
Get:61 http://mirrordirector.raspbian.org/raspbian/ jessie/main libx11-doc all 2:1.6.2-3 [2,026 kB]
Fetched 20.3 MB in 28s (702 kB/s)
Extracting templates from packages: 100%
Selecting previously unselected package libcairo-script-interpreter2:armhf.
(Reading database ... 124880 files and directories currently installed.)
Preparing to unpack .../libcairo-script-interpreter2_1.14.0-2.1rpi1rpi1g_armhf.deb ...
Unpacking libcairo-script-interpreter2:armhf (1.14.0-2.1rpi1rpi1g) ...
Selecting previously unselected package libelfg0:armhf.
Preparing to unpack .../libelfg0_0.8.13-5_armhf.deb ...
Unpacking libelfg0:armhf (0.8.13-5) ...
Selecting previously unselected package libunistring0:armhf.
Preparing to unpack .../libunistring0_0.9.3-5.2_armhf.deb ...
Unpacking libunistring0:armhf (0.9.3-5.2) ...
Selecting previously unselected package libgettextpo0:armhf.
Preparing to unpack .../libgettextpo0_0.19.3-2_armhf.deb ...
Unpacking libgettextpo0:armhf (0.19.3-2) ...
Selecting previously unselected package libharfbuzz-gobject0:armhf.
Preparing to unpack .../libharfbuzz-gobject0_0.9.35-2_armhf.deb ...
Unpacking libharfbuzz-gobject0:armhf (0.9.35-2) ...
Selecting previously unselected package libpcrecpp0:armhf.
Preparing to unpack .../libpcrecpp0_2%3a8.35-3.3_armhf.deb ...
```

커널연구회(www.kernel.bz)      정재준 (rgbi3307@nate.com)

```
Unpacking libpcrecpp0:armhf (2:8.35-3.3) ...
Preparing to unpack .../libpixman-1-0_0.33.3+git20151011-7de61d8-rpi1_armhf.deb ...
Unpacking libpixman-1-0:armhf (0.33.3+git20151011-7de61d8-rpi1) over (0.33.1+git20140627-c37ff5-
rpi2rpi1) ...
Selecting previously unselected package autopoint.
Preparing to unpack .../autopoint_0.19.3-2_all.deb ...
Unpacking autopoint (0.19.3-2) ...
Selecting previously unselected package gettext.
Preparing to unpack .../gettext_0.19.3-2_armhf.deb ...
Unpacking gettext (0.19.3-2) ...
Selecting previously unselected package intltool-debian.
Preparing to unpack .../intltool-debian_0.35.0+20060710.1_all.deb ...
Unpacking intltool-debian (0.35.0+20060710.1) ...
Selecting previously unselected package po-debconf.
Preparing to unpack .../po-debconf_1.0.16+nmu3_all.deb ...
Unpacking po-debconf (1.0.16+nmu3) ...
Selecting previously unselected package debhelper.
Preparing to unpack .../debhelper_9.20150101_all.deb ...
Unpacking debhelper (9.20150101) ...
Selecting previously unselected package gir1.2-gtk-2.0.
Preparing to unpack .../gir1.2-gtk-2.0_2.24.25-3_armhf.deb ...
Unpacking gir1.2-gtk-2.0 (2.24.25-3) ...
Selecting previously unselected package libasprintf-dev:armhf.
Preparing to unpack .../libasprintf-dev_0.19.3-2_armhf.deb ...
Unpacking libasprintf-dev:armhf (0.19.3-2) ...
Selecting previously unselected package libglib2.0-bin.
Preparing to unpack .../libglib2.0-bin_2.42.1-1_armhf.deb ...
Unpacking libglib2.0-bin (2.42.1-1) ...
Selecting previously unselected package libpcre3-dev:armhf.
Preparing to unpack .../libpcre3-dev_2%3a8.35-3.3_armhf.deb ...
Unpacking libpcre3-dev:armhf (2:8.35-3.3) ...
Selecting previously unselected package libglib2.0-dev.
Preparing to unpack .../libglib2.0-dev_2.42.1-1_armhf.deb ...
Unpacking libglib2.0-dev (2.42.1-1) ...
Selecting previously unselected package libatk1.0-dev.
Preparing to unpack .../libatk1.0-dev_2.14.0-1_armhf.deb ...
```

커널연구회(www.kernel.bz)        정재준 (rgbi3307@nate.com)

```
Unpacking libatk1.0-dev (2.14.0-1) ...
Selecting previously unselected package libfontconfig1-dev:armhf.
Preparing to unpack .../libfontconfig1-dev_2.11.0-6.3_armhf.deb ...
Unpacking libfontconfig1-dev:armhf (2.11.0-6.3) ...
Selecting previously unselected package xorg-sgml-doctools.
Preparing to unpack .../xorg-sgml-doctools_1%3a1.11-1_all.deb ...
Unpacking xorg-sgml-doctools (1:1.11-1) ...
Selecting previously unselected package x11proto-core-dev.
Preparing to unpack .../x11proto-core-dev_7.0.26-1_all.deb ...
Unpacking x11proto-core-dev (7.0.26-1) ...
Selecting previously unselected package libxau-dev:armhf.
Preparing to unpack .../libxau-dev_1%3a1.0.8-1_armhf.deb ...
Unpacking libxau-dev:armhf (1:1.0.8-1) ...
Selecting previously unselected package libxdmcp-dev:armhf.
Preparing to unpack .../libxdmcp-dev_1%3a1.1.1-1_armhf.deb ...
Unpacking libxdmcp-dev:armhf (1:1.1.1-1) ...
Selecting previously unselected package x11proto-input-dev.
Preparing to unpack .../x11proto-input-dev_2.3.1-1_all.deb ...
Unpacking x11proto-input-dev (2.3.1-1) ...
Selecting previously unselected package x11proto-kb-dev.
Preparing to unpack .../x11proto-kb-dev_1.0.6-2_all.deb ...
Unpacking x11proto-kb-dev (1.0.6-2) ...
Selecting previously unselected package xtrans-dev.
Preparing to unpack .../xtrans-dev_1.3.4-1_all.deb ...
Unpacking xtrans-dev (1.3.4-1) ...
Selecting previously unselected package libpthread-stubs0-dev:armhf.
Preparing to unpack .../libpthread-stubs0-dev_0.3-4_armhf.deb ...
Unpacking libpthread-stubs0-dev:armhf (0.3-4) ...
Selecting previously unselected package libxcb1-dev:armhf.
Preparing to unpack .../libxcb1-dev_1.10-3_armhf.deb ...
Unpacking libxcb1-dev:armhf (1.10-3) ...
Selecting previously unselected package libx11-dev:armhf.
Preparing to unpack .../libx11-dev_2%3a1.6.2-3_armhf.deb ...
Unpacking libx11-dev:armhf (2:1.6.2-3) ...
Selecting previously unselected package x11proto-render-dev.
Preparing to unpack .../x11proto-render-dev_2%3a0.11.1-2_all.deb ...
```

커널연구회(www.kernel.bz)      정재준 (rgbi3307@nate.com)

```
Unpacking x11proto-render-dev (2:0.11.1-2) ...

Selecting previously unselected package libxrender-dev:armhf.

Preparing to unpack .../libxrender-dev_1%3a0.9.8-1_armhf.deb ...

Unpacking libxrender-dev:armhf (1:0.9.8-1) ...

Selecting previously unselected package x11proto-xext-dev.

Preparing to unpack .../x11proto-xext-dev_7.3.0-1_all.deb ...

Unpacking x11proto-xext-dev (7.3.0-1) ...

Selecting previously unselected package libxext-dev:armhf.

Preparing to unpack .../libxext-dev_2%3a1.3.3-1_armhf.deb ...

Unpacking libxext-dev:armhf (2:1.3.3-1) ...

Selecting previously unselected package libice-dev:armhf.

Preparing to unpack .../libice-dev_2%3a1.0.9-1_armhf.deb ...

Unpacking libice-dev:armhf (2:1.0.9-1) ...

Selecting previously unselected package libsm-dev:armhf.

Preparing to unpack .../libsm-dev_2%3a1.2.2-1_armhf.deb ...

Unpacking libsm-dev:armhf (2:1.2.2-1) ...

Selecting previously unselected package libpixman-1-dev.

Preparing to unpack .../libpixman-1-dev_0.33.3+git20151011-7de61d8-rpi1_armhf.deb ...

Unpacking libpixman-1-dev (0.33.3+git20151011-7de61d8-rpi1) ...

Selecting previously unselected package libxcb-render0-dev:armhf.

Preparing to unpack .../libxcb-render0-dev_1.10-3_armhf.deb ...

Unpacking libxcb-render0-dev:armhf (1.10-3) ...

Selecting previously unselected package libxcb-shm0-dev:armhf.

Preparing to unpack .../libxcb-shm0-dev_1.10-3_armhf.deb ...

Unpacking libxcb-shm0-dev:armhf (1.10-3) ...

Selecting previously unselected package libcairo2-dev.

Preparing to unpack .../libcairo2-dev_1.14.0-2.1rpi1rpi1g_armhf.deb ...

Unpacking libcairo2-dev (1.14.0-2.1rpi1rpi1g) ...

Selecting previously unselected package libgdk-pixbuf2.0-dev.

Preparing to unpack .../libgdk-pixbuf2.0-dev_2.31.1-2+deb8u3_armhf.deb ...

Unpacking libgdk-pixbuf2.0-dev (2.31.1-2+deb8u3) ...

Selecting previously unselected package libgettextpo-dev:armhf.

Preparing to unpack .../libgettextpo-dev_0.19.3-2_armhf.deb ...

Unpacking libgettextpo-dev:armhf (0.19.3-2) ...

Selecting previously unselected package libharfbuzz-dev.

Preparing to unpack .../libharfbuzz-dev_0.9.35-2_armhf.deb ...
```

커널연구회(www.kernel.bz)                    정재준 (rgbi3307@nate.com)

```
Unpacking libharfbuzz-dev (0.9.35-2) ...
Selecting previously unselected package libxft-dev.
Preparing to unpack .../libxft-dev_2.3.2-1_armhf.deb ...
Unpacking libxft-dev (2.3.2-1) ...
Selecting previously unselected package libpango1.0-dev.
Preparing to unpack .../libpango1.0-dev_1.36.8-3+rpi1_armhf.deb ...
Unpacking libpango1.0-dev (1.36.8-3+rpi1) ...
Selecting previously unselected package x11proto-xinerama-dev.
Preparing to unpack .../x11proto-xinerama-dev_1.2.1-2_all.deb ...
Unpacking x11proto-xinerama-dev (1.2.1-2) ...
Selecting previously unselected package libxinerama-dev:armhf.
Preparing to unpack .../libxinerama-dev_2%3a1.1.3-1_armhf.deb ...
Unpacking libxinerama-dev:armhf (2:1.1.3-1) ...
Selecting previously unselected package x11proto-fixes-dev.
Preparing to unpack .../x11proto-fixes-dev_1%3a5.0-2_all.deb ...
Unpacking x11proto-fixes-dev (1:5.0-2) ...
Selecting previously unselected package libxfixes-dev:armhf.
Preparing to unpack .../libxfixes-dev_1%3a5.0.1-2_armhf.deb ...
Unpacking libxfixes-dev:armhf (1:5.0.1-2) ...
Selecting previously unselected package libxi-dev.
Preparing to unpack .../libxi-dev_2%3a1.7.4-1_armhf.deb ...
Unpacking libxi-dev (2:1.7.4-1) ...
Selecting previously unselected package x11proto-randr-dev.
Preparing to unpack .../x11proto-randr-dev_1.4.0-2_all.deb ...
Unpacking x11proto-randr-dev (1.4.0-2) ...
Selecting previously unselected package libxrandr-dev:armhf.
Preparing to unpack .../libxrandr-dev_2%3a1.4.2-1_armhf.deb ...
Unpacking libxrandr-dev:armhf (2:1.4.2-1) ...
Selecting previously unselected package libxcursor-dev:armhf.
Preparing to unpack .../libxcursor-dev_1%3a1.1.14-1_armhf.deb ...
Unpacking libxcursor-dev:armhf (1:1.1.14-1) ...
Selecting previously unselected package x11proto-composite-dev.
Preparing to unpack .../x11proto-composite-dev_1%3a0.4.2-2_all.deb ...
Unpacking x11proto-composite-dev (1:0.4.2-2) ...
Selecting previously unselected package libxcomposite-dev.
Preparing to unpack .../libxcomposite-dev_1%3a0.4.4-1_armhf.deb ...
```

커널연구회(www.kernel.bz)　　　　　정재준 (rgbi3307@nate.com)

```
Unpacking libxcomposite-dev (1:0.4.4-1) ...
Selecting previously unselected package x11proto-damage-dev.
Preparing to unpack .../x11proto-damage-dev_1%3a1.2.1-2_all.deb ...
Unpacking x11proto-damage-dev (1:1.2.1-2) ...
Selecting previously unselected package libxdamage-dev:armhf.
Preparing to unpack .../libxdamage-dev_1%3a1.1.4-2_armhf.deb ...
Unpacking libxdamage-dev:armhf (1:1.1.4-2) ...
Selecting previously unselected package libxml2-utils.
Preparing to unpack .../libxml2-utils_2.9.1+dfsg1-5_armhf.deb ...
Unpacking libxml2-utils (2.9.1+dfsg1-5) ...
Selecting previously unselected package libgtk2.0-dev.
Preparing to unpack .../libgtk2.0-dev_2.24.25-3_armhf.deb ...
Unpacking libgtk2.0-dev (2.24.25-3) ...
Selecting previously unselected package libsys-hostname-long-perl.
Preparing to unpack .../libsys-hostname-long-perl_1.4-3_all.deb ...
Unpacking libsys-hostname-long-perl (1.4-3) ...
Selecting previously unselected package libmail-sendmail-perl.
Preparing to unpack .../libmail-sendmail-perl_0.79.16-1_all.deb ...
Unpacking libmail-sendmail-perl (0.79.16-1) ...
Selecting previously unselected package libx11-doc.
Preparing to unpack .../libx11-doc_2%3a1.6.2-3_all.deb ...
Unpacking libx11-doc (2:1.6.2-3) ...
Processing triggers for man-db (2.7.0.2-5) ...
Processing triggers for install-info (5.2.0.dfsg.1-6) ...
Processing triggers for libglib2.0-0:armhf (2.42.1-1) ...
Setting up libcairo-script-interpreter2:armhf (1.14.0-2.1rpi1rpi1g) ...
Setting up libelfg0:armhf (0.8.13-5) ...
Setting up libunistring0:armhf (0.9.3-5.2) ...
Setting up libgettextpo0:armhf (0.19.3-2) ...
Setting up libharfbuzz-gobject0:armhf (0.9.35-2) ...
Setting up libpcrecpp0:armhf (2:8.35-3.3) ...
Setting up libpixman-1-0:armhf (0.33.3+git20151011-7de61d8-rpi1) ...
Setting up autopoint (0.19.3-2) ...
Setting up gettext (0.19.3-2) ...
Setting up intltool-debian (0.35.0+20060710.1) ...
Setting up po-debconf (1.0.16+nmu3) ...
```

커널연구회(www.kernel.bz)          정재준 (rgbi3307@nate.com)

```
Setting up debhelper (9.20150101) ...

Setting up gir1.2-gtk-2.0 (2.24.25-3) ...

Setting up libasprintf-dev:armhf (0.19.3-2) ...

Setting up libglib2.0-bin (2.42.1-1) ...

Setting up libpcre3-dev:armhf (2:8.35-3.3) ...

Setting up libglib2.0-dev (2.42.1-1) ...

Setting up libatk1.0-dev (2.14.0-1) ...

Setting up libfontconfig1-dev:armhf (2.11.0-6.3) ...

Setting up xorg-sgml-doctools (1:1.11-1) ...

Setting up x11proto-core-dev (7.0.26-1) ...

Setting up libxau-dev:armhf (1:1.0.8-1) ...

Setting up libxdmcp-dev:armhf (1:1.1.1-1) ...

Setting up x11proto-input-dev (2.3.1-1) ...

Setting up x11proto-kb-dev (1.0.6-2) ...

Setting up xtrans-dev (1.3.4-1) ...

Setting up libpthread-stubs0-dev:armhf (0.3-4) ...

Setting up libxcb1-dev:armhf (1.10-3) ...

Setting up libx11-dev:armhf (2:1.6.2-3) ...

Setting up x11proto-render-dev (2:0.11.1-2) ...

Setting up libxrender-dev:armhf (1:0.9.8-1) ...

Setting up x11proto-xext-dev (7.3.0-1) ...

Setting up libxext-dev:armhf (2:1.3.3-1) ...

Setting up libice-dev:armhf (2:1.0.9-1) ...

Setting up libsm-dev:armhf (2:1.2.2-1) ...

Setting up libpixman-1-dev (0.33.3+git20151011-7de61d8-rpi1) ...

Setting up libxcb-render0-dev:armhf (1.10-3) ...

Setting up libxcb-shm0-dev:armhf (1.10-3) ...

Setting up libcairo2-dev (1.14.0-2.1rpi1rpi1g) ...

Setting up libgdk-pixbuf2.0-dev (2.31.1-2+deb8u3) ...

Setting up libgettextpo-dev:armhf (0.19.3-2) ...

Setting up libharfbuzz-dev (0.9.35-2) ...

Setting up libxft-dev (2.3.2-1) ...

Setting up libpango1.0-dev (1.36.8-3+rpi1) ...

Setting up x11proto-xinerama-dev (1.2.1-2) ...

Setting up libxinerama-dev:armhf (2:1.1.3-1) ...

Setting up x11proto-fixes-dev (1:5.0-2) ...
```

커널연구회(www.kernel.bz)　　　　　　　　　　　　　정재준 (rgbi3307@nate.com)

```
Setting up libxfixes-dev:armhf (1:5.0.1-2) ...

Setting up libxi-dev (2:1.7.4-1) ...

Setting up x11proto-randr-dev (1.4.0-2) ...

Setting up libxrandr-dev:armhf (2:1.4.2-1) ...

Setting up libxcursor-dev:armhf (1:1.1.14-1) ...

Setting up x11proto-composite-dev (1:0.4.2-2) ...

Setting up libxcomposite-dev (1:0.4.4-1) ...

Setting up x11proto-damage-dev (1:1.2.1-2) ...

Setting up libxdamage-dev:armhf (1:1.1.4-2) ...

Setting up libxml2-utils (2.9.1+dfsg1-5) ...

Setting up libgtk2.0-dev (2.24.25-3) ...

Setting up libsys-hostname-long-perl (1.4-3) ...

Setting up libmail-sendmail-perl (0.79.16-1) ...

Setting up libx11-doc (2:1.6.2-3) ...

Processing triggers for libc-bin (2.19-18+deb8u1) ...
```

## 2.2.1 GTK 프로젝트 생성

GTK 는 앞에서 설치한 CodeBlocks 통합개발환경에서 프로젝트를 다음과 같이 생성할 수 있다.

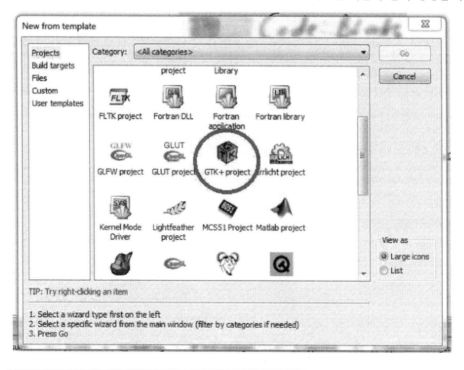

커널연구회(www.kernel.bz)                                        정재준 (rgbi3307@nate.com)

메뉴에서 안내하는대로 진행을 하면 아래와 같이 main.c 소스 파일이 만들어 지면서, 간단한 팝업 대화창에 "Hello World!" 문구가 출력된다.

## 2.2.2 GTK 소스 예제

```
#include <stdlib.h>
#include <gtk/gtk.h>

static void helloWorld (GtkWidget *wid, GtkWidget *win)
{
  GtkWidget *dialog = NULL;

  dialog = gtk_message_dialog_new (GTK_WINDOW (win), GTK_DIALOG_MODAL, GTK_MESSAGE_INFO,
GTK_BUTTONS_CLOSE, "Hello World!");
  gtk_window_set_position (GTK_WINDOW (dialog), GTK_WIN_POS_CENTER);
  gtk_dialog_run (GTK_DIALOG (dialog));
  gtk_widget_destroy (dialog);
}

int main (int argc, char *argv[])
{
  GtkWidget *button = NULL;
  GtkWidget *win = NULL;
  GtkWidget *vbox = NULL;

  /* Initialize GTK+ */
  g_log_set_handler ("Gtk", G_LOG_LEVEL_WARNING, (GLogFunc) gtk_false, NULL);
  gtk_init (&argc, &argv);
  g_log_set_handler ("Gtk", G_LOG_LEVEL_WARNING, g_log_default_handler, NULL);

  /* Create the main window */
  win = gtk_window_new (GTK_WINDOW_TOPLEVEL);
  gtk_container_set_border_width (GTK_CONTAINER (win), 8);
  gtk_window_set_title (GTK_WINDOW (win), "Hello World");
  gtk_window_set_position (GTK_WINDOW (win), GTK_WIN_POS_CENTER);
```

커널연구회(www.kernel.bz)　　　　　　　　　　　　　　정재준 (rgbi3307@nate.com)

```
gtk_widget_realize (win);
g_signal_connect (win, "destroy", gtk_main_quit, NULL);


/* Create a vertical box with buttons */
vbox = gtk_vbox_new (TRUE, 6);
gtk_container_add (GTK_CONTAINER (win), vbox);


button = gtk_button_new_from_stock (GTK_STOCK_DIALOG_INFO);
g_signal_connect (G_OBJECT (button), "clicked", G_CALLBACK (helloWorld), (gpointer) win);
gtk_box_pack_start (GTK_BOX (vbox), button, TRUE, TRUE, 0);


button = gtk_button_new_from_stock (GTK_STOCK_CLOSE);
g_signal_connect (button, "clicked", gtk_main_quit, NULL);
gtk_box_pack_start (GTK_BOX (vbox), button, TRUE, TRUE, 0);


/* Enter the main loop */
gtk_widget_show_all (win);
gtk_main ();
return 0;
}
```

위의 예제를 실행하면 다음과 같이 팝업창이 나타난다.

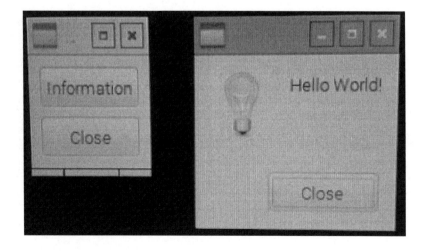

커널연구회(www.kernel.bz)                                    정재준 (rgbi3307@nate.com)

## 2.3 Qt5 설치하기

Qt는 리눅스 환경에서 GUI 어플리케이션을 개발할 수 있는 강력한 개발환경들을 제공한다. 필자가 이글을 집필하는 시점에 Qt 최신 버전은 5.5이며 아래의 웹사이트에서 자세한 내용들을 확인할 수 있다.

http://www.qt.io/

**Qt 개발환경 스크린샷**

Qt5는 apt-get으로 다음과 같이 설치하면 된다. 설치에 필요한 용량은 약400MB 정도이다.

- QT5 표준 라이브러리 설치(qt5-default qttools5-dev-tools)
- QtCreator 설치(Qtcreator)
- Qt 실행하기 (qtcreator.sh -noload Welcome)

커널연구회(www.kernel.bz)　　　　　　　　　　　　　　　정재준 (rgbi3307@nate.com)

## 2.3.1 Qt5 표준 라이브러리 설치

Qt5 표준 라이브러리는 apt-get으로 다음과 같이 설치한다.

```
# apt-get install qt5-default qttools5-dev-tools
```

아래와 같은 패키지들이 설치 진행된다.

```
Reading package lists... Done
Building dependency tree
Reading state information... Done
The following extra packages will be installed:
  libegl1-mesa-dev libegl1-mesa-drivers libgles2-mesa libgles2-mesa-dev
  libopenvg1-mesa libqt5clucene5 libqt5concurrent5 libqt5core5a libqt5dbus5
  libqt5designer5 libqt5designercomponents5 libqt5gui5 libqt5help5
  libqt5network5 libqt5opengl5 libqt5opengl5-dev libqt5printsupport5
  libqt5qml5 libqt5quick5 libqt5quickwidgets5 libqt5sql5 libqt5sql5-sqlite
  libqt5test5 libqt5webkit5 libqt5widgets5 libqt5xml5 libwayland-dev
  libwayland-egl1-mesa libxcb-icccm4 libxcb-image0 libxcb-keysyms1
  libxcb-render-util0 libxcb-xkb1 libxkbcommon-x11-0 qt5-qmake qtbase5-dev
  qtbase5-dev-tools qttranslations5-l10n
Suggested packages:
  firebird-dev libpq-dev libsqlite3-dev unixodbc-dev
The following NEW packages will be installed:
  libegl1-mesa-dev libegl1-mesa-drivers libgles2-mesa libgles2-mesa-dev
  libopenvg1-mesa libqt5clucene5 libqt5concurrent5 libqt5core5a libqt5dbus5
  libqt5designer5 libqt5designercomponents5 libqt5gui5 libqt5help5
  libqt5network5 libqt5opengl5 libqt5opengl5-dev libqt5printsupport5
  libqt5qml5 libqt5quick5 libqt5quickwidgets5 libqt5sql5 libqt5sql5-sqlite
  libqt5test5 libqt5webkit5 libqt5widgets5 libqt5xml5 libwayland-dev
  libwayland-egl1-mesa libxcb-icccm4 libxcb-image0 libxcb-keysyms1
  libxcb-render-util0 libxcb-xkb1 libxkbcommon-x11-0 qt5-default qt5-qmake
  qtbase5-dev qtbase5-dev-tools qttools5-dev-tools qttranslations5-l10n
0 upgraded, 40 newly installed, 0 to remove and 35 not upgraded.
Need to get 28.1 MB of archives.
```

커널연구회(www.kernel.bz)　　　　　　　　　　　　　　　　정재준 (rgbi3307@nate.com)

```
After this operation, 111 MB of additional disk space will be used.
Do you want to continue? [Y/n]
```

"Y"를 입력하면 다음과 같이 Qt5 라이브러리 패키지들이 설치 진행된다.

```
Get:1 http://mirrordirector.raspbian.org/raspbian/ jessie/main libopenvg1-mesa armhf 10.3.2-1+deb8u1
[44.6 kB]
Get:2 http://mirrordirector.raspbian.org/raspbian/ jessie/main libwayland-egl1-mesa armhf 10.3.2-
1+deb8u1 [39.5 kB]
Get:3 http://mirrordirector.raspbian.org/raspbian/ jessie/main libegl1-mesa-drivers armhf 10.3.2-
1+deb8u1 [2,157 kB]
Get:4 http://mirrordirector.raspbian.org/raspbian/ jessie/main libgles2-mesa armhf 10.3.2-1+deb8u1
[46.9 kB]
Get:5 http://mirrordirector.raspbian.org/raspbian/ jessie/main libqt5core5a armhf 5.3.2+dfsg-4+rpi1
[1,638 kB]
Get:6 http://mirrordirector.raspbian.org/raspbian/ jessie/main libqt5clucene5 armhf 5.3.2-3 [217 kB]
Get:7 http://mirrordirector.raspbian.org/raspbian/ jessie/main libqt5concurrent5 armhf 5.3.2+dfsg-
4+rpi1 [32.0 kB]
Get:8 http://mirrordirector.raspbian.org/raspbian/ jessie/main libqt5dbus5 armhf 5.3.2+dfsg-4+rpi1
[159 kB]
Get:9 http://mirrordirector.raspbian.org/raspbian/ jessie/main libxcb-icccm4 armhf 0.4.1-1 [26.1 kB]
Get:10 http://mirrordirector.raspbian.org/raspbian/ jessie/main libxcb-image0 armhf 0.4.0-1 [23.1
kB]
Get:11 http://mirrordirector.raspbian.org/raspbian/ jessie/main libxcb-keysyms1 armhf 0.4.0-1 [15.7
kB]
Get:12 http://mirrordirector.raspbian.org/raspbian/ jessie/main libxcb-render-util0 armhf 0.3.9-1
[17.0 kB]
Get:13 http://mirrordirector.raspbian.org/raspbian/ jessie/main libxcb-xkb1 armhf 1.10-3 [31.3 kB]
Get:14 http://mirrordirector.raspbian.org/raspbian/ jessie/main libxkbcommon-x11-0 armhf 0.4.3-2
[37.1 kB]
Get:15 http://mirrordirector.raspbian.org/raspbian/ jessie/main libqt5gui5 armhf 5.3.2+dfsg-4+rpi1
[1,666 kB]
Get:16 http://mirrordirector.raspbian.org/raspbian/ jessie/main libqt5widgets5 armhf 5.3.2+dfsg-
4+rpi1 [1,941 kB]
Get:17 http://mirrordirector.raspbian.org/raspbian/ jessie/main libqt5xml5 armhf 5.3.2+dfsg-4+rpi1
[89.6 kB]
```

커널연구회(www.kernel.bz)                                      정재준 (rgbi3307@nate.com)

```
Get:18 http://mirrordirector.raspbian.org/raspbian/ jessie/main libqt5designer5 armhf 5.3.2-3 [2,609 kB]
Get:19 http://mirrordirector.raspbian.org/raspbian/ jessie/main libqt5designercomponents5 armhf 5.3.2-3 [581 kB]
Get:20 http://mirrordirector.raspbian.org/raspbian/ jessie/main libqt5network5 armhf 5.3.2+dfsg-4+rpi1 [454 kB]
Get:21 http://mirrordirector.raspbian.org/raspbian/ jessie/main libqt5sql5 armhf 5.3.2+dfsg-4+rpi1 [97.2 kB]
Get:22 http://mirrordirector.raspbian.org/raspbian/ jessie/main libqt5help5 armhf 5.3.2-3 [156 kB]
Get:23 http://mirrordirector.raspbian.org/raspbian/ jessie/main libqt5opengl5 armhf 5.3.2+dfsg-4+rpi1 [118 kB]
Get:24 http://mirrordirector.raspbian.org/raspbian/ jessie/main libqt5printsupport5 armhf 5.3.2+dfsg-4+rpi1 [163 kB]
Get:25 http://mirrordirector.raspbian.org/raspbian/ jessie/main libqt5qml5 armhf 5.3.2-4+rpi1+b1 [972 kB]
Get:26 http://mirrordirector.raspbian.org/raspbian/ jessie/main libqt5quick5 armhf 5.3.2-4+rpi1+b1 [840 kB]
Get:27 http://mirrordirector.raspbian.org/raspbian/ jessie/main libqt5quickwidgets5 armhf 5.3.2-4+rpi1+b1 [32.3 kB]
Get:28 http://mirrordirector.raspbian.org/raspbian/ jessie/main libqt5sql5-sqlite armhf 5.3.2+dfsg-4+rpi1 [38.9 kB]
Get:29 http://mirrordirector.raspbian.org/raspbian/ jessie/main libqt5test5 armhf 5.3.2+dfsg-4+rpi1 [76.8 kB]
Get:30 http://mirrordirector.raspbian.org/raspbian/ jessie/main libqt5webkit5 armhf 5.3.2+dfsg-4+rpi1 [7,602 kB]
Get:31 http://mirrordirector.raspbian.org/raspbian/ jessie/main libwayland-dev armhf 1.6.0-2 [80.7 kB]
Get:32 http://mirrordirector.raspbian.org/raspbian/ jessie/main libegl1-mesa-dev armhf 10.3.2-1+deb8u1 [50.8 kB]
Get:33 http://mirrordirector.raspbian.org/raspbian/ jessie/main libgles2-mesa-dev armhf 10.3.2-1+deb8u1 [59.1 kB]
Get:34 http://mirrordirector.raspbian.org/raspbian/ jessie/main qt5-qmake armhf 5.3.2+dfsg-4+rpi1 [1,021 kB]
Get:35 http://mirrordirector.raspbian.org/raspbian/ jessie/main qtbase5-dev-tools armhf 5.3.2+dfsg-4+rpi1 [922 kB]
Get:36 http://mirrordirector.raspbian.org/raspbian/ jessie/main qtbase5-dev armhf 5.3.2+dfsg-4+rpi1
```

커널연구회(www.kernel.bz)                    정재준 (rgbi3307@nate.com)

```
[1,376 kB]
Get:37 http://mirrordirector.raspbian.org/raspbian/ jessie/main libqt5opengl5-dev armhf 5.3.2+dfsg-
4+rpi1 [38.1 kB]
Get:38 http://mirrordirector.raspbian.org/raspbian/ jessie/main qt5-default armhf 5.3.2+dfsg-4+rpi1
[24.7 kB]
Get:39 http://mirrordirector.raspbian.org/raspbian/ jessie/main qttools5-dev-tools armhf 5.3.2-3
[1,533 kB]
Get:40 http://mirrordirector.raspbian.org/raspbian/ jessie/main qttranslations5-l10n all 5.3.2-2
[1,077 kB]
Fetched 28.1 MB in 38s (726 kB/s)
Extracting templates from packages: 100%
Selecting previously unselected package libopenvg1-mesa:armhf.
(Reading database ... 134151 files and directories currently installed.)
Preparing to unpack .../libopenvg1-mesa_10.3.2-1+deb8u1_armhf.deb ...
Unpacking libopenvg1-mesa:armhf (10.3.2-1+deb8u1) ...
Selecting previously unselected package libwayland-egl1-mesa:armhf.
Preparing to unpack .../libwayland-egl1-mesa_10.3.2-1+deb8u1_armhf.deb ...
Unpacking libwayland-egl1-mesa:armhf (10.3.2-1+deb8u1) ...
Selecting previously unselected package libegl1-mesa-drivers:armhf.
Preparing to unpack .../libegl1-mesa-drivers_10.3.2-1+deb8u1_armhf.deb ...
Unpacking libegl1-mesa-drivers:armhf (10.3.2-1+deb8u1) ...
Selecting previously unselected package libgles2-mesa:armhf.
Preparing to unpack .../libgles2-mesa_10.3.2-1+deb8u1_armhf.deb ...
Unpacking libgles2-mesa:armhf (10.3.2-1+deb8u1) ...
Selecting previously unselected package libqt5core5a:armhf.
Preparing to unpack .../libqt5core5a_5.3.2+dfsg-4+rpi1_armhf.deb ...
Unpacking libqt5core5a:armhf (5.3.2+dfsg-4+rpi1) ...
Selecting previously unselected package libqt5clucene5:armhf.
Preparing to unpack .../libqt5clucene5_5.3.2-3_armhf.deb ...
Unpacking libqt5clucene5:armhf (5.3.2-3) ...
Selecting previously unselected package libqt5concurrent5:armhf.
Preparing to unpack .../libqt5concurrent5_5.3.2+dfsg-4+rpi1_armhf.deb ...
Unpacking libqt5concurrent5:armhf (5.3.2+dfsg-4+rpi1) ...
Selecting previously unselected package libqt5dbus5:armhf.
Preparing to unpack .../libqt5dbus5_5.3.2+dfsg-4+rpi1_armhf.deb ...
Unpacking libqt5dbus5:armhf (5.3.2+dfsg-4+rpi1) ...
```

커널연구회(www.kernel.bz)                                    정재준 (rgbi3307@nate.com)

```
Selecting previously unselected package libxcb-icccm4:armhf.
Preparing to unpack .../libxcb-icccm4_0.4.1-1_armhf.deb ...
Unpacking libxcb-icccm4:armhf (0.4.1-1) ...
Selecting previously unselected package libxcb-image0:armhf.
Preparing to unpack .../libxcb-image0_0.4.0-1_armhf.deb ...
Unpacking libxcb-image0:armhf (0.4.0-1) ...
Selecting previously unselected package libxcb-keysyms1:armhf.
Preparing to unpack .../libxcb-keysyms1_0.4.0-1_armhf.deb ...
Unpacking libxcb-keysyms1:armhf (0.4.0-1) ...
Selecting previously unselected package libxcb-render-util0:armhf.
Preparing to unpack .../libxcb-render-util0_0.3.9-1_armhf.deb ...
Unpacking libxcb-render-util0:armhf (0.3.9-1) ...
Selecting previously unselected package libxcb-xkb1:armhf.
Preparing to unpack .../libxcb-xkb1_1.10-3_armhf.deb ...
Unpacking libxcb-xkb1:armhf (1.10-3) ...
Selecting previously unselected package libxkbcommon-x11-0:armhf.
Preparing to unpack .../libxkbcommon-x11-0_0.4.3-2_armhf.deb ...
Unpacking libxkbcommon-x11-0:armhf (0.4.3-2) ...
Selecting previously unselected package libqt5gui5:armhf.
Preparing to unpack .../libqt5gui5_5.3.2+dfsg-4+rpi1_armhf.deb ...
Unpacking libqt5gui5:armhf (5.3.2+dfsg-4+rpi1) ...
Selecting previously unselected package libqt5widgets5:armhf.
Preparing to unpack .../libqt5widgets5_5.3.2+dfsg-4+rpi1_armhf.deb ...
Unpacking libqt5widgets5:armhf (5.3.2+dfsg-4+rpi1) ...
Selecting previously unselected package libqt5xml5:armhf.
Preparing to unpack .../libqt5xml5_5.3.2+dfsg-4+rpi1_armhf.deb ...
Unpacking libqt5xml5:armhf (5.3.2+dfsg-4+rpi1) ...
Selecting previously unselected package libqt5designer5:armhf.
Preparing to unpack .../libqt5designer5_5.3.2-3_armhf.deb ...
Unpacking libqt5designer5:armhf (5.3.2-3) ...
Selecting previously unselected package libqt5designercomponents5:armhf.
Preparing to unpack .../libqt5designercomponents5_5.3.2-3_armhf.deb ...
Unpacking libqt5designercomponents5:armhf (5.3.2-3) ...
Selecting previously unselected package libqt5network5:armhf.
Preparing to unpack .../libqt5network5_5.3.2+dfsg-4+rpi1_armhf.deb ...
Unpacking libqt5network5:armhf (5.3.2+dfsg-4+rpi1) ...
```

커널연구회(www.kernel.bz)　　　　　　　　　　　　정재준 ( rgbi3307@nate.com )

```
Selecting previously unselected package libqt5sql5:armhf.

Preparing to unpack .../libqt5sql5_5.3.2+dfsg-4+rpi1_armhf.deb ...

Unpacking libqt5sql5:armhf (5.3.2+dfsg-4+rpi1) ...

Selecting previously unselected package libqt5help5:armhf.

Preparing to unpack .../libqt5help5_5.3.2-3_armhf.deb ...

Unpacking libqt5help5:armhf (5.3.2-3) ...

Selecting previously unselected package libqt5opengl5:armhf.

Preparing to unpack .../libqt5opengl5_5.3.2+dfsg-4+rpi1_armhf.deb ...

Unpacking libqt5opengl5:armhf (5.3.2+dfsg-4+rpi1) ...

Selecting previously unselected package libqt5printsupport5:armhf.

Preparing to unpack .../libqt5printsupport5_5.3.2+dfsg-4+rpi1_armhf.deb ...

Unpacking libqt5printsupport5:armhf (5.3.2+dfsg-4+rpi1) ...

Selecting previously unselected package libqt5qml5:armhf.

Preparing to unpack .../libqt5qml5_5.3.2-4+rpi1+b1_armhf.deb ...

Unpacking libqt5qml5:armhf (5.3.2-4+rpi1+b1) ...

Selecting previously unselected package libqt5quick5:armhf.

Preparing to unpack .../libqt5quick5_5.3.2-4+rpi1+b1_armhf.deb ...

Unpacking libqt5quick5:armhf (5.3.2-4+rpi1+b1) ...

Selecting previously unselected package libqt5quickwidgets5:armhf.

Preparing to unpack .../libqt5quickwidgets5_5.3.2-4+rpi1+b1_armhf.deb ...

Unpacking libqt5quickwidgets5:armhf (5.3.2-4+rpi1+b1) ...

Selecting previously unselected package libqt5sql5-sqlite:armhf.

Preparing to unpack .../libqt5sql5-sqlite_5.3.2+dfsg-4+rpi1_armhf.deb ...

Unpacking libqt5sql5-sqlite:armhf (5.3.2+dfsg-4+rpi1) ...

Selecting previously unselected package libqt5test5:armhf.

Preparing to unpack .../libqt5test5_5.3.2+dfsg-4+rpi1_armhf.deb ...

Unpacking libqt5test5:armhf (5.3.2+dfsg-4+rpi1) ...

Selecting previously unselected package libqt5webkit5:armhf.

Preparing to unpack .../libqt5webkit5_5.3.2+dfsg-4+rpi1_armhf.deb ...

Unpacking libqt5webkit5:armhf (5.3.2+dfsg-4+rpi1) ...

Selecting previously unselected package libwayland-dev.

Preparing to unpack .../libwayland-dev_1.6.0-2_armhf.deb ...

Unpacking libwayland-dev (1.6.0-2) ...

Selecting previously unselected package libegl1-mesa-dev:armhf.

Preparing to unpack .../libegl1-mesa-dev_10.3.2-1+deb8u1_armhf.deb ...

Unpacking libegl1-mesa-dev:armhf (10.3.2-1+deb8u1) ...
```

커널연구회(www.kernel.bz)                         정재준 (rgbi3307@nate.com)

```
Selecting previously unselected package libgles2-mesa-dev:armhf.
Preparing to unpack .../libgles2-mesa-dev_10.3.2-1+deb8u1_armhf.deb ...
Unpacking libgles2-mesa-dev:armhf (10.3.2-1+deb8u1) ...
Selecting previously unselected package qt5-qmake:armhf.
Preparing to unpack .../qt5-qmake_5.3.2+dfsg-4+rpi1_armhf.deb ...
Unpacking qt5-qmake:armhf (5.3.2+dfsg-4+rpi1) ...
Selecting previously unselected package qtbase5-dev-tools.
Preparing to unpack .../qtbase5-dev-tools_5.3.2+dfsg-4+rpi1_armhf.deb ...
Unpacking qtbase5-dev-tools (5.3.2+dfsg-4+rpi1) ...
Selecting previously unselected package qtbase5-dev:armhf.
Preparing to unpack .../qtbase5-dev_5.3.2+dfsg-4+rpi1_armhf.deb ...
Unpacking qtbase5-dev:armhf (5.3.2+dfsg-4+rpi1) ...
Selecting previously unselected package libqt5opengl5-dev:armhf.
Preparing to unpack .../libqt5opengl5-dev_5.3.2+dfsg-4+rpi1_armhf.deb ...
Unpacking libqt5opengl5-dev:armhf (5.3.2+dfsg-4+rpi1) ...
Selecting previously unselected package qt5-default.
Preparing to unpack .../qt5-default_5.3.2+dfsg-4+rpi1_armhf.deb ...
Unpacking qt5-default (5.3.2+dfsg-4+rpi1) ...
Selecting previously unselected package qttools5-dev-tools.
Preparing to unpack .../qttools5-dev-tools_5.3.2-3_armhf.deb ...
Unpacking qttools5-dev-tools (5.3.2-3) ...
Selecting previously unselected package qttranslations5-l10n.
Preparing to unpack .../qttranslations5-l10n_5.3.2-2_all.deb ...
Unpacking qttranslations5-l10n (5.3.2-2) ...
Processing triggers for man-db (2.7.0.2-5) ...
Setting up libopenvg1-mesa:armhf (10.3.2-1+deb8u1) ...
Setting up libwayland-ogl1 mesa:armhf (10.3.2-1+deb8u1) ...
Setting up libegl1-mesa-drivers:armhf (10.3.2-1+deb8u1) ...
Setting up libgles2-mesa:armhf (10.3.2-1+deb8u1) ...
Setting up libqt5core5a:armhf (5.3.2+dfsg-4+rpi1) ...
Setting up libqt5clucene5:armhf (5.3.2-3) ...
Setting up libqt5concurrent5:armhf (5.3.2+dfsg-4+rpi1) ...
Setting up libqt5dbus5:armhf (5.3.2+dfsg-4+rpi1) ...
Setting up libxcb-icccm4:armhf (0.4.1-1) ...
Setting up libxcb-image0:armhf (0.4.0-1) ...
Setting up libxcb-keysyms1:armhf (0.4.0-1) ...
```

커널연구회(www.kernel.bz)      정재준 (rgbi3307@nate.com)

```
Setting up libxcb-render-util0:armhf (0.3.9-1) ...

Setting up libxcb-xkb1:armhf (1.10-3) ...

Setting up libxkbcommon-x11-0:armhf (0.4.3-2) ...

Setting up libqt5gui5:armhf (5.3.2+dfsg-4+rpi1) ...

Setting up libqt5widgets5:armhf (5.3.2+dfsg-4+rpi1) ...

Setting up libqt5xml5:armhf (5.3.2+dfsg-4+rpi1) ...

Setting up libqt5designer5:armhf (5.3.2-3) ...

Setting up libqt5designercomponents5:armhf (5.3.2-3) ...

Setting up libqt5network5:armhf (5.3.2+dfsg-4+rpi1) ...

Setting up libqt5sql5:armhf (5.3.2+dfsg-4+rpi1) ...

Setting up libqt5help5:armhf (5.3.2-3) ...

Setting up libqt5opengl5:armhf (5.3.2+dfsg-4+rpi1) ...

Setting up libqt5printsupport5:armhf (5.3.2+dfsg-4+rpi1) ...

Setting up libqt5qml5:armhf (5.3.2-4+rpi1+b1) ...

Setting up libqt5quick5:armhf (5.3.2-4+rpi1+b1) ...

Setting up libqt5quickwidgets5:armhf (5.3.2-4+rpi1+b1) ...

Setting up libqt5sql5-sqlite:armhf (5.3.2+dfsg-4+rpi1) ...

Setting up libqt5test5:armhf (5.3.2+dfsg-4+rpi1) ...

Setting up libqt5webkit5:armhf (5.3.2+dfsg-4+rpi1) ...

Setting up libwayland-dev (1.6.0-2) ...

Setting up libegl1-mesa-dev:armhf (10.3.2-1+deb8u1) ...

Setting up libgles2-mesa-dev:armhf (10.3.2-1+deb8u1) ...

Setting up qt5-qmake:armhf (5.3.2+dfsg-4+rpi1) ...

Setting up qtbase5-dev-tools (5.3.2+dfsg-4+rpi1) ...

Setting up qtbase5-dev:armhf (5.3.2+dfsg-4+rpi1) ...

Setting up libqt5opengl5-dev:armhf (5.3.2+dfsg-4+rpi1) ...

Setting up qt5-default (5.3.2+dfsg-4+rpi1) ...

Setting up qttools5-dev-tools (5.3.2-3) ...

Setting up qttranslations5-l10n (5.3.2-2) ...

Processing triggers for libc-bin (2.19-18+deb8u1) ...
```

커널연구회(www.kernel.bz)　　　　　　　　　　　정재준 (rgbi3307@nate.com)

## 2.3.2 QtCreator 설치

Qtcreator는 다음과 같이 통합개발환경(IDE)을 제공한다.

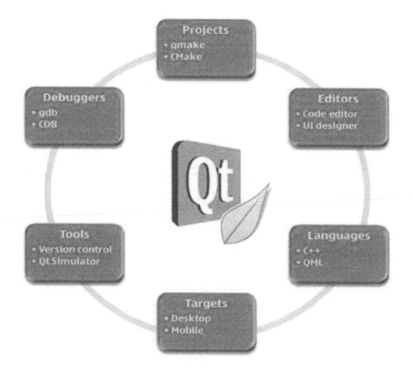

apt-get으로 아래와 같이 실행하여 설치진행한다.

```
# apt-get install Qtcreator
```

다음과 같이 패키지들이 설치된다.

```
Reading package lists... Done
Building dependency tree
Reading state information... Done
The following extra packages will be installed:
  libbotan-1.10-0 libgl1-mesa-dri libqt5declarative5 libqt5quicktest5
  libqt5script5 libqt5x11extras5 libqt5xmlpatterns5 libtxc-dxtn-s2tc0
  qml-module-qtquick-controls qml-module-qtquick-layouts
```

커널연구회(www.kernel.bz)      정재준 (rgbi3307@nate.com)

```
  qml-module-qtquick-window2 qml-module-qtquick2 qt5-doc qtbase5-doc
  qtcreator-data qtcreator-doc qtdeclarative5-dev-tools qtdeclarative5-doc
  qtenginio5-doc qtgraphicaleffects5-doc qtmultimedia5-doc qtpositioning5-doc
  qtquick1-5-dev-tools qtquickcontrols5-doc qtscript5-doc qtsensors5-doc
  qtserialport5-doc qtsvg5-doc qttools5-doc qtwebkit5-doc
  qtwebkit5-examples-doc qtwebsockets5-doc qtx11extras5-doc
  qtxmlpatterns5-dev-tools qtxmlpatterns5-doc
Suggested packages:
  cmake kdelibs5-data subversion
The following NEW packages will be installed:
  libbotan-1.10-0 libgl1-mesa-dri libqt5declarative5 libqt5quicktest5
  libqt5script5 libqt5x11extras5 libqt5xmlpatterns5 libtxc-dxtn-s2tc0
  qml-module-qtquick-controls qml-module-qtquick-layouts
  qml-module-qtquick-window2 qml-module-qtquick2 qt5-doc qtbase5-doc qtcreator
  qtcreator-data qtcreator-doc qtdeclarative5-dev-tools qtdeclarative5-doc
  qtenginio5-doc qtgraphicaleffects5-doc qtmultimedia5-doc qtpositioning5-doc
  qtquick1-5-dev-tools qtquickcontrols5-doc qtscript5-doc qtsensors5-doc
  qtserialport5-doc qtsvg5-doc qttools5-doc qtwebkit5-doc
  qtwebkit5-examples-doc qtwebsockets5-doc qtx11extras5-doc
  qtxmlpatterns5-dev-tools qtxmlpatterns5-doc
0 upgraded, 36 newly installed, 0 to remove and 35 not upgraded.
Need to get 94.7 MB of archives.
After this operation, 168 MB of additional disk space will be used.
Do you want to continue? [Y/n]
```

커널연구회(www.kernel.bz)              정재준 (rgbi3307@nate.com)

## 2.3.3 Qt5 실행

실행은 다음과 같이 qtcreator.sh 스크립트를 실행하면 된다.

```
$ qtcreator.sh -noload Welcome
```

아래와 같이 개발환경이 실행된다.

### 컴파일러 옵션 설정:

Tools → Options

Build&Run → Compilers → GCC, /usr/bin/g++

Build&Run → Kits → Compiler:GCC, Debugger:/usr/bin/gdb, Qt version:Qt 5.3.2(qt5)

커널연구회(www.kernel.bz)            정재준 (rgbi3307@nate.com)

## 2.4 라즈베리파이 2개로 커널 개발환경 설정

라즈베리파이 보드에서 일반적인 어플리케이션 프로그래밍을 할때는 라즈베리파이 보드 1 개로 충분하지만, 리눅스 커널 소스를 빌드(컴파일), 분석 및 개발하기 위해서는 보드 1 개는 불편하다. 그래서 아래 사진처럼 라즈베리파이 보드 2 개를 사용하여 한 개는 리눅스 커널 소스 빌드용 Host 로 사용하고 나머지 한 개는 어플리케이션 개발용 Target 으로 사용하면 많은 장점이 있다. 일단, 개발용 PC 를 따로 사용하지 않아도 되므로 개발환경 구축 비용이 절감된다. 라즈베리파이 보드에서 네이티브 ARM gcc 컴파일러로 소스를 직접 빌드하면 되므로 크로스 컴파일러를 따로 설치하지 않아도 된다. 그리고 라즈베리파이 Host 에서 Target 에 있는 리눅스 커널 소스를 디버깅하기에도 용이하다. 리눅스 커널 소스를 빌드하는 시간이 조금 더 걸리지만 위의 장점들로 인해서 시간적인 단점은 충분히 감안할 만하다.

**라즈베리파이 보드 2개 연결**

라즈베리파이 확장핀들중에서 8 번핀은 UART TxD 이고 10 번핀은 UART RxD 이다. 이 2 개의 핀을 라즈베리파이 Host 와 Target 간에 교차하여 연결하면 시리얼 콘솔을 사용하여 Host 에서 Target 의 커널 소스를 kgdb 를 사용하여 디버깅할 수 있다. 커널 소스 빌드 및 디버깅 방법은 다음장에 설명되어 있으니 참조하기 바란다.

커널연구회(www.kernel.bz)　　　　　　　　　　　　　　　　　정재준 (rgbi3307@nate.com)

# 3. 커널소스 빌드

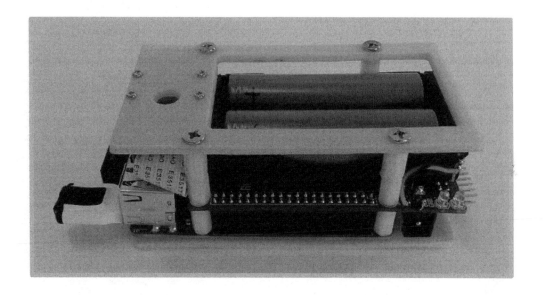

이번장은 라즈베리파이에 포팅된 리눅스 커널에 대해서 설명한다. 리눅스 커널 소스를 다운로드 받아서 빌드 및 설치하고 디버깅 하는 방법에 대해서 기술한다. 라즈베리파이에는 이미 리눅스 커널이 포팅되어 있으므로 리눅스 커널 소스를 손대지 않아도 된다. 라즈베리파이에서 어플리케이션을 빨리 하고자 하는 독자분은 이번장은 학습하지 않아도 된다. 하지만 라즈베리파이에 포팅되어 있는 커널소스를 분석해 보고자 하는 독자분들은 이번장을 자세히 학습하는 것도 좋을 듯하다.

3.1 커널소스 다운로드
3.2 커널소스 빌드
3.3 커널 설치
3.4 커널 모듈 실행
3.5 커널소스 디버깅(kgdb)
3.6 커널소스 분석

커널연구회(www.kernel.bz)        정재준 (rgbi3307@nate.com)

라즈베리파이에는 리눅스 커널 4.1 버전이 이미 포팅되어 있으므로 커널을 수정하지 않아도 어플리케이션 개발하는데 전혀 문제가 없다.  따라서 이번장은 자세히 이해하지 않아도 된다.  그러나, 라즈베리파이 리눅스 커널에 대해서 좀더 깊이있게 이해하고자 하는 독자분들은 이번장에서 기술한 내용들이 많은 도움이 될듯하다.  이번장은 라즈베리파이 커널 소스 빌드에 관한 내용이므로 리눅스 커널에 대한 좀더 기술적인 배경지식이 필요하다.  리눅스 커널에 대한 좀더 자세한 내용은 필자가 집필한 아래 책을 참고하는 것도 좋을듯하다.  라즈베리파이 보드에서 어플리케이션을 바로 하고자 하는 독자분은 이번장은 간단히 참고하고 다음장부터 자세히 보기 바란다.

## 3.1 커널소스 다운로드

라즈베리파이2 커널 소스 다운로드 및 빌드 방법은 아래 웹사이트에 자세히 설명되어 있다.

https://www.raspberrypi.org/documentation/linux/kernel/building.md

위에 기술한 내용을 참조하여 그대로 커널 소스를 다운로드 하여 빌드해 보자.
먼저 아래와 같이 git clone 명령으로 커널 소스를 다운로드 한다.

```
$ git clone --depth=1 https://github.com/raspberrypi/linux
```

커널연구회(www.kernel.bz)                                                   정재준 ( rgbi3307@nate.com )

다음과 같이 다운로드 된다. (약20분정도 소요됨)

```
Cloning into 'linux'...

remote: Counting objects: 270880, done.

remote: Compressing objects: 100% (165395/165395), done.

remote: Total 270880 (delta 184711), reused 161862 (delta 103163), pack-reused 0

Receiving objects: 100% (270880/270880), 303.30 MiB | 370 KiB/s, done.

Resolving deltas: 100% (184711/184711), done.
```

다운로드 완료되면 아래와 같이 파일을 확인한다.

```
$ ll
total 12
drwxr-xr-x  3 jamesjung jamesjung 4096 Oct 20 15:50 ./
drwxr-xr-x  9 jamesjung jamesjung 4096 Mar 21  2015 ../
drwxr-xr-x 24 jamesjung jamesjung 4096 Oct 20 16:09 linux/

$ cd linux
$ ll
total 636
drwxr-xr-x  24 jamesjung jamesjung   4096 Oct 20 16:09 ./
drwxr-xr-x   3 jamesjung jamesjung   4096 Oct 20 15:50 ../
drwxrwxr-x  32 jamesjung jamesjung   4096 Oct 20 16:08 arch/
drwxrwxr-x   3 jamesjung jamesjung   4096 Oct 20 16:08 block/
-rw-rw-r--   1 jamesjung jamesjung  18693 Oct 20 16:08 COPYING
-rw-rw-r--   1 jamesjung jamesjung  96960 Oct 20 16:08 CREDITS
drwxrwxr-x   4 jamesjung jamesjung   4096 Oct 20 16:08 crypto/
drwxrwxr-x 108 jamesjung jamesjung  12288 Oct 20 16:08 Documentation/
drwxrwxr-x 122 jamesjung jamesjung   4096 Oct 20 16:09 drivers/
drwxrwxr-x  36 jamesjung jamesjung   4096 Oct 20 16:09 firmware/
drwxrwxr-x  76 jamesjung jamesjung   4096 Oct 20 16:09 fs/
drwxrwxr-x   8 jamesjung jamesjung   4096 Oct 20 16:09 .git/
-rw-rw-r--   1 jamesjung jamesjung   1226 Oct 20 16:08 .gitignore
drwxrwxr-x  28 jamesjung jamesjung   4096 Oct 20 16:09 include/
```

```
drwxrwxr-x   2 jamesjung jamesjung    4096 Oct 20 16:09 init/
drwxrwxr-x   2 jamesjung jamesjung    4096 Oct 20 16:09 ipc/
-rw-rw-r--   1 jamesjung jamesjung    2163 Oct 20 16:08 Kbuild
-rw-rw-r--   1 jamesjung jamesjung     252 Oct 20 16:08 Kconfig
drwxrwxr-x  16 jamesjung jamesjung    4096 Oct 20 16:09 kernel/
drwxrwxr-x  11 jamesjung jamesjung   12288 Oct 20 16:09 lib/
-rw-rw-r--   1 jamesjung jamesjung    5020 Oct 20 16:08 .mailmap
-rw-rw-r--   1 jamesjung jamesjung  310415 Oct 20 16:08 MAINTAINERS
-rw-rw-r--   1 jamesjung jamesjung   54431 Oct 20 16:08 Makefile
drwxrwxr-x   3 jamesjung jamesjung    4096 Oct 20 16:09 mm/
drwxrwxr-x  59 jamesjung jamesjung    4096 Oct 20 16:09 net/
-rw-rw-r--   1 jamesjung jamesjung   18593 Oct 20 16:08 README
-rw-rw-r--   1 jamesjung jamesjung    7485 Oct 20 16:08 REPORTING-BUGS
drwxrwxr-x  15 jamesjung jamesjung    4096 Oct 20 16:09 samples/
drwxrwxr-x  14 jamesjung jamesjung    4096 Oct 20 16:09 scripts/
drwxrwxr-x   9 jamesjung jamesjung    4096 Oct 20 16:09 security/
drwxrwxr-x  23 jamesjung jamesjung    4096 Oct 20 16:09 sound/
drwxrwxr-x  21 jamesjung jamesjung    4096 Oct 20 16:09 tools/
drwxrwxr-x   2 jamesjung jamesjung    4096 Oct 20 16:09 usr/
drwxrwxr-x   3 jamesjung jamesjung    4096 Oct 20 16:09 virt/
```

위의 커널 소스 파일들중에서 vi 편집기로 Makefile을 열어 보면 아래와 같이 리눅스 커널 소스 버전이 4.1.10 임을 알 수가 있다. 현재 리눅스 커널이 4.2.3 버전이 배포된 시점이기 때문에 비교적 최신의 커널 버전이 라즈베리파이2에 포팅되었음을 알 수 있다.

```
VERSION = 4
PATCHLEVEL = 1
SUBLEVEL = 10
EXTRAVERSION =
NAME = Series 4800

# *DOCUMENTATION*
# To see a list of typical targets execute "make help"
# More info can be located in ./README
# Comments in this file are targeted only to the developer, do not
```

커널연구회(www.kernel.bz)            정재준 (rgbi3307@nate.com)

```
# expect to learn how to build the kernel reading this file.

# o Do not use make's built-in rules and variables
#   (this increases performance and avoids hard-to-debug behaviour);
# o Look for make include files relative to root of kernel src
MAKEFLAGS += -rR --include-dir=$(CURDIR)


//이하 생략…
```

리눅스 커널 버전이 4.1.10 이므로 다음과 같이 소스 경로 이름을 rename 한다.

```
$ cd ..
$ ll
total 12
drwxr-xr-x  3 jamesjung jamesjung 4096 Oct 20 15:50 ./
drwxr-xr-x  9 jamesjung jamesjung 4096 Mar 21  2015 ../
drwxr-xr-x 24 jamesjung jamesjung 4096 Oct 20 16:42 linux/

$ mv linux linux-4.1.10-raspi2
$ ll
total 12
drwxr-xr-x  3 jamesjung jamesjung 4096 Oct 20 16:42 ./
drwxr-xr-x  9 jamesjung jamesjung 4096 Mar 21  2015 ../
drwxr-xr-x 24 jamesjung jamesjung 4096 Oct 20 16:42 linux-4.1.10-raspi2/
```

## 3.2 커널소스 빌드

커널 소스를 빌드하기 전에, 커널 빌드에 필요한 패키지들을 아래와 같이 설치한다.

```
# apt-get update

# apt-get install git-core gnupg flex bison gperf build-essential ₩
zip curl libc6-dev libncurses5-dev x11proto-core-dev ₩
```

커널연구회(www.kernel.bz)                              정재준 (rgbi3307@nate.com)

```
libx11-dev libreadline6-dev libgl1-mesa-dri ₩
libgl1-mesa-dev g++-multilib openjdk-6-jdk tofrodos ₩
python-markdown libxml2-utils xsltproc zlib1g-dev u-boot-tools texinfo bc lrzsz


//설치 완료시까지 수분정도 소요됨.
```

라즈베리파이2 커널 소스를 빌드하는 방법은 아래와 같이 2가지 방식이 있다.

- 라즈베리파이 보드에서 직접 빌드
- 리눅스 Host PC에서 크로스 컴파일

## 3.2.1 라즈베리파이 보드에서 직접 빌드

### 라즈베리파이1 환경설정

```
$ KERNEL=kernel
$ make bcmrpi_defconfig
```

### 라즈베리파이2 환경설정

```
$ KERNEL=kernel7
$ make bcm2709_defconfig
```

위와 같이 환경설정하면 .config 파일이 생성되고 아래와 같이 빌드를 실행한다.

### 커널 빌드

```
$ make zImage modules dtbs
```

라즈베리파이 보드에서 직접 커널 소스를 빌드하면, 완료하는데 약 2시간정도 소요된다. 처음에 빌드할때만 이정도 소요되고 이후로는 커널 소스 변경된 것만 컴파일하므로 수분내로 커널 소스 빌드 작업을 마무리할 수 있다.

커널연구회(www.kernel.bz)        정재준 (rgbi3307@nate.com)

## 3.2.2 리눅스 Host PC에서 크로스 컴파일

### 라즈베리파이1 환경설정

```
$ KERNEL=kernel
$ make ARCH=arm CROSS_COMPILE=arm-linux-gnueabihf- bcmrpi_defconfig
```

### 라즈베리파이2 환경설정

```
$ KERNEL=kernel7
$ make ARCH=arm CROSS_COMPILE=arm-linux-gnueabihf- bcm2709_defconfig
```

위와 같이 환경설정하면 .config 파일이 생성되고 아래와 같이 빌드를 실행한다.

### 커널 빌드

```
$ make ARCH=arm CROSS_COMPILE=arm-linux-gnueabihf- zImage modules dtbs
```

위의 커널 소스 빌드 작업은 PC의 동작 속도에 따라서 40분에서 1시간정도 소요된다.

## 3.3 커널 설치

위의 과정에서 빌드힌 거널 이미시를 SD카드에 설치하기 전에 SD카드의 파티션 정보를 다음과 같이 확인한다.

### 라즈베리파이 보드에서 lsblk 명령 실행

```
# lsblk

NAME          MAJ:MIN RM  SIZE RO TYPE MOUNTPOINT
mmcblk0       179:0    0  7.4G  0 disk
mmcblk0p1 179:1    0    1G  0 part
```

커널연구회(www.kernel.bz)        정재준 ( rgbi3307@nate.com)

```
mmcblk0p2 179:2    0    1K  0 part
mmcblk0p3 179:3    0   32M  0 part /media/pi/SETTINGS
mmcblk0p5 179:5    0   60M  0 part /boot
mmcblk0p6 179:6    0  6.3G  0 part /
```

fdisk 명령으로 위의 파티션 정보를 좀더 자세히 보면,

```
# fdisk /dev/mmcblk0


Welcome to fdisk (util-linux 2.25.2).
Changes will remain in memory only, until you decide to write them.
Be careful before using the write command.



Command (m for help): p
Disk /dev/mmcblk0: 7.4 GiB, 7948206080 bytes, 15523840 sectors
Units: sectors of 1 * 512 = 512 bytes
Sector size (logical/physical): 512 bytes / 512 bytes
I/O size (minimum/optimal): 512 bytes / 512 bytes
Disklabel type: dos
Disk identifier: 0x00039e13


Device          Boot    Start      End  Sectors  Size Id Type
/dev/mmcblk0p1          8192  2121093  2112902    1G  e W95 FAT16 (LBA)
/dev/mmcblk0p2       2121728 15458303 13336576  6.4G 85 Linux extended
/dev/mmcblk0p3      15458304 15523839    65536   32M 83 Linux
/dev/mmcblk0p5       2129920  2252799   122880   60M  c W95 FAT32 (LBA)
/dev/mmcblk0p6       2260992 15458303 13197312  6.3G 83 Linux


Partition table entries are not in disk order.
```

mmcblk0p 1번 파티션과 5번 파티션은 FAT 파일시스템이고, mmcblk0p 2번, 3번, 6번은 리눅스 ext4 파일시스템이다.  이들 파티션들은 다음과 같은 용도로 사용된다.


1번 파티션: 커널 이미지 (recovery)
2번 파티션:

커널연구회(www.kernel.bz)　　　　　　　　　　　　　　　　　　정재준 (rgbi3307@nate.com)

3번 파티션: /media/pi/SETTING

4번 파티션: /dev/root

**5번 파티션: 커널 부트파일(/boot)**

**6번 파티션: 리눅스 루트파일(배포판, NOOBS)**

SD카드를 다른 리눅스 머신에 장착하고 다음과 같이 파티션 정보를 확인하면,

```
# lsblk

NAME           MAJ:MIN RM   SIZE RO TYPE MOUNTPOINT
mmcblk0rpmb    179:48   0   128K  0 disk
mmcblk0boot0   179:16   0    2M   1 disk
mmcblk0boot1   179:32   0    2M   1 disk
mmcblk0        179:0    0   7.3G  0 disk
├─mmcblk0p1    179:1    0 153.1M  0 part /mnt/mmc1
├─mmcblk0p2    179:2    0   2.2G  0 part /
├─mmcblk0p3    179:3    0   4.3G  0 part /mnt/mmc3
└─mmcblk0p4    179:4    0 561.2M  0 part /mnt/mmc4
mmcblk1        179:64   0   7.4G  0 disk
├─mmcblk1p1    179:65   0    1G   0 part /mnt/mtd1
├─mmcblk1p2    179:66   0    1K   0 part
├─mmcblk1p3    179:67   0   32M   0 part /mnt/mtd3
├─mmcblk1p5    179:69   0   60M   0 part /mnt/mtd5
└─mmcblk1p6    179:70   0   6.3G  0 part /mnt/mtd6
```

위에서 커널 이미지는 /mnt/mtd5 파티션, 커널 모듈은 /mnt/mtd6 파티션에 설치하기 위해서 다음과 같이 마운트 한다.

```
# mkdir /mnt/mtd5
# mount -t vfat /dev/mmcblk1p5 /mnt/mtd5

# mkdir /mnt/mtd6
# mount -t ext4 /dev/mmcblk1p6 /mnt/mtd6
```

먼저 커널 모듈을 6번 파티션에 다음과 같이 설치한다.

커널연구회(www.kernel.bz)　　　　　　　　　　　　정재준 (rgbi3307@nate.com)

```
# make INSTALL_MOD_PATH=/mnt/mtd6 modules_install
```

그런다음, 커널 이미지 파일들을 다음과 같이 복사한다.

```
# cp /mnt/mtd5/$KERNEL.img /mnt/mtd5/$KERNEL-backup.img
# scripts/mkknlimg arch/arm/boot/zImage /mnt/mtd5/$KERNEL.img
# cp arch/arm/boot/dts/*.dtb /mnt/mtd5/
# cp arch/arm/boot/dts/overlays/*.dtb* /mnt/mtd5/overlays/
# cp arch/arm/boot/dts/overlays/README /mnt/mtd5/overlays/


# umount mnt/mtd5
# umount mnt/mtd6
```

# 3.4 커널 모듈 실행

커널 소스를 빌드하면 커널모듈은 /lib/modules/ 경로에 .ko 파일로 빌드된다. 이 모듈을 커널에 삽입하여 실행되도록 하려면 insmod 명령을 사용하여 커널에 삽입하면 되지만, insmod 명령은 그때마다 실행해 주어야 하는 번거로움이 있다. 커널이 부팅될 때 자동으로 모듈이 삽입되도록 하려면 /etc/modules 파일에 모듈명을 편집해서 저장하고 아래와 같은 절차로 실행하면 된다.

예를들면, user_mod.ko 모듈을 커널이 부팅될 때 자동으로 삽입되도록 하려면,

**/etc/modules**

```
user_mod
```

```
# depmod –a
# modprobe user_mod
```

커널연구회(www.kernel.bz)        정재준 (rgbi3307@nate.com)

## 3.5 커널소스 디버깅(kgdb)

커널소스를 디버깅하기 위해서는 먼저 커널을 빌드할 때 아래와 같은 옵션들을 설정해야 한다.

### 커널 디버깅을 위한 빌드 옵션들

- CONFIG_DEBUG_RODATA=n

- CONFIG_DEBUG_INFO=y
- CONFIG_GDB_SCRIPTS=y

- CONFIG_FRAME_POINTER=y
- CONFIG_KGDB=y

- CONFIG_KGDB_SERIAL_CONSOLE=y
- CONFIG_KGDB_KDB=y
- CONFIG_KDB_KEYBOARD=y

kgdb로 커널 소스를 디버깅하기 위해서는 개발용 호스트 머신과 타겟보드가 다음과 같이 연결되어야 한다.

HOST 머신에서는 리눅스 커널을 빌드할 때 만들어진 vmlinux 파일을 gdb을 실행하여 로드하고, TARGET 머신에서는 커널 명령라인 옵션을 "kgdboc=tty#, 115200"을 등록한다. 위와 같이 HOST와 TARGET 머신을 시리얼 라인으로 연결하면 HOST에서 gdb을 사용하여 TARGET에 있는 리눅스 커널을 디버깅할 수 있다.

TARGET의 커널 명령라인에 kgdbwait 옵션을 추가하면 TARGET의 리눅스 커널이 부팅될 때

커널연구회(www.kernel.bz)          정재준 (rgbi3307@nate.com)

HOST에서 gdb로 연결하여 부팅시점에서부터 TARGET의 커널을 디버깅할 수 있다.

TARGET의 리눅스 커널이 부팅이 된 이후에는 다음과 같이 TARGET의 커널 동작을 수동 명령으로 멈춘후, HOST에서 gdb로 TARGET의 커널을 디버깅할 수 있다.

## TARGET에서 실행

```
//시리얼 라인을 디버그 장치로 설정
echo tty#  > /sys/module/kgdboc/parameters/kgdboc


//커널 동작 멈춤 → 디버깅 모드로 진입
echo g > /proc/sysrq-trigger
```

## HOST에서 실행

```
//gdb 디버그 실행
gdb vmlinux


(gdb) set remotebaud 115200  //serial baud
(gdb) target remote /dev/ttyAMA0
(gdb) set debug remote 1


(gdb) set listsize 40
```

## GDB 사용법

```
GDB가 정상 실행되면 터미널의 프롬프트가 (gdb)로 바뀌게 된다.


//종료
종료방법에는 크게 두가지가 있다.


    (gdb) ctrl + d
    (gdb) q
    (gdb) quit
```

커널연구회(www.kernel.bz)        정재준 (rgbi3307@nate.com)

## //소스보기

옵션에 따라 실행중인 프로그램의 소스를 다양한 방법으로 볼 수 있다.

```
l(list)
list 10
list [함수명]
list -  //이전 10라인을 출력한다.
list [파일명]:[함수명]
list [파일명]:10
```

list 명령어를 사용하면 소스코드가 10줄 단위로 출력된다.
다음의 명령을 통해 출력단위를 변경할 수 있다.

```
set listsize 20
```

## //세그멘테이션 폴트가 발생했을대

컴파일한 프로그램을 실행했을때 segmentation fault 가 발생하여
비정상 종료되었다면 다음의 명령어를 통해 오류 지점을 확인할 수 있다.

```
(gdb) r(run)
```

run 명령어는 GDB가 프로그램을 실행시켜 이상이 발생했을때의 파일과 지점을 출력해준다.
또한 관련 함수 또는 변수에 담긴 값을 출력하여 오류수정에 많은 도움을 준다.

오류 지점에 도달하기 전 과정을 확인하기 위해서는 다음 명령어를 이용하면 된다.

```
(gdb) bt
```

bt명령어는 백트레이스로 프로그램 스택을 역으로 탐색한다.

## //브레이크 포인트

브레이크포인트는 다음의 방법들을 통해 설정 가능하다.

```
(gdb) b(break) [함수명]
(gdb) break 10
(gdb) break [파일명]:[함수명]
```

커널연구회(www.kernel.bz)       정재준 (rgbi3307@nate.com)

```
(gdb) break [파일명]:10
(gdb) break +2  //현재 행에서 2개 행 이후 브레이크포인트 설정
(gdb) break -2  //현재 행에서 2개 행 이전 브레이크포인트 설정
(gdb) break *0x8049000  //메모리주소에 설정(어셈블리로 디버깅시 이용)
(gdb) break 10 if var == 0  //var 변수의 값이 0일때 10번 행에 설정
```

브레이크포인트의 발동 조건은 다양하게 변경 가능하다.

```
(gdb) condition [N] var == 0   //var변수가 0일때 N번 브레이크포인트 동작
(gdb) condition [N] func(i) > 5
```

현재 설정된 브레이크포인트의 목록은 다음의 명령으로 확인 가능하다.

```
(gdb) info break
```

브레이크포인트는 GDB가 종료될때까지 유효하다.
따라서 필요없을때는 다음의 방법들을 통해 설정을 지운다.

```
(gdb) cl(clear) [함수명]
(gdb) clear 10
(gdb) clear [파일명]:[함수명]
(gdb) clear [파일명]:10
(gdb) d   //모든 브레이크포인트 지움
(gdb) disable br  //모든 브레이크포인트 비활성화
(gdb) disable br 1 3  //1번, 3번 브레이크포인트 비활성화
(gdb) ensable br  //모든 브레이크포인트 활성화
(gdb) ensable br 1 3  //1번, 3번 브레이크포인트 활성화
```

**//프로그램 실행**
프로그램의 실행은 run 명령어를 이용한다.
만일 이미 실행중일때는 재실행한다.

```
(gdb) r(run)
```

프로그램 실행시 인자를 지정하기 위해서는 다음과 같이 이용한다.

커널연구회(www.kernel.bz)      정재준 (rgbi3307@nate.com)

```
    (gdb) run arg1 arg2
```

실행중인 프로그램을 종료할 때는 kill 명령어를 이용한다.

```
    (gdb) k(kill)
```

현재 실행중인 행의 수행을 멈추기 위해서는 step 명령어를 이용한다.
step 명령어는 한행씩 동작하도록 한다. next 명령어와는 함수 호출시 다른 결과를 보인다.

```
    (gdb) s(step)
    (gdb) step 6    //step을 6번 수행
```

현재 행의 실행이 멈춘상태에서 다음 행을 실행하기 위해서는

```
    (gdb) n(next)
    (gdb) next 6    //next를 6번 수행
```

만일 step명령을 이용중 루프에 빠져 나오지 못할경우에는 until 명령어를 이용한다.

```
    (gdb) u(until)
```

한행씩이 아닌 다시 연달아서 실행하기 위해서는

```
    (gdb) c(continue)
```

함수가 매우 길어 끝나는 지점으로 이동하기 위해서는 finish 명령어를 사용한다.

```
    (gdb) finish
```

함수의 남은 부분을 수행하지 않고 빠져나오기 위해서는 return 명령어를 사용한다.

```
    (gdb) return
```

return 명령어를 사용시 return 값을 임의로 지정하기 위해서는 다음과 같이 이용한다.

```
    (gdb) return 1234
```

커널연구회(www.kernel.bz)                        정재준 (rgbi3307@nate.com)

**//와치포인트 설정**

와치포인트는 변수값의 변화와 코드의 변화를 확인할때 편리하게 이용가능하다.

    (gdb) watch [변수명]  //변수에 값이 써질 때 브레이크

    (gdb) rwatch [변수명]  //변수의 값이 읽혀질 때 브레이크

    (gdb) awatch [변수명]  //변수에 읽기, 쓰기 경우에 브레이크

**//변수와 레지스터 값 검사**

현재 위치한 행에서 접근 가능한 지역변수들 목록 확인

    (gdb) info locals

현재 위치한 행에서 접근 가능한 전역변수들 목록 확인

    (gdb) info variables

확인하고싶은 변수의 값을 출력하기 위해서는 print 명령어를 사용한다.

    (gdb) p(print) [변수명]  //변수의 값

    (gdb) print [함수명]  //함수의 주소 값

포인터 변수의 경우 위의 방법으로 하면 주소값만이 출력된다.
포인터 변수의 값 또는 포인터 구조체 등의 값을 보기 위해서는 * 를 붙여준다.

    (gdb) print *[변수명]

이중 포인터라면 ** 를 붙여준다.

GDB는 변수 뿐만 아니라 레지스터의 값도 확인할 수 있다.

    (gdb) print $[레지스터명]

print 명령어는 지역변수를 우선하여 보여주기 때문에
지역변수와 전역변수에서 동일한 이름을 사용할때 전역변수를 확인하기 위해서는 :: 을 이용한다.

커널연구회(www.kernel.bz)      정재준 (rgbi3307@nate.com)

```
    (gdb) print 'main.c'::[변수명]
```

파일명은 '따옴표' 으로 감싸야한다.

특정 함수에 있는 변수를 확인하기 위해서는

```
    (gdb) print [함수명]::[변수명]
```

print 명령어로 변수 또는 레지스터를 확인할 때는 기본적으로 10진수로 출력한다.
이를 다른 형식으로 보고싶을 때는 다음과 같은 방법을 이용한다.

```
    (gdb) print/t [변수명]      //2진수로
    (gdb) print/o [변수명]      //8진수로
    (gdb) print/d [변수명]      //10진수로 (int)
    (gdb) print/u [변수명]      //부호없는 10진수로 (unsigned int)
    (gdb) print/x [변수명]      //16진수로
    (gdb) print/c [변수명]      //최초 1바이트 값을 문자형으로
    (gdb) print/f [변수명]      //부동소수점값
    (gdb) print/a [변수명]      //가장 가까운 심볼의 오프셋
```

print 명령어는 값을 보여줄뿐 아니라 값을 설정하는 것도 가능하다.

```
    (gdb) print [변수명] = [값]
```

## //화면에 변수의 값을 자동으로 디스플레이하기

display 명령어를 이용하면 매 단계가 진행될때마다 자동으로 변수의 값을 출력해준다.

```
    (gdb) display [변수명]
```

display 변수를 해제하기 위해서는 undisplay 명령어를 이용한다.

```
    (gdb) undisplay [N]
```

display 역시 x,c,o 등등을 이용해 다양한 형태로 출력 가능하다.

커널연구회(www.kernel.bz)             정재준 (rgbi3307@nate.com)

```
//커널 모듈 디버깅


Target:
    modprobe kgdboc kgdboc=tty#,115200


Host:
    (gdb) set solib-search-path  로컬모듈경로(/mnt/mmc4/modules/4.1.15-v7/kernel/drivers/)
    (gdb) info sharedlibrary
```

gdb을 실행할때마다 환경설정 명령을 입력하는 것은 번거러운 작업이므로, gdb가 실행될 때 자동으로 실행되는 명령어를 /etc/gdb/gdbinit 파일에 다음과 같이 입력해 두면, 환경설정을 매번 하지 않아도 되므로 좀더 편리하다.


### kgdb 자동설정(/etc/gdb/gdbinit)

```
# System-wide GDB initialization file.


set serial baud 115200
target remote /dev/ttyAMA0
# set debug remote 1    //remote debug message


set listsize 40
```

기타 리눅스 커널 소스 디버깅에 대한 자세한 내용들은 아래 링크를 참조하기 바란다.


http://landley.net/kdocs/Documentation/DocBook/xhtml-nochunks/kgdb.html

## 3.6 커널 소스 분석

라즈베리파이2에는 리눅스 커널 4.1.x 버전이 포팅되어 있다. 필자는 라즈베리파이2 커널 소스를 디바이스드라이버와 디바이스트리 중심으로 분석하고자 한다. 리눅스 커널 소스에 대한 전반적인 내용들은 필자가 집필한 "리눅스 커널과 디바이스드라이버 실습2" 책에 기술되어 있으므로 시중 서점에서 참조하기 바란다.

라즈베리파이2에는 BroadCom에서 만든 BCM283x 계열 CPU가 탑재되었다. 먼저 이 CPU의 메모리맵를 통하여 각종 하드웨어에 접근하는 주소를 먼저 파악하도록 하자.

### 3.6.1 BCM283x 메모리맵

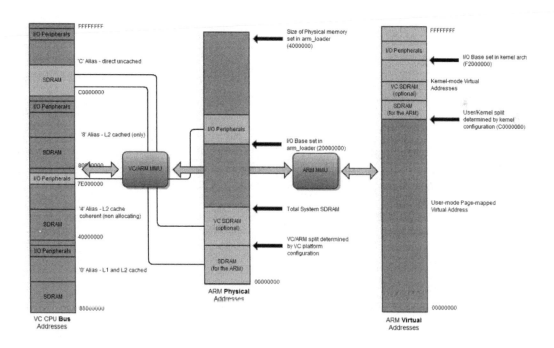

위의 메모리맵에서 VC CPU Bus Address는 CPU가 접근하는 주소이고 ARM Physical Address는 실제적인 물리장치 주소이고 ARM Virtual Address는 리눅스 커널이 접근하는 가상 주소이다. 이들은 메모리 매핑 장치인 MMU에 의해서 주소들이 연결(매핑)된다.

디바이스 트리를 통하여 주변장치를 기술할때는 VC CPU Bus Address를 사용한다. 여기서 디바이스드라이버는 I/O Peripherals에 해당하는 주소인 0x7E000000번지에 위치하고 있는 각종 주변장치들에 접근한다. 라즈베리파이2에는 다음과 같은 주변장치들이 있다.

커널연구회(www.kernel.bz)          정재준 (rgbi3307@nate.com)

- Timers
- Interrupt controller
- GPIO
- USB
- PCM / I2S
- DMA controller
- I2C master
- I2C / SPI slave
- SPI0, SPI1, SPI2
- PWM
- UART0, UART1

위의 장치들을 라즈베리파이2 커널 4.1 버전에서 디바이스 트리로 어떻게 기술했는지 소스 파일들을 판독해 보자. 라즈베리파이2 디바이스트리 소스는 아래 경로에 있다.

## 3.6.2 디바이스트리 소스파일

리눅스 커널 소스 경로 arch/arm/boot/dts 경로를 보면 아래와 같이 3개의 디바이스트리 소스가 있고, 이 소스들이 서로 인클루드되면서 라지베리파이2의 각종 주변장치들의 하드웨어 주소를 기술한다.

아래의 디바이스트리 소스들에 대한 문법은 필자가 집필한 "Device Tree 상세분석 in Linux Kernel 4.0" 책에 기술되어 있으니 시중서점에서 참조하기 바란다.

**arch/arm/boot/dts**

```
bcm2708_common.dtsi
bcm2709.dtsi
bcm2709-rpi-2-b.dts
```

**arch/arm/boot/dts/bcm2708_common.dtsi**

```
/include/ "skeleton.dtsi"

/ {
        interrupt-parent = <&intc>;
```

```
        aliases {
                audio = &audio;
                sound = &sound;
                soc = &soc;
                dma = &dma;
                intc = &intc;
                watchdog = &watchdog;
                random = &random;
                mailbox = &mailbox;
                gpio = &gpio;
                uart0 = &uart0;
                sdhost = &sdhost;
                i2s  = &i2s;
                spi0 = &spi0;
                i2c0 = &i2c0;
                uart1 = &uart1;
                mmc = &mmc;
                i2c1 = &i2c1;
                i2c2 = &i2c2;
                usb = &usb;
                leds = &leds;
                fb = &fb;
                vchiq = &vchiq;
                thermal = &thermal;
                clocks = &clocks;
        };

        /* Onboard audio */
        audio: audio {
                compatible = "brcm,bcm2835-audio";
                brcm,pwm-channels = <8>;
                status = "disabled";
        };

        /* External sound card */
        sound: sound {
        };

        soc: soc {
                compatible = "simple-bus";
                #address-cells = <1>;
                #size-cells = <1>;

                dma: dma@7e007000 {
                        compatible = "brcm,bcm2835-dma";
                        reg = <0x7e007000 0xf00>;
                        interrupts = <1 16>,
                                     <1 17>,
                                     <1 18>,
                                     <1 19>,
                                     <1 20>,
                                     <1 21>,
                                     <1 22>,
                                     <1 23>,
                                     <1 24>,
```

커널연구회(www.kernel.bz)                                       정재준 (rgbi3307@nate.com)

```
                                        <1 25>,
                                        <1 26>,
                                        <1 27>;

                        #dma-cells = <1>;
                        brcm,dma-channel-mask = <0x0f35>;
                };

                intc: interrupt-controller {
                        compatible = "brcm,bcm2708-armctrl-ic";
                        reg = <0x7e00b200 0x200>;
                        interrupt-controller;
                        #interrupt-cells = <2>;
                };

                mailbox: mailbox@7e00b800 {
                        compatible = "brcm,bcm2835-mbox";
                        reg = <0x7e00b880 0x40>;
                        interrupts = <0 1>;
                        #mbox-cells = <0>;
                };

                watchdog: watchdog@7e100000 {
                        compatible = "brcm,bcm2835-pm-wdt";
                        reg = <0x7e100000 0x28>;
                        status = "disabled";
                };

                random: rng@7e104000 {
                        compatible = "brcm,bcm2835-rng";
                        reg = <0x7e104000 0x10>;
                        status = "disabled";
                };

                gpio: gpio@7e200000 {
                        compatible = "brcm,bcm2835-gpio";
                        reg = <0x7e200000 0xb4>;
                        interrupts = <2 17>, <2 18>;

                        gpio-controller;
                        #gpio-cells = <2>;

                        interrupt-controller;
                        #interrupt-cells = <2>;
                };

                uart0: uart@7e201000 {
                        compatible = "arm,pl011", "arm,primecell";
                        reg = <0x7e201000 0x1000>;
                        interrupts = <2 25>;
                        clocks = <&clk_uart0 &clk_apb_p>;
                        clock-names = "uartclk","apb_pclk";
                        arm,primecell-periphid = <0x00241011>; // For an explanation, see
                        //
https://github.com/raspberrypi/linux/commit/13731d862cf5219216533a3b0de052cee4cc5038
                        status = "disabled";
```

```
};

sdhost: sdhost@7e202000 {
        compatible = "brcm,bcm2835-sdhost";
        reg = <0x7e202000 0x100>;
        interrupts = <2 24>;
        clocks = <&clk_core>;
        dmas = <&dma 13>,
               <&dma 13>;
        dma-names = "tx", "rx";
        brcm,pio-limit = <1>;
        status = "disabled";
};

i2s: i2s@7e203000 {
        compatible = "brcm,bcm2708-i2s";
        reg = <0x7e203000 0x24>,
              <0x7e101098 0x08>;

        //dmas = <&dma 2>,
        //       <&dma 3>;
        dma-names = "tx", "rx";
        status = "disabled";
};

spi0: spi@7e204000 {
        compatible = "brcm,bcm2835-spi";
        reg = <0x7e204000 0x1000>;
        interrupts = <2 22>;
        clocks = <&clk_core>;
        #address-cells = <1>;
        #size-cells = <0>;
        status = "disabled";
        /* the dma channels */
        dmas = <&dma 6>, <&dma 7>;
        dma-names = "tx", "rx";
        /* the chipselects used - <0> means native GPIO
         * add more gpios if necessary as <&gpio 6 1>
         * (but do not forget to make them output!)
         */
        cs-gpios = <0>, <0>;
};

i2c0: i2c@7e205000 {
        compatible = "brcm,bcm2708-i2c";
        reg = <0x7e205000 0x1000>;
        interrupts = <2 21>;
        clocks = <&clk_core>;
        #address-cells = <1>;
        #size-cells = <0>;
        status = "disabled";
};

pwm: pwm@7e20c000 {
        compatible = "brcm,bcm2835-pwm";
        reg = <0x7e20c000 0x28>;
```

커널연구회(www.kernel.bz)        정재준 (rgbi3307@nate.com)

```
                        clocks = <&clk_pwm>;
                        #pwm-cells = <2>;
                        status = "disabled";
                };

                uart1: uart@7e215040 {
                        compatible = "brcm,bcm2835-aux-uart", "ns16550";
                        reg = <0x7e215040 0x40>;
                        interrupts = <1 29>;
                        clocks = <&clk_uart1>;
                        reg-shift = <2>;
                        no-loopback-test;
                        status = "disabled";
                };

                mmc: mmc@7e300000 {
                        compatible = "brcm,bcm2835-mmc";
                        reg = <0x7e300000 0x100>;
                        interrupts = <2 30>;
                        clocks = <&clk_mmc>;
                        dmas = <&dma 11>,
                               <&dma 11>;
                        dma-names = "tx", "rx";
                        status = "disabled";
                };

                i2c1: i2c@7e804000 {
                        compatible = "brcm,bcm2708-i2c";
                        reg = <0x7e804000 0x1000>;
                        interrupts = <2 21>;
                        clocks = <&clk_core>;
                        #address-cells = <1>;
                        #size-cells = <0>;
                        status = "disabled";
                };

                i2c2: i2c@7e805000 {
                        // Beware - this is shared with the HDMI module.
                        // Careless use may break (really) your display.
                        // Caveat emptor.
                        compatible = "brcm,bcm2708-i2c";
                        reg = <0x7e805000 0x1000>;
                        interrupts = <2 21>;
                        clocks = <&clk_core>;
                        #address-cells = <1>;
                        #size-cells = <0>;
                        status = "disabled";
                };

                smi: smi@7e600000 {
                        compatible = "brcm,bcm2835-smi";
                        reg = <0x7e600000 0x44>, <0x7e1010b0 0x8>;
                        interrupts = <2 16>;
                        brcm,smi-clock-source = <6>;
                        brcm,smi-clock-divisor = <4>;
                        dmas = <&dma 4>;
```

```
                        dma-names = "rx-tx";
                        status = "disabled";
                };

        usb: usb@7e980000 {
                        compatible = "brcm,bcm2708-usb";
                        reg = <0x7e980000 0x10000>,
                              <0x7e006000 0x1000>;
                        interrupts = <2 0>,
                                     <1 9>;
                };

        firmware: firmware {
                        compatible = "raspberrypi,bcm2835-firmware";
                        mboxes = <&mailbox>;
                };

        leds: leds {
                        compatible = "gpio-leds";
                };

        fb: fb {
                        compatible = "brcm,bcm2708-fb";
                        firmware = <&firmware>;
                        status = "disabled";
                };

        vchiq: vchiq {
                        compatible = "brcm,bcm2835-vchiq";
                        reg = <0x7e00b840 0xf>;
                        interrupts = <0 2>;
                        cache-line-size = <32>;
                        firmware = <&firmware>;
                };

        thermal: thermal {
                        compatible = "brcm,bcm2835-thermal";
                        firmware = <&firmware>;
                };
        };

clocks: clocks {
        compatible = "simple-bus";
        #address-cells = <1>;
        #size-cells = <0>;

        clk_core: clock@0 {
                        compatible = "fixed-clock";
                        reg = <0>;
                        #clock-cells = <0>;
                        clock-output-names = "core";
                        clock-frequency = <250000000>;
                };

        clk_mmc: clock@1 {
                        compatible = "fixed-clock";
```

```
                        reg = <1>;
                        #clock-cells = <0>;
                        clock-output-names = "mmc";
                        clock-frequency = <250000000>;
                };

                clk_uart0: clock@2 {
                        compatible = "fixed-clock";
                        reg = <2>;
                        #clock-cells = <0>;
                        clock-output-names = "uart0_pclk";
                        clock-frequency = <3000000>;
                };

                clk_apb_p: clock@3 {
                        compatible = "fixed-clock";
                        reg = <3>;
                        #clock-cells = <0>;
                        clock-output-names = "apb_pclk";
                        clock-frequency = <126000000>;
                };

                clk_pwm: clock@4 {
                        compatible = "fixed-clock";
                        reg = <4>;
                        #clock-cells = <0>;
                        clock-output-names = "pwm";
                        clock-frequency = <100000000>;
                };

                clk_uart1: clock@5 {
                        compatible = "fixed-factor-clock";
                        reg = <5>;
                        clocks = <&clk_core>;
                        #clock-cells = <0>;
                        clock-div = <1>;
                        clock-mult = <2>;
                };
        };

        __overrides__ {
                cache_line_size = <&vchiq>, "cache-line-size:0";
        };
};
```

## arch/arm/boot/dts/bcm2709.dtsi

```
/include/ "bcm2708_common.dtsi"

/ {
        compatible = "brcm,bcm2709";
        model = "BCM2709";
```

커널연구회(www.kernel.bz)                              정재준 (rgbi3307@nate.com)

```
        chosen {
                /* No padding required - the boot loader can do that. */
                bootargs = "";
        };

        soc {
                ranges = <0x7e000000 0x3f000000 0x01000000>;

                arm-pmu {
                        compatible = "arm,cortex-a7-pmu";
                        interrupts = <3 9>;
                };

                gpiomem {
                        compatible = "brcm,bcm2835-gpiomem";
                        reg = <0x7e200000 0x1000>;
                        status = "okay";
                };
        };

        timer {
                compatible = "arm,armv7-timer";
                clock-frequency = <19200000>;
                interrupts = <3 0>, // PHYS_SECURE_PPI
                             <3 1>, // PHYS_NONSECURE_PPI
                             <3 3>, // VIRT_PPI
                             <3 2>; // HYP_PPI
                always-on;
        };

        cpus: cpus {
                #address-cells = <1>;
                #size-cells = <0>;

                v7_cpu0: cpu@0 {
                        device_type = "cpu";
                        compatible = "arm,cortex-a7";
                        reg = <0xf00>;
                        clock-frequency = <800000000>;
                };

                v7_cpu1: cpu@1 {
                        device_type = "cpu";
                        compatible = "arm,cortex-a7";
                        reg = <0xf01>;
                        clock-frequency = <800000000>;
                };

                v7_cpu2: cpu@2 {
                        device_type = "cpu";
                        compatible = "arm,cortex-a7";
                        reg = <0xf02>;
                        clock-frequency = <800000000>;
                };
```

커널연구회(www.kernel.bz)        정재준 (rgbi3307@nate.com)

```
                v7_cpu3: cpu@3 {
                        device_type = "cpu";
                        compatible = "arm,cortex-a7";
                        reg = <0xf03>;
                        clock-frequency = <800000000>;
                };
        };

        __overrides__ {
                arm_freq = <&v7_cpu0>, "clock-frequency:0",
                        <&v7_cpu1>, "clock-frequency:0",
                        <&v7_cpu2>, "clock-frequency:0",
                        <&v7_cpu3>, "clock-frequency:0";
        };
};
```

**arch/arm/boot/dts/bcm2709-rpi-2-b.dts**

```
/dts-v1/;

/include/ "bcm2709.dtsi"

/ {
        compatible = "brcm,bcm2709";
        model = "Raspberry Pi 2 Model B";
};

&gpio {
        sdhost_pins: sdhost_pins {
                brcm,pins = <48 49 50 51 52 53>;
                brcm,function = <4>; /* alt0 */
        };

        spi0_pins: spi0_pins {
                brcm,pins = <7 8 9 10 11>;
                brcm,function = <4>; /* alt0 */
        };

        i2c0_pins: i2c0 {
                brcm,pins = <0 1>;
                brcm,function = <4>;
        };

        i2c1_pins: i2c1 {
                brcm,pins = <2 3>;
                brcm,function = <4>;
        };

        i2s_pins: i2s {
                brcm,pins = <18 19 20 21>;
                brcm,function = <4>; /* alt0 */
        };
```

커널연구회(www.kernel.bz)　　　　　　　　　　　　　　정재준 (rgbi3307@nate.com)

```
};

&sdhost {
        pinctrl-names = "default";
        pinctrl-0 = <&sdhost_pins>;
        bus-width = <4>;
        status = "okay";
};

&fb {
        status = "okay";
};

&uart0 {
        status = "okay";
};

&spi0 {
        pinctrl-names = "default";
        pinctrl-0 = <&spi0_pins>;

        spidev@0{
                compatible = "spidev";
                reg = <0>;          /* CE0 */
                #address-cells = <1>;
                #size-cells = <0>;
                spi-max-frequency = <500000>;
        };

        spidev@1{
                compatible = "spidev";
                reg = <1>;          /* CE1 */
                #address-cells = <1>;
                #size-cells = <0>;
                spi-max-frequency = <500000>;
        };
};

&i2c0 {
        pinctrl-names = "default";
        pinctrl-0 = <&i2c0_pins>;
        clock-frequency = <100000>;
};

&i2c1 {
        pinctrl-names = "default";
        pinctrl-0 = <&i2c1_pins>;
        clock-frequency = <100000>;
};

&i2c2 {
        clock-frequency = <100000>;
};

&i2s {
        #sound-dai-cells = <0>;
```

커널연구회(www.kernel.bz)                              정재준 (rgbi3307@nate.com)

```
        pinctrl-names = "default";
        pinctrl-0 = <&i2s_pins>;
};

&leds {
        act_led: act {
                label = "led0";
                linux,default-trigger = "mmc0";
                gpios = <&gpio 47 0>;
        };

        pwr_led: pwr {
                label = "led1";
                linux,default-trigger = "input";
                gpios = <&gpio 35 0>;
        };
};

/ {
        __overrides__ {
                uart0 = <&uart0>,"status";
                uart0_clkrate = <&clk_uart0>,"clock-frequency:0";
                i2s = <&i2s>,"status";
                spi = <&spi0>,"status";
                i2c0 = <&i2c0>,"status";
                i2c1 = <&i2c1>,"status";
                i2c2_iknowwhatimdoing = <&i2c2>,"status";
                i2c0_baudrate = <&i2c0>,"clock-frequency:0";
                i2c1_baudrate = <&i2c1>,"clock-frequency:0";
                i2c2_baudrate = <&i2c2>,"clock-frequency:0";
                core_freq = <&clk_core>,"clock-frequency:0";

                act_led_gpio = <&act_led>,"gpios:4";
                act_led_activelow = <&act_led>,"gpios:8";
                act_led_trigger = <&act_led>,"linux,default-trigger";

                pwr_led_gpio = <&pwr_led>,"gpios:4";
                pwr_led_activelow = <&pwr_led>,"gpios:8";
                pwr_led_trigger = <&pwr_led>,"linux,default-trigger";

                audio = <&audio>,"status";
                watchdog = <&watchdog>,"status";
                random = <&random>,"status";
        };
};
```

위의 디바이스트리 소스들에 대한 문법은 필자가 집필한 "Device Tree 상세분석 in Linux Kernel 4.0" 책에 기술되어 있으니 시중서점에서 참조하기 바란다.

## 3.6.3 장치 접근(레지스터) 주소

위의 디바이스트리 소스들에 기술되어 있는 각종 장치들의 접근주소들을 정리하면 다음과 같다.

| 장치명 | 기술명칭 | 식별명칭 | 레지스터 주소 | 물리적인 주소 |
|---|---|---|---|---|
| 인터럽트 제어기 | intc | brcm,bcm2708-armctrl-ic | 0x7e00b200 | |
| DMA | dma | brcm,bcm2835-dma | 0x7e007000 | |
| GPIO | gpio | brcm,bcm2835-gpio | 0x7e200000 | 0x3f200000 |
| UART | uart0 | arm,pl011<br>arm,primecell | 0x7e201000 | |
| | uart1 | brcm,bcm2835-aux-uart<br>ns16550 | 0x7e215040 | |
| I2C | i2c0 | brcm,bcm2708-i2c | 0x7e205000 | 0x3f800000 |
| | i2c1 | brcm,bcm2708-i2c | 0x7e804000 | 0x3f804000 |
| | i2c2 | brcm,bcm2708-i2c | 0x7e805000 | |
| SPI | spi0 | brcm,bcm2835-spi | 0x7e204000 | |
| PWM | pwm | brcm,bcm2835-pwm | 0x7e20c000 | 0x3f20c000 |
| USB | usb | brcm,bcm2708-usb | 0x7e980000<br>0x7e006000 | |
| MMC | mmc | brcm,bcm2835-mmc | 0x7e300000 | |
| | | | | |

## 3.6.4 GPIO 핀맵

위의 디바이스트리 소스파일들 중에서 bcm2709-rpi-2-b.dts 파일을 보면 gpio 핀번호는 다음과 같이 기술되어 있다.

```
&gpio {
        sdhost_pins: sdhost_pins {
                brcm,pins = <48 49 50 51 52 53>;
                brcm,function = <4>; /* alt0 */
        };

        spi0_pins: spi0_pins {
                brcm,pins = <7 8 9 10 11>;
                brcm,function = <4>; /* alt0 */
        };
```

커널연구회(www.kernel.bz)      정재준 (rgbi3307@nate.com)

```
        i2c0_pins: i2c0 {
                brcm,pins = <0 1>;
                brcm,function = <4>;
        };

        i2c1_pins: i2c1 {
                brcm,pins = <2 3>;
                brcm,function = <4>;
        };

        i2s_pins: i2s {
                brcm,pins = <18 19 20 21>;
                brcm,function = <4>; /* alt0 */
        };
};
```

라즈베리파이 웹사이트에서 공개하고 있는 회로도를 보면 GPIO 핀맵은 다음과 같은 회로로 구성되어 있다.

## 라즈베리파이2 GPIO 핀맵 회로도

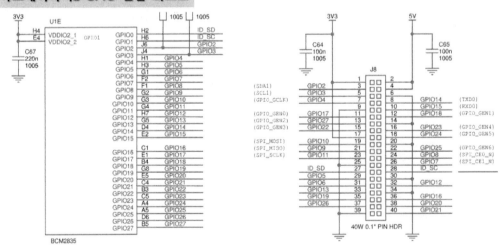

이제, 위의 GPIO 핀맵에 연결되어 있는 장치들이 커널 소스에서 어떻게 운행되는지 커널 소스를 분석해 보도록 하자.

라즈베리파이2 GPIO pinctrl 드라이버 소스는 drivers/pinctrl/bcm/pinctrl-bcm2835.c에 있다.   이 소스파일에서 디바이스트리로부터 드라이버가 등록되는 것에 관련된 소스는 다음과 같다.

커널연구회(www.kernel.bz)                                    정재준 (rgbi3307@nate.com)

## //include/linux/mod_devicetable.h

```
struct of_device_id {
        char    name[32];
        char    type[32];
        char    compatible[128];
        const void *data;
};
```

## //include/linux/device.h

```
struct device_driver {
        const char              *name;
        struct bus_type         *bus;

        struct module           *owner;
        const char              *mod_name;        /* used for built-in modules */

        bool suppress_bind_attrs; /* disables bind/unbind via sysfs */

        const struct of_device_id   *of_match_table;
        const struct acpi_device_id  *acpi_match_table;

        int (*probe) (struct device *dev);
        int (*remove) (struct device *dev);
        void (*shutdown) (struct device *dev);
        int (*suspend) (struct device *dev, pm_message_t state);
        int (*resume) (struct device *dev);
        const struct attribute_group **groups;

        const struct dev_pm_ops *pm;

        struct driver_private *p;
};
```

## //include/linux/platform_device.h

```
struct platform_driver {
        int (*probe)(struct platform_device *);
        int (*remove)(struct platform_device *);
        void (*shutdown)(struct platform_device *);
        int (*suspend)(struct platform_device *, pm_message_t state);
        int (*resume)(struct platform_device *);
        struct device_driver driver;
        const struct platform_device_id *id_table;
        bool prevent_deferred_probe;
};
```

커널연구회(www.kernel.bz)　　　　　　　　　　　　　　　정재준 (rgbi3307@nate.com)

**//drivers/pinctrl/bcm/pinctrl-bcm2835.c**

```c
static const struct of_device_id bcm2835_pinctrl_match[] = {
        { .compatible = "brcm,bcm2835-gpio" },
        {}
};
MODULE_DEVICE_TABLE(of, bcm2835_pinctrl_match);

static struct platform_driver bcm2835_pinctrl_driver = {
        .probe = bcm2835_pinctrl_probe,
        .remove = bcm2835_pinctrl_remove,
        .driver = {
                .name = MODULE_NAME,
                .owner = THIS_MODULE,
                .of_match_table = bcm2835_pinctrl_match,
        },
};
module_platform_driver(bcm2835_pinctrl_driver);
```

커널연구회(www.kernel.bz)      정재준 (rgbi3307@nate.com)

## 3.6.5 I2C 드라이버 소스 분석

라즈베리파이2의 I2C 디바이스드라이버 소스는 아래 경로에 있다.

drivers/i2c/i2c-core.c

drivers/i2c/i2c-dev.c

drivers/i2c/busses/i2c-bcm2708.c

위의 소스에서 디바이스드라이버 등록에 관계되는 소스 코드만을 가져오면 아래와 같다.

### drivers/i2c/busses/i2c-bcm2708.c

```
static u32 bcm2708_i2c_functionality(struct i2c_adapter *adap)
{
        return I2C_FUNC_I2C | /*I2C_FUNC_10BIT_ADDR |*/ I2C_FUNC_SMBUS_EMUL;
}

static struct i2c_algorithm bcm2708_i2c_algorithm = {
        .master_xfer = bcm2708_i2c_master_xfer,
        .functionality = bcm2708_i2c_functionality,
};

static int bcm2708_i2c_probe(struct platform_device *pdev)
{
        struct resource *regs;
        int irq, err = -ENOMEM;
        struct clk *clk;
        struct bcm2708_i2c *bi;
        struct i2c_adapter *adap;
        unsigned long bus_hz;
        u32 cdiv;

        if (pdev->dev.of_node) {
                u32 bus_clk_rate;
                pdev->id = of_alias_get_id(pdev->dev.of_node, "i2c");
                if (pdev->id < 0) {
                        dev_err(&pdev->dev, "alias is missing\n");
                        return -EINVAL;
                }
                if (!of_property_read_u32(pdev->dev.of_node,
                                        "clock-frequency", &bus_clk_rate))
                        baudrate = bus_clk_rate;
                else
                        dev_warn(&pdev->dev,
                                "Could not read clock-frequency property\n");
        }

        regs = platform_get_resource(pdev, IORESOURCE_MEM, 0);
        if (!regs) {
```

커널연구회(www.kernel.bz)         정재준 (rgbi3307@nate.com)

```
                dev_err(&pdev->dev, "could not get IO memory\n");
                return -ENXIO;
        }

        irq = platform_get_irq(pdev, 0);
        if (irq < 0) {
                dev_err(&pdev->dev, "could not get IRQ\n");
                return irq;
        }

        clk = clk_get(&pdev->dev, NULL);
        if (IS_ERR(clk)) {
                dev_err(&pdev->dev, "could not find clk: %ld\n", PTR_ERR(clk));
                return PTR_ERR(clk);
        }

        err = clk_prepare_enable(clk);
        if (err) {
                dev_err(&pdev->dev, "could not enable clk: %d\n", err);
                goto out_clk_put;
        }

        if (!pdev->dev.of_node)
                bcm2708_i2c_init_pinmode(pdev->id);

        bi = kzalloc(sizeof(*bi), GFP_KERNEL);
        if (!bi)
                goto out_clk_disable;

        platform_set_drvdata(pdev, bi);

        adap = &bi->adapter;
        adap->class = I2C_CLASS_HWMON | I2C_CLASS_DDC;
        adap->algo = &bcm2708_i2c_algorithm;
        adap->algo_data = bi;
        adap->dev.parent = &pdev->dev;
        adap->nr = pdev->id;
        strlcpy(adap->name, dev_name(&pdev->dev), sizeof(adap->name));
        adap->dev.of_node = pdev->dev.of_node;

        switch (pdev->id) {
        case 0:
                adap->class = I2C_CLASS_HWMON;
                break;
        case 1:
                adap->class = I2C_CLASS_DDC;
                break;
        case 2:
                adap->class = I2C_CLASS_DDC;
                break;
        default:
                dev_err(&pdev->dev, "can only bind to BSC 0, 1 or 2\n");
                err = -ENXIO;
                goto out_free_bi;
        }
```

커널연구회(www.kernel.bz)       정재준 (rgbi3307@nate.com)

```
        spin_lock_init(&bi->lock);
        init_completion(&bi->done);

        bi->base = ioremap(regs->start, resource_size(regs));
        if (!bi->base) {
                dev_err(&pdev->dev, "could not remap memory\n");
                goto out_free_bi;
        }

        bi->irq = irq;
        bi->clk = clk;

        err = request_irq(irq, bcm2708_i2c_interrupt, IRQF_SHARED,
                        dev_name(&pdev->dev), bi);
        if (err) {
                dev_err(&pdev->dev, "could not request IRQ: %d\n", err);
                goto out_iounmap;
        }

        bcm2708_bsc_reset(bi);

        err = i2c_add_numbered_adapter(adap);
        if (err < 0) {
                dev_err(&pdev->dev, "could not add I2C adapter: %d\n", err);
                goto out_free_irq;
        }

        bus_hz = clk_get_rate(bi->clk);
        cdiv = bus_hz / baudrate;
        if (cdiv > 0xffff) {
                cdiv = 0xffff;
                baudrate = bus_hz / cdiv;
        }
        bi->cdiv = cdiv;

        dev_info(&pdev->dev, "BSC%d Controller at 0x%08lx (irq %d) (baudrate %d)\n",
                pdev->id, (unsigned long)regs->start, irq, baudrate);

        return 0;

out_free_irq:
        free_irq(bi->irq, bi);
out_iounmap:
        iounmap(bi->base);
out_free_bi:
        kfree(bi);
out_clk_disable:
        clk_disable_unprepare(clk);
out_clk_put:
        clk_put(clk);
        return err;
}

static int bcm2708_i2c_remove(struct platform_device *pdev)
{
        struct bcm2708_i2c *bi = platform_get_drvdata(pdev);
```

커널연구회(www.kernel.bz)            정재준 (rgbi3307@nate.com)

```
        platform_set_drvdata(pdev, NULL);

        i2c_del_adapter(&bi->adapter);
        free_irq(bi->irq, bi);
        iounmap(bi->base);
        clk_disable_unprepare(bi->clk);
        clk_put(bi->clk);
        kfree(bi);

        return 0;
}

static const struct of_device_id bcm2708_i2c_of_match[] = {
        { .compatible = "brcm,bcm2708-i2c" },
        {},
};
MODULE_DEVICE_TABLE(of, bcm2708_i2c_of_match);

static struct platform_driver bcm2708_i2c_driver = {
        .driver          = {
                .name       = DRV_NAME,
                .owner      = THIS_MODULE,
                .of_match_table = bcm2708_i2c_of_match,
        },
        .probe           = bcm2708_i2c_probe,
        .remove          = bcm2708_i2c_remove,
};

// module_platform_driver(bcm2708_i2c_driver);


static int __init bcm2708_i2c_init(void)
{
        return platform_driver_register(&bcm2708_i2c_driver);
}

static void __exit bcm2708_i2c_exit(void)
{
        platform_driver_unregister(&bcm2708_i2c_driver);
}

module_init(bcm2708_i2c_init);
module_exit(bcm2708_i2c_exit);
```

위의 소스 코드를 보면, bcm2708_i2c_init() 함수를 통하여 플랫폼 드라이버로 등록되면서 bcm2708_i2c_of_match 구조체를 통하여 디바이스 트리에 기술한 compatible 속성을 비교하고, bcm2708_i2c_probe() 함수에서 실제적인 I2C 디바이스 등록작업이 수행된다.

사용자와 연결되는 I2C 디바이스드라이버는 i2c-dev.c 파일에 다음과 같은 소스로 구성되어 있다.

커널연구회(www.kernel.bz)                정재준 (rgbi3307@nate.com)

## drivers/i2c/i2c-dev.c

```
static const struct file_operations i2cdev_fops = {
        .owner          = THIS_MODULE,
        .llseek         = no_llseek,
        .read           = i2cdev_read,
        .write          = i2cdev_write,
        .unlocked_ioctl = i2cdev_ioctl,
        .open           = i2cdev_open,
        .release        = i2cdev_release,
};

static struct class *i2c_dev_class;

static int i2cdev_attach_adapter(struct device *dev, void *dummy)
{
        struct i2c_adapter *adap;
        struct i2c_dev *i2c_dev;
        int res;

        if (dev->type != &i2c_adapter_type)
                return 0;
        adap = to_i2c_adapter(dev);

        i2c_dev = get_free_i2c_dev(adap);
        if (IS_ERR(i2c_dev))
                return PTR_ERR(i2c_dev);

        /* register this i2c device with the driver core */
        i2c_dev->dev = device_create(i2c_dev_class, &adap->dev,
                                     MKDEV(I2C_MAJOR, adap->nr), NULL,
                                     "i2c-%d", adap->nr);
        if (IS_ERR(i2c_dev->dev)) {
                res = PTR_ERR(i2c_dev->dev);
                goto error;
        }

        pr_debug("i2c-dev: adapter [%s] registered as minor %d\n",
                adap->name, adap->nr);
        return 0;
error:
        return_i2c_dev(i2c_dev);
        return res;
}

static int i2cdev_detach_adapter(struct device *dev, void *dummy)
{
        struct i2c_adapter *adap;
        struct i2c_dev *i2c_dev;

        if (dev->type != &i2c_adapter_type)
                return 0;
        adap = to_i2c_adapter(dev);
```

커널연구회(www.kernel.bz)          정재준 (rgbi3307@nate.com)

```
                i2c_dev = i2c_dev_get_by_minor(adap->nr);
                if (!i2c_dev) /* attach_adapter must have failed */
                        return 0;

                return_i2c_dev(i2c_dev);
                device_destroy(i2c_dev_class, MKDEV(I2C_MAJOR, adap->nr));

                pr_debug("i2c-dev: adapter [%s] unregistered\n", adap->name);
                return 0;
}


static int __init i2c_dev_init(void)
{
        int res;

        printk(KERN_INFO "i2c /dev entries driver\n");

        res = register_chrdev(I2C_MAJOR, "i2c", &i2cdev_fops);
        if (res)
                goto out;

        i2c_dev_class = class_create(THIS_MODULE, "i2c-dev");
        if (IS_ERR(i2c_dev_class)) {
                res = PTR_ERR(i2c_dev_class);
                goto out_unreg_chrdev;
        }
        i2c_dev_class->dev_groups = i2c_groups;

        /* Keep track of adapters which will be added or removed later */
        res = bus_register_notifier(&i2c_bus_type, &i2cdev_notifier);
        if (res)
                goto out_unreg_class;

        /* Bind to already existing adapters right away */
        i2c_for_each_dev(NULL, i2cdev_attach_adapter);

        return 0;

out_unreg_class:
        class_destroy(i2c_dev_class);
out_unreg_chrdev:
        unregister_chrdev(I2C_MAJOR, "i2c");
out:
        printk(KERN_ERR "%s: Driver Initialisation failed\n", __FILE__);
        return res;
}

static void __exit i2c_dev_exit(void)
{
        bus_unregister_notifier(&i2c_bus_type, &i2cdev_notifier);
        i2c_for_each_dev(NULL, i2cdev_detach_adapter);
        class_destroy(i2c_dev_class);
        unregister_chrdev(I2C_MAJOR, "i2c");
}
```

커널연구회(www.kernel.bz)          정재준 (rgbi3307@nate.com)

i2c_dev_init() 함수에서 I2C 디바이스드라이버 노드가 /dev/i2c# 라는 이름으로 생성되고, 사용자는 이 노드를 파일처럼 오픈해서 read, write, ioctl 등의 작업을 할 수 있게된다.      I2C 디바이스드라이에서 이 작업을 수행하는 함수는 file_operations 구조체의 멤버함수로 다음과 같이 연결되어 있다.

```
static const struct file_operations i2cdev_fops = {
        .owner          = THIS_MODULE,
        .llseek         = no_llseek,
        .read           = i2cdev_read,
        .write          = i2cdev_write,
        .unlocked_ioctl = i2cdev_ioctl,
        .open           = i2cdev_open,
        .release        = i2cdev_release,
};
```

위에서 i2cdev_read와 i2cdev_write 함수의 원형은 다음과 같다.

### drivers/i2c/i2c-dev.c

```
static ssize_t i2cdev_read(struct file *file, char __user *buf, size_t count,
            loff_t *offset)
{
        char *tmp;
        int ret;

        struct i2c_client *client = file->private_data;

        if (count > 8192)
                count = 8192;

        tmp = kmalloc(count, GFP_KERNEL);
        if (tmp == NULL)
                return -ENOMEM;

        pr_debug("i2c dev. i2c-%d reading %zu bytes.\n",
                iminor(file_inode(file)), count);

        ret = i2c_master_recv(client, tmp, count);
        if (ret >= 0)
                ret = copy_to_user(buf, tmp, count) ? -EFAULT : ret;
        kfree(tmp);
        return ret;
}

static ssize_t i2cdev_write(struct file *file, const char __user *buf,
            size_t count, loff_t *offset)
{
        int ret;
        char *tmp;
```

커널연구회(www.kernel.bz)         정재준 (rgbi3307@nate.com)

```
        struct i2c_client *client = file->private_data;

        if (count > 8192)
                count = 8192;

        tmp = memdup_user(buf, count);
        if (IS_ERR(tmp))
                return PTR_ERR(tmp);

        pr_debug("i2c-dev: i2c-%d writing %zu bytes.\n",
                iminor(file_inode(file)), count);

        ret = i2c_master_send(client, tmp, count);
        kfree(tmp);
        return ret;
}
```

i2cdev_read 함수는 I2C에서 데이터를 읽어오고 i2cdev_write 함수는 I2C에 데이터를 쓰는 역할을 한다. i2cdev_read 함수의 소스를 보면 i2c_master_recv 함수를 호출하여 데이터를 읽고, i2cdev_write 함수는 i2c_master_send 함수를 호출하여 데이터를 쓴다. 이 함수들은 다음과 같이 /drivers/i2c/i2c-core.c에 정의되어 있다.

## drivers/i2c/i2c-core.c

```
int i2c_master_recv(const struct i2c_client *client, char *buf, int count)
{
        struct i2c_adapter *adap = client->adapter;
        struct i2c_msg msg;
        int ret;

        msg.addr = client->addr;
        msg.flags = client->flags & I2C_M_TEN;
        msg.flags |= I2C_M_RD;
        msg.len = count;
        msg.buf = buf;

        ret = i2c_transfer(adap, &msg, 1);

        /*
         * If everything went ok (i.e. 1 msg received), return #bytes received,
         * else error code.
         */
        return (ret == 1) ? count : ret;
}
EXPORT_SYMBOL(i2c_master_recv);

int i2c_master_send(const struct i2c_client *client, const char *buf, int count)
{
        int ret;
```

커널연구회(www.kernel.bz)        정재준 (rgbi3307@nate.com)

```
            struct i2c_adapter *adap = client->adapter;
            struct i2c_msg msg;

            msg.addr = client->addr;
            msg.flags = client->flags & I2C_M_TEN;
            msg.len = count;
            msg.buf = (char *)buf;

            ret = i2c_transfer(adap, &msg, 1);

            /*
             * If everything went ok (i.e. 1 msg transmitted), return #bytes
             * transmitted, else error code.
             */
            return (ret == 1) ? count : ret;
}
EXPORT_SYMBOL(i2c_master_send);
```

위의 함수들에서 I2C에 데이터 읽고 쓸 때 i2c_transfer 함수를 호출한다.  i2c_transfer 함수는
다음과 같이 drivers/i2c/i2c-core.c에 정의되어 있다.

## drivers/i2c/i2c-core.c

```
int i2c_transfer(struct i2c_adapter *adap, struct i2c_msg *msgs, int num)
{
        int ret;

        if (adap->algo->master_xfer) {
#ifdef DEBUG
                for (ret = 0; ret < num; ret++) {
                        dev_dbg(&adap->dev, "master_xfer[%d] %c, addr=0x%02x, "
                                "len=%d%s\n", ret, (msgs[ret].flags & I2C_M_RD)
                                ? 'R' : 'W', msgs[ret].addr, msgs[ret].len,
                                (msgs[ret].flags & I2C_M_RECV_LEN) ? "+" : "");
                }
#endif

                if (in_atomic() || irqs_disabled()) {
                        ret = i2c_trylock_adapter(adap);
                        if (!ret)
                                /* I2C activity is ongoing. */
                                return -EAGAIN;
                } else {
                        i2c_lock_adapter(adap);
                }

                ret = __i2c_transfer(adap, msgs, num);
                i2c_unlock_adapter(adap);

                return ret;
        } else {
                dev_dbg(&adap->dev, "I2C level transfers not supported\n");
```

커널연구회(www.kernel.bz)　　　　　　　　　　　　　　　　　　정재준 (rgbi3307@nate.com)

```
                        return -EOPNOTSUPP;
        }
}
EXPORT_SYMBOL(i2c_transfer);


int __i2c_transfer(struct i2c_adapter *adap, struct i2c_msg *msgs, int num)
{
        unsigned long orig_jiffies;
        int ret, try;

        if (adap->quirks && i2c_check_for_quirks(adap, msgs, num))
                return -EOPNOTSUPP;

        /* i2c_trace_msg gets enabled when tracepoint i2c_transfer gets
         * enabled.  This is an efficient way of keeping the for-loop from
         * being executed when not needed.
         */
        if (static_key_false(&i2c_trace_msg)) {
                int i;
                for (i = 0; i < num; i++)
                        if (msgs[i].flags & I2C_M_RD)
                                trace_i2c_read(adap, &msgs[i], i);
                        else
                                trace_i2c_write(adap, &msgs[i], i);
        }

        /* Retry automatically on arbitration loss */
        orig_jiffies = jiffies;
        for (ret = 0, try = 0; try <= adap->retries; try++) {
                ret = adap->algo->master_xfer(adap, msgs, num);
                if (ret != -EAGAIN)
                        break;
                if (time_after(jiffies, orig_jiffies + adap->timeout))
                        break;
        }

        if (static_key_false(&i2c_trace_msg)) {
                int i;
                for (i = 0; i < ret; i++)
                        if (msgs[i].flags & I2C_M_RD)
                                trace_i2c_reply(adap, &msgs[i], i);
                trace_i2c_result(adap, i, ret);
        }

        return ret;
}
EXPORT_SYMBOL(__i2c_transfer);
```

결국 I2C의 데이터 송수신은 __i2c_transfer 함수에서 호출되는 adap->algo->master_xfer(adap, msgs, num)에 의해서 이루어진다. 이함수에 매개변수로 전달되는 adap는 I2C를 제어(핸들러)하는 정보가 담겨져 있는 구조체이고 msgs에 송수신 데이터가 전달되고 num은 데이터 개수이다.

커널연구회(www.kernel.bz)                     정재준 (rgbi3307@nate.com)

adap 구조체는 include/linux/i2c.h 헤더파일에 다음과 같이 정의되어 있다.　adap->algo는 이 구조체안에서 i2c_algorithm 구조체에 연결된다.

**include/linux/i2c.h**

```
struct i2c_algorithm {
        int (*master_xfer)(struct i2c_adapter *adap, struct i2c_msg *msgs,
                            int num);
        int (*smbus_xfer) (struct i2c_adapter *adap, u16 addr,
                            unsigned short flags, char read_write,
                            u8 command, int size, union i2c_smbus_data *data);


        /* To determine what the adapter supports */
        u32 (*functionality) (struct i2c_adapter *);


#if IS_ENABLED(CONFIG_I2C_SLAVE)
        int (*reg_slave)(struct i2c_client *client);
        int (*unreg_slave)(struct i2c_client *client);
#endif
};

struct i2c_adapter {
        struct module *owner;
        unsigned int class;                 /* classes to allow probing for */
        const struct i2c_algorithm *algo; /* the algorithm to access the bus */
        void *algo_data;

        /* data fields that are valid for all devices         */
        struct rt_mutex bus_lock;

        int timeout;                        /* in jiffies */
        int retries;
        struct device dev;                  /* the adapter device */

        int nr;
        char name[48];
        struct completion dev_released;

        struct mutex userspace_clients_lock;
        struct list_head userspace_clients;

        struct i2c_bus_recovery_info *bus_recovery_info;
        const struct i2c_adapter_quirks *quirks;
```

커널연구회(www.kernel.bz)　　　　　　　　　　　　　　　　　정재준 (rgbi3307@nate.com)

```
};
#define to_i2c_adapter(d) container_of(d, struct i2c_adapter, dev)
```

i2c_algorithm 구조체는 i2c-bcm2708.c 파일에서 I2C가 등록될 때 다음과 같이 adap->algo->master_xfer 멤버함수로 bcm2708_i2c_master_xfer가 연결된다. 결국 I2C 데이터 송수신은 bcm2708_i2c_master_xfer함수에 의해서 실행되고, 최종적으로 데이터 전송은 bcm2708_wr() 함수에서, 데이터 수신은 bcm2708_rd() 함수에서 이루어진다.

### drivers/i2c/busses/i2c-bcm2708.c

```
static u32 bcm2708_i2c_functionality(struct i2c_adapter *adap)
{
        return I2C_FUNC_I2C | /*I2C_FUNC_10BIT_ADDR |*/ I2C_FUNC_SMBUS_EMUL;
}

static struct i2c_algorithm bcm2708_i2c_algorithm = {
        .master_xfer = bcm2708_i2c_master_xfer,
        .functionality = bcm2708_i2c_functionality,
};


static int bcm2708_i2c_master_xfer(struct i2c_adapter *adap,
        struct i2c_msg *msgs, int num)
{
        struct bcm2708_i2c *bi = adap->algo_data;
        unsigned long flags;
        int ret;

        spin_lock_irqsave(&bi->lock, flags);

        reinit_completion(&bi->done);
        bi->msg = msgs;
        bi->pos = 0;
        bi->nmsgs = num;
        bi->error = false;

        ret = bcm2708_bsc_setup(bi);

        spin_unlock_irqrestore(&bi->lock, flags);

        /* check the result of the setup */
        if (ret < 0)
        {
                dev_err(&adap->dev, "transfer setup timed out\n");
                goto error_timeout;
        }

        ret = wait_for_completion_timeout(&bi->done, adap->timeout);
        if (ret == 0) {
                dev_err(&adap->dev, "transfer timed out\n");
```

커널연구회(www.kernel.bz)　　　　　　　　　　　　　　　　정재준 (rgbi3307@nate.com)

```
                    goto error_timeout;
        }

        ret = bi->error ? -EIO : num;
        return ret;

error_timeout:
        spin_lock_irqsave(&bi->lock, flags);
        bcm2708_bsc_reset(bi);
        bi->msg = 0; /* to inform the interrupt handler that there's nothing else to be done */
        bi->nmsgs = 0;
        spin_unlock_irqrestore(&bi->lock, flags);
        return -ETIMEDOUT;
}


static inline u32 bcm2708_rd(struct bcm2708_i2c *bi, unsigned reg)
{
        return readl(bi->base + reg);
}

static inline void bcm2708_wr(struct bcm2708_i2c *bi, unsigned reg, u32 val)
{
        writel(val, bi->base + reg);
}

static inline int bcm2708_bsc_setup(struct bcm2708_i2c *bi)
{
        u32 cdiv, s;
        u32 c = BSC_C_I2CEN | BSC_C_INTD | BSC_C_ST | BSC_C_CLEAR_1;
        int wait_loops = I2C_WAIT_LOOP_COUNT;

        /* Can't call clk_get_rate as it locks a mutex and here we are spinlocked.
         * Use the value that we cached in the probe.
         */
        cdiv = bi->cdiv;

        if (bi->msg->flags & I2C_M_RD)
                c |= BSC_C_INTR | BSC_C_READ;
        else
                c |= BSC_C_INTT;

        bcm2708_wr(bi, BSC_DIV, cdiv);
        bcm2708_wr(bi, BSC_A, bi->msg->addr);
        bcm2708_wr(bi, BSC_DLEN, bi->msg->len);
        if (combined)
        {
                /* Do the next two messages meet combined transaction criteria?
                   - Current message is a write, next message is a read
                   - Both messages to same slave address
                   - Write message can fit inside FIFO (16 bytes or less) */
                if ( (bi->nmsgs > 1) &&
                        !(bi->msg[0].flags & I2C_M_RD) && (bi->msg[1].flags & I2C_M_RD) &&
                        (bi->msg[0].addr == bi->msg[1].addr) && (bi->msg[0].len <= 16)) {
                        /* Fill FIFO with entire write message (16 byte FIFO) */
                        while (bi->pos < bi->msg->len) {
```

커널연구회(www.kernel.bz)        정재준 (rgbi3307@nate.com)

```
                                bcm2708_wr(bi, BSC_FIFO, bi->msg->buf[bi->pos++]);
                    }
                    /* Start write transfer (no interrupts, don't clear FIFO) */
                    bcm2708_wr(bi, BSC_C, BSC_C_I2CEN | BSC_C_ST);

                    /* poll for transfer start bit (should only take 1-20 polls) */
                    do {
                            s = bcm2708_rd(bi, BSC_S);
                    } while (!(s & (BSC_S_TA | BSC_S_ERR | BSC_S_CLKT | BSC_S_DONE)) && --
wait_loops >= 0);

                    /* did we time out or some error occured? */
                    if (wait_loops < 0 || (s & (BSC_S_ERR | BSC_S_CLKT))) {
                            return -1;
                    }

                    /* Send next read message before the write transfer finishes. */
                    bi->nmsgs--;
                    bi->msg++;
                    bi->pos = 0;
                    bcm2708_wr(bi, BSC_DLEN, bi->msg->len);
                    c = BSC_C_I2CEN | BSC_C_INTD | BSC_C_INTR | BSC_C_ST | BSC_C_READ;
            }
        }
        bcm2708_wr(bi, BSC_C, c);

        return 0;
}
```

커널연구회(www.kernel.bz)　　　　　　　　　　　　　　　　정재준 (rgbi3307@nate.com)

# 4. 각종 디바이스 포팅

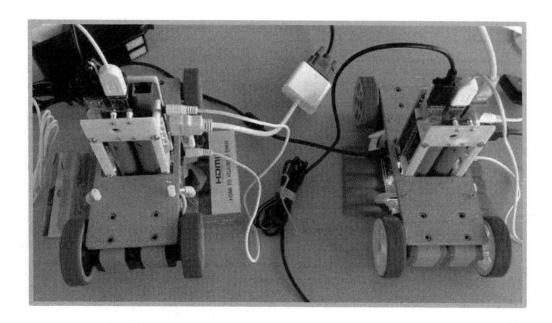

이번장은 라즈베리파이에 각종 디바이스들을 포팅 및 환경설정하고 패키지들을 설치하는 방법에
대해서 설명한다. 라즈베리파에서 시스템 프로그래밍하기 위해서는 이번장에서 기술하는
내용들이 잘 설치되어 있어야 한다. 다행히 라즈베리파이에는 리눅스 우분투가 설치되어
있으므로 apt-get 으로 각종 패키지들을 쉽게 설치할 수 있어서 개발환경 설정이 매우 편리하다.

4.1 멀티미디어 기능
4.2 디스플레이 설정
4.3 USB WiFi 동글 포팅
4.4 카메라 모듈 포팅
4.5 사동실행
4.6 시리얼 포트 활성화
4.7 I2C 테스트
4.8 GPIO 설정
4.9 USB 마운트

커널연구회(www.kernel.bz) 　　　　　　　　　　　　　　　　　정재준 ( rgbi3307@nate.com)

# 4.1 멀티미디어 기능

## 4.1.1 사운드 재생하기

라즈베리파이 2 는 기본적으로 사운드 드라이버가 설치되어 있다.  필자가 실행하고 있는
라즈베리파이 2 보드에는 리눅스 커널 4.1.7 이 포팅되어 있으며 다음과 같이 사운드 패키지 및
디바이스드라이버를 확인하자.

**패키지 설치**

```
# apt-get install alsa-utils


Reading package lists... Done
Building dependency tree
Reading state information... Done
alsa-utils is already the newest version.
0 upgraded, 0 newly installed, 0 to remove and 15 not upgraded.
```

위와 같이 이미 설치되어 있다.

다음으로 사운드 디바이스 드라이버 모듈을 확인한다.

```
# lsmod


Module              Size  Used by
cfg80211          420690  0
rfkill             16659  1 cfg80211
joydev              9047  0
evdev              10232  6
bcm2835_gpiomem     2995  0
uio_pdrv_genirq     2966  0
uio                 8235  1 uio_pdrv_genirq
i2c_dev             6047  0
snd_bcm2835        19769  4
snd_pcm            74825  1 snd_bcm2835
snd_timer          18157  1 snd_pcm
```

커널연구회(www.kernel.bz)　　　　　　　　　　　　　　　정재준 (rgbi3307@nate.com)

```
snd                    52116   11 snd_bcm2835,snd_timer,snd_pcm
fuse                   81710   3
ipv6                   339514  34
```

아래와 같이 bcm2835 관련 모듈들이 커널에 삽입되어 있음을 확인한다.

```
# modprobe -D snd-bcm2835

insmod /lib/modules/4.1.7-v7+/kernel/sound/core/snd.ko

insmod /lib/modules/4.1.7-v7+/kernel/sound/core/snd-timer.ko

insmod /lib/modules/4.1.7-v7+/kernel/sound/core/snd-pcm.ko

insmod /lib/modules/4.1.7-v7+/kernel/sound/arm/snd-bcm2835.ko
```

사운드 장치 노드는 다음과 같이 확인한다.

```
# ll /dev/snd/
total 0
drwxr-xr-x   2 root root      140 Oct 26 22:22 .
drwxr-xr-x  14 root root      3360 Oct 26 22:22 ..
crw-rw----+  1 root audio 116,  0 Oct 26 22:22 controlC0
crw-rw----+  1 root audio 116, 16 Oct 26 23:56 pcmC0D0p
crw-rw----+  1 root audio 116, 17 Oct 26 22:22 pcmC0D1p
crw-rw----+  1 root audio 116,  1 Oct 26 22:22 seq
crw-rw----+  1 root audio 116, 33 Oct 26 22:22 timer
```

위와 같이 사운드 관련 패키지들과 드라이버가 설치되어 있으므로 사운드를 재생해 보자.

amixer 도구 프로그램으로 사운드 출력 방법을 설정한다. 맨 마지막의 숫자를 1로 하면 사운드 잭으로 출력되고, 2로 하면 HDMI로 출력이 된다. 사운드 잭으로 출력하기 위해서 다음과 같이 설정한다.

```
# amixer cset numid=3  1
```

aplay을 다음과 같이 실행하여 wav 파일이 재생되는지 확인한다.

커널연구회(www.kernel.bz)            정재준 (rgbi3307@nate.com)

```
# aplay /usr/share/sounds/alsa/Side_Right.wav
```

사운드 볼륨은 다음과 같이 조절 가능하다.

```
# amixer set PCM 80% unmute
# amixer set PCM 90% unmute
# amixer set PCM 100% unmute


//마지막 옵션을 mute 로 하면 소리가 들리지 않는다.
```

다음으로 mplayer 설치하여 인터넷 라디오를 청취해 보자.

mplayer 설치하기

```
# apt-get install mplayer


Reading package lists... Done
Building dependency tree
Reading state information... Done
Note, selecting 'mplayer2' instead of 'mplayer'
The following extra packages will be installed:
  liba52-0.7.4 libbs2b0 liblircclient0 liblua5.2-0 libpostproc52 libquvi-scripts libquvi7
Suggested packages:
  lirc
The following NEW packages will be installed:
  liba52-0.7.4 libbs2b0 liblircclient0 liblua5.2-0 libpostproc52 libquvi-scripts libquvi7 mplayer2
0 upgraded, 8 newly installed, 0 to remove and 15 not upgraded.
Need to get 1,042 kB of archives.
After this operation, 2,711 kB of additional disk space will be used.
Do you want to continue? [Y/n] Y 를 입력하여 위의 패키지를 설치한다.
```

인터넷 라디오 재생하기

커널연구회(www.kernel.bz)             정재준 (rgbi3307@nate.com)

```
# mplayer -quiet mms://114.108.140.39/magicfm_live
```

백그라운드로 실행

```
# mplayer -noconsolecontrols -quiet mms://114.108.140.39/magicfm_live &
```

## 4.1.2 비디오 재생하기

Mplayer 을 사용하여 비디오도 재생가능하다.

### Console 명령라인에서 비디오 재생

```
# /usr/bin/mplayer -noconsolecontrols -quiet file &
//혹은
# /usr/bin/mplayer file < /dev/null &
```

# 4.2 디스플레이 설정

## 4.2.1 TFT-LCD(3.5인치) 포팅

참조: http://cafe.naver.com/pipc/11690

이번에 리눅스 커널이 바뀌면서 커널 초기화 시에 드라이버 모듈을 적재할 수 있는 Device Tree 기능이 추가되었습니다. 너구나 TFT LCD 를 구동시키는 FBTFT 모듈이 정식으로 커널 소스코드에 포함되면서 앞으로는 TFT LCD 드라이버 모듈도 Device Tree 를 사용하는 것이 편리하게 되었습니다. 더더욱 Device Tree 를 사용해야 하는 이유는 터치입력 GPIO 핀 등을 설정하는 ads7846_device 와 같은 터치스크린 설정 드라이버가 그동안 rpi-update 시에 TFT LCD 모듈과 함께 지원되었는데 이번에 커널에 포함되지 않게 되면서 따로 소스코드 빌드해서 설치하든지 device tree 로 따로 지정해야 하는 불편함이 있기 때문입니다.

어쨌든 설치하는 방법을 설명하겠습니다. 제일 먼저 라즈베리파이 펌웨어를 업그레이드합니다.

$ sudo apt-get update
$ sudo apt-get upgrade

만약 SPI 모듈이 활성화되지 않았으면 raspi-config 프로그램을 실행하여 SPI 모듈을 활성화시키고 파일시스템을 확장하여야 합니다.

```
$ sudo raspi-config
```

이제 FBTFT 드라이버들을 파일 시스템의 모듈 설치 디렉토리에 설치하고 다시 재부팅합니다.

```
$ sudo REPO_URI=https://github.com/notro/rpi-firmware rpi-update
$ sudo reboot
```

다음과 같은 명령을 실행하여 이미 WaveShare TFT LCD 용으로 만들어진 Device Tree 파일 (dtb)을 다운로드합니다.

```
$ git clone https://github.com/swkim01/waveshare-dtoverlays.git
```

이제 TFT LCD 의 종류에 따라 해당하는 dtb 파일을 /boot/overlays/ 디렉토리에 복사합니다.
3.2 인치

```
$ sudo cp waveshare-dtoverlays/waveshare32b-overlay.dtb /boot/overlays/
```
3.5/4 인치
```
$ sudo cp waveshare-dtoverlays/waveshare35a-overlay.dtb /boot/overlays/
```

다음은 /boot/config.txt 파일을 수정하여 커널 초기화 시에 TFT LCD 모듈을 적재하는 코드를 추가합니다.

```
$ sudo nano /boot/config.txt
```
3.2 인치
```
dtparam=spi=on
dtoverlay=waveshare32b
```

3.5/4 인치
```
dtparam=spi=on
dtoverlay=waveshare35a
```

참고로 화면을 회전시키는 등의 매개변수를 설정하려면 다음 예와 같이 하면 됩니다.
```
dtoverlay=waveshare32b:rotate=270
```

마지막으로 커널을 재부팅하면 됩니다.
```
$ sudo reboot
```

커널연구회(www.kernel.bz)                           정재준 (rgbi3307@nate.com)

LCD 드라이버가 정상적으로 탑재되면 라즈베리파이가 부팅하면서 LCD 화면이 약간 어둡게
변합니다.

```
=======================================================
```
이 부분은 참고사항이므로 아래 캘리브레이션 과정으로 건너뛰어도 됩니다.
참고로 다른 장치를 사용하거나 직접 Device Tree 설정 파일을 컴파일하고 빌드하는 방법은
다음과 같습니다.
(https://github.com/notro/fbtft/wiki/FBTFT-RPI-overlays 참고)

먼저 다음 명령을 실행하여 디바이스 트리 컴파일러를 설치합니다.

$ wget -c https://raw.githubusercontent.com/RobertCNelson/tools/master/pkgs/dtc.sh
$ chmod +x dtc.sh
$ ./dtc.sh

Device Tree 설정 파일(dts) 을 해당하는 TFT LCD 드라이버에 맞게 수정하고 다음과 같은  명령을
실행하여 Device Tree 파일(dtb) 을 생성합니다. 에를 들면, foo-overlay.dts 파일을 작성했으면
다음 명령으로 foo-overlay.dtb 파일을 생성할 수 있습니다.

$ sudo dtc -@ -I dts -O dtb -o /boot/overlays/foo-overlay.dtb foo-overlay.dts
```
=======================================================
```

X 윈도우를 LCD 화면에 나타낼 수 있도록 /usr/share/X11/xorg.conf.d/99-fbturbo.conf 파일을
편집하여 다음과 같이 "fb0" 를  "fb1" 으로 내용을 수정합니다.
...
Option "fbdev" "/dev/fb1"

다음은 터치스크린 입력이 LCD 화면과 일치하도록 캘리브레이션 과정을 수행하여야 합니다.
터치스크린 캘리브레이션 방법은 2 가지가 있습니다. 하나는 X 윈도우 상에서 xinput-calibrator
프로그램을 실행하는 방법이고, 다른 하나는 콘솔 모드에서 ts_calibrate 프로그램을 사용하는
방법입니다. (https://github.com/notro/fbtft/wiki/FBTFT-on-Raspian 참고)

xinput 프로그램이 설치되지 않았으면 설치합니다.
$ sudo apt-get install xinput

xinput_calibrator 프로그램을 설치하는 방법은 다음과 같습니다.

커널연구회(www.kernel.bz)　　　　　　　　　　　　　　　　정재준 (rgbi3307@nate.com)

```
$ cd /tmp
$ wget http://tronnes.org/downloads/xinput-calibrator_0.7.5-1_armhf.deb
$ sudo dpkg -i -B xinput-calibrator_0.7.5-1_armhf.deb
$ rm xinput-calibrator_0.7.5-1_armhf.deb
```

최초 startx 시에 xinput_calibrator 프로그램을 실행하여 좌표 캘리브레이션하고
/etc/pointercal.xinput 파일을 자동으로 생성하여 이후부터 참고하는 방식은 다음 명령을 실행하면
됩니다.

```
$ sudo wget -O /etc/X11/Xsession.d/xinput_calibrator_pointercal
https://raw.github.com/tias/xinput_calibrator/master/scripts/xinput_calibrator_pointercal.sh
$ echo "sudo /bin/sh /etc/X11/Xsession.d/xinput_calibrator_pointercal" | sudo tee -a
/etc/xdg/lxsession/LXDE-pi/autostart
```

이제 다음 명령을 실행하여 X 윈도우를 구동시켜 봅니다.

```
$ startx
```

아니면 X 윈도우를 실행시킨 후 수동으로 xinput_calibrator 를 실행하고 출력된 캘리브레이션된
좌표값을 가지고 /usr/share/X11/xorg.conf.d/99-ads7846-cal.conf 파일을 생성하면 됩니다. 단, 이
경우에 위에서 만든 /etc/X11/Xsession.d/xinput_calibrator_pointercal 파일을 삭제해야 합니다.

3.2 인치

```
Section "InputClass"
        Identifier        "calibration"
        MatchProduct      "ADS7846 Touchscreen"
        Option "Calibration" "215 3815 265 3857"
        Option   "SwapAxes"        "1"
        Option "InvertY" "1"
EndSection
```

3.5/4 인치

```
Section "InputClass"
        Identifier        "calibration"
        MatchProduct      "ADS7846 Touchscreen"
        Option "Calibration" "310 3918 265 3838"
        Option   "SwapAxes"        "1"
        Option "InvertX" "1"
EndSection
```

커널연구회(www.kernel.bz)          정재준 (rgbi3307@nate.com)

콘솔 모드 캘리브레이션은 https://github.com/notro/fbtft/wiki/FBTFT-on-Raspian 를 참고하세요.

잘못된 부분이 있으면 알려주시기 바랍니다.

## 4.2.2 HDMI 화면 설정

HDMI 화면은 /boot/config.txt 파일에서 다음과 같은 부분(굵은 글씨)을 수정한다.
아래에서 HDMI 화면 해상도를 가로 800, 세로 480, 화면 재생 주파수를 60Hz 로 변경하려면
다음과 같이 편집한다.

**hdmi_cvt=800 480 60 6 0 0 0**

**/boot/config.txt**

```
# uncomment if you get no picture on HDMI for a default "safe" mode
#hdmi_safe=1
# uncomment this if your display has a black border of unused pixels visible
# and your display can output without overscan
#disable_overscan=1
# uncomment the following to adjust overscan. Use positive numbers if console
# goes off screen, and negative if there is too much border
#overscan_left=16
#overscan_right=16
#overscan_top=10
#overscan_bottom=16
# uncomment to force a console size. By default it will be display's size minus
# overscan.
#framebuffer_width=1280
#framebuffer_height=720
# uncomment if hdmi display is not detected and composite is being output
hdmi_force_hotplug=1
# uncomment to force a specific HDMI mode (here we are forcing 800x480!)
hdmi_group=2
```

```
hdmi_mode=1
hdmi_mode=87
hdmi_cvt=800 480 60 6 0 0 0
max_usb_current=1

# uncomment to force a HDMI mode rather than DVI. This can make audio work in
# DMT (computer monitor) modes
hdmi_drive=2
# uncomment to increase signal to HDMI, if you have interference, blanking, or
# no display
#config_hdmi_boost=4
# uncomment for composite PAL
#sdtv_mode=2
#uncomment to overclock the arm. 700 MHz is the default.
#arm_freq=800
# for more options see http://elinux.org/RPi_config.txt

//이하 생략.
```

# 4.3 USB WiFi 동글 포팅

참조 사이트:

https://dl.dropboxusercontent.com/u/80256631/install-rtl8188cus.txt

- **WiFi 모듈 제품명: iptime N100mini (USB 동글)**
- **제조사 칩셋: RealTek RTL8188CU**

## 4.3.1 설치하기

설치진행하기 전에 apt-get 을 다음과 같이 업데이트한다.

```
# apt-get update

# apt-get upgrade
```

커널연구회(www.kernel.bz)　　　　　　　　　　　　　정재준 (rgbi3307@nate.com)

설치를 위한 스크립트 파일을 wget 으로 다운로드 한다. 설치는 WiFi 동글을 USB 에 장착하지
않은 상태에서 진행한다.

```
# wget http://dl.dropbox.com/u/80256631/install-rtl8188cus-latest.sh -O /boot/install-rtl8188cus-
latest.sh
```

아래와 같이 스크립트 파일(install-rtl8188cus-latest.sh)이 /boot/ 경로에 다운로드 된다.

```
/boot/install-rtl8188cus-latest.shom/u/80256631/install-rtl8188cus-lates

--2015-10-30 11:53:28--  http://dl.dropbox.com/u/80256631/install-rtl8188cus-latest.sh

Resolving dl.dropbox.com (dl.dropbox.com)... 23.21.207.71

Connecting to dl.dropbox.com (dl.dropbox.com)|23.21.207.71|:80... connected.

HTTP request sent, awaiting response... 302 FOUND

Location: http://dl.dropboxusercontent.com/u/80256631/install-rtl8188cus-latest.sh [following]

--2015-10-30 11:53:28--  http://dl.dropboxusercontent.com/u/80256631/install-rtl8188cus-latest.sh

Resolving dl.dropboxusercontent.com (dl.dropboxusercontent.com)... 199.47.217.101, 199.47.217.69

Connecting to dl.dropboxusercontent.com (dl.dropboxusercontent.com)|199.47.217.101|:80... connected.

HTTP request sent, awaiting response... 302 FOUND

Location: https://dl.dropboxusercontent.com/u/80256631/install-rtl8188cus-latest.sh [following]

--2015-10-30 11:53:29--  https://dl.dropboxusercontent.com/u/80256631/install-rtl8188cus-latest.sh

Connecting to dl.dropboxusercontent.com (dl.dropboxusercontent.com)|199.47.217.101|:443...
connected.

HTTP request sent, awaiting response... 200 OK

Length: 73359 (72K) [text/x-sh]

Saving to:  '/boot/install-rtl8188cus-latest.sh'


/boot/install-rtl81 100%[====================>]  71.64K   407KB/s   in 0.2s


2015-10-30 11:53:30 (407 KB/s) - '/boot/install-rtl8188cus-latest.sh'  saved [73359/73359]
```

다음과 같이 실행하여 설치 진행한다. (root 계정에서 실행)

커널연구회(www.kernel.bz)            정재준 (rgbi3307@nate.com)

```
# /boot/install-rtl8188cus-latest.sh
```

IMPORTANT UPDATE: The RTL8188CUS driver is now included in the latest updates
for the RPi. The script has been updated to hopefully make the transition as
easy as possible. To update to the new driver run the script and it will end
by running rpi-update which should load the latest kernel version with the
new driver included. The script will then reconfigure the image to use the
new driver.

This script will install the driver for Realtek RTL8188CUS based wifi adapters.

To see a list of wifi adapters using this driver take a look at the document at
http://dl.dropbox.com/u/80256631/install-rtl8188cus.txt

1. It can install a new driver if you do not already have the rtl8188cus driver
   installed and have no other wifi adapter installed.
2. It can install a wifi adapter using the rtl8188cus driver if you have a wifi
   adapter using a different driver already installed.
3. If the driver is already installed it will update the driver and software, or
   allow you to add an different wifi adapter using the rtl8188cus driver so you
   can switch between them if you want to, e.g. unplug one and plug in another,
   or even connect two wifi adapters at the same time.
4. It can repair a broken driver. e.g. if you have updated the software and the
   wifi has stopped working it will update the driver to a working version if
   one is available.

The script will also give you the option to update the software and firmware to
the latest versions using apt-get update, apt-get upgrade and rpi-update.

**Press any key to continue...**

An RTL8188CUS driver module is installed but is not loaded.

You have 2 wifi adapters configured.
wlan0 is configured but is not installed.

커널연구회(www.kernel.bz)      정재준 (rgbi3307@nate.com)

```
wlan1 is configured but is not installed.

The Pi has an internet connection.

Any files needed for the installation/upgrade will be downloaded from the
Internet unless they have already been copied to the SD card /boot directory.

Unrecognised software version: Linux RAZIG 4.1.10-v7 #2 SMP PREEMPT Thu Oct 29 12:28:55 KST 2015
armv7l GNU/Linux

Downloading the latest script.

The script you're using is the latest version.

Aborting the rtl8188cus installation script.
```

설치가 완료 되었다. 이제 WiFi USB 동글을 USB 포트에 장착하고 디바이스드라이버가 커널에
등록 되는지 다음과 같이 확인한다.

```
# lsmod
Module              Size   Used by
joydev              8836   0
8192cu              519828 0
cfg80211            429043 0
rfkill              16759  2 cfg80211
evdev               10147  0
bcm2835_gpiomem     2973   0
uio_pdrv_genirq     2977   0
uio                 7880   1 uio_pdrv_genirq
i2c_dev             5646   0
snd_bcm2835         19979  3
snd_pcm             74359  1 snd_bcm2835
snd_timer           17955  1 snd_pcm
snd                 51719  9 snd_bcm2835,snd_timer,snd_pcm
fuse                82199  3
ipv6                340761 30
```

커널연구회(www.kernel.bz)                         정재준 (rgbi3307@nate.com)

위와 같이 8192cu 가 조회되면 디바이스드라이버 모듈이 커널에 설치된 것이다.

## 4.3.2 WiFi 연결 및 테스트

먼저 wireless-tools 와 wpasupplicant 을 다음과 같이 설치한다. 최신 버전의 라즈베리파이 2 는 다음과 같이 이미 설치되어 있을 것이다.

```
# apt-get install wireless-tools

Reading package lists... Done
Building dependency tree
Reading state information... Done
wireless-tools is already the newest version.
0 upgraded, 0 newly installed, 0 to remove and 1 not upgraded.

# apt-get install wpasupplicant

Reading package lists... Done
Building dependency tree
Reading state information... Done
wpasupplicant is already the newest version.
0 upgraded, 0 newly installed, 0 to remove and 1 not upgraded.
```

WiFi AP 로부터 IP 를 받아오기 위해서 udhcpc 패키지가 필요하므로 다음과 같이 설치한다.

```
# apt-get install udhcpc

Reading package lists... Done
Building dependency tree
Reading state information... Done
The following extra packages will be installed:
  busybox
The following NEW packages will be installed:
```

커널연구회(www.kernel.bz)                    정재준 (rgbi3307@nate.com)

```
  busybox udhcpc

0 upgraded, 2 newly installed, 0 to remove and 1 not upgraded.

Need to get 394 kB of archives.

After this operation, 761 kB of additional disk space will be used.

Do you want to continue? [Y/n]

Get:1 http://mirrordirector.raspbian.org/raspbian/ jessie/main busybox armhf 1:1.22.0-9+deb8u1 [373
kB]

Get:2 http://mirrordirector.raspbian.org/raspbian/ jessie/main udhcpc armhf 1:1.22.0-9+deb8u1 [21.5
kB]

Fetched 394 kB in 6s (61.6 kB/s)

Selecting previously unselected package busybox.

(Reading database ... 120350 files and directories currently installed.)

Preparing to unpack .../busybox_1%3a1.22.0-9+deb8u1_armhf.deb ...

Unpacking busybox (1:1.22.0-9+deb8u1) ...

Selecting previously unselected package udhcpc.

Preparing to unpack .../udhcpc_1%3a1.22.0-9+deb8u1_armhf.deb ...

Unpacking udhcpc (1:1.22.0-9+deb8u1) ...

Processing triggers for man-db (2.7.0.2-5) ...

Setting up busybox (1:1.22.0-9+deb8u1) ...

Setting up udhcpc (1:1.22.0-9+deb8u1) ...
```

ifconfig 에 –a 옵션으로 실행하여 wlan0 노드가 다음과 같이 조회 되는지 확인한다.

```
# ifconfig -a
eth0      Link encap:Ethernet  HWaddr b8:27:eb:80:59:8b

          inet addr:192.168.0 4  Bcast:192.108.0.255  Mask:255.255.255.0

          inet6 addr: fe80::71c9:ee67:b3b0:6133/64 Scope:Link

          UP BROADCAST RUNNING MULTICAST  MTU:1500  Metric:1

          RX packets:311 errors:0 dropped:0 overruns:0 frame:0

          TX packets:302 errors:0 dropped:0 overruns:0 carrier:0

          collisions:0 txqueuelen:1000

          RX bytes:21863 (21.3 KiB)  TX bytes:38923 (38.0 KiB)


lo        Link encap:Local Loopback

          inet addr:127.0.0.1  Mask:255.0.0.0
```

커널연구회(www.kernel.bz)        정재준 (rgbi3307@nate.com)

```
                inet6 addr: ::1/128 Scope:Host

                UP LOOPBACK RUNNING  MTU:65536  Metric:1

                RX packets:28 errors:0 dropped:0 overruns:0 frame:0

                TX packets:28 errors:0 dropped:0 overruns:0 carrier:0

                collisions:0 txqueuelen:0

                RX bytes:2304 (2.2 KiB)  TX bytes:2304 (2.2 KiB)


wlan0       Link encap:Ethernet  HWaddr 64:e5:99:f8:da:13

                inet6 addr: fe80::c917:4563:7c8f:53a3/64 Scope:Link

                UP BROADCAST MULTICAST  MTU:1500  Metric:1

                RX packets:0 errors:0 dropped:2 overruns:0 frame:0

                TX packets:0 errors:0 dropped:0 overruns:0 carrier:0

                collisions:0 txqueuelen:1000

                RX bytes:0 (0.0 B)  TX bytes:0 (0.0 B)
```

wlan0 노드가 조회되므로 다음과 같이 이 노드를 커널의 네트워크에 등록한다.

```
# ifconfig wlan0 up
# ifconfig
eth0        Link encap:Ethernet  HWaddr b8:27:eb:80:59:8b

                inet addr:192.168.0.4  Bcast:192.168.0.255  Mask:255.255.255.0

                inet6 addr: fe80::71c9:ee67:b3b0:6133/64 Scope:Link

                UP BROADCAST RUNNING MULTICAST  MTU:1500  Metric:1

                RX packets:400 errors:0 dropped:0 overruns:0 frame:0

                TX packets:361 errors:0 dropped:0 overruns:0 carrier:0

                collisions:0 txqueuelen:1000

                RX bytes:28285 (27.6 KiB)  TX bytes:47747 (46.6 KiB)


lo          Link encap:Local Loopback

                inet addr:127.0.0.1  Mask:255.0.0.0

                inet6 addr: ::1/128 Scope:Host

                UP LOOPBACK RUNNING  MTU:65536  Metric:1

                RX packets:28 errors:0 dropped:0 overruns:0 frame:0

                TX packets:28 errors:0 dropped:0 overruns:0 carrier:0

                collisions:0 txqueuelen:0

                RX bytes:2304 (2.2 KiB)  TX bytes:2304 (2.2 KiB)
```

커널연구회(www.kernel.bz)　　　　　　　　　　　　　　　　정재준 (rgbi3307@nate.com)

```
wlan0     Link encap:Ethernet  HWaddr 64:e5:99:f8:da:13
          inet6 addr: fe80::c917:4563:7c8f:53a3/64 Scope:Link
          UP BROADCAST MULTICAST  MTU:1500  Metric:1
          RX packets:0 errors:0 dropped:2 overruns:0 frame:0
          TX packets:0 errors:0 dropped:0 overruns:0 carrier:0
          collisions:0 txqueuelen:1000
          RX bytes:0 (0.0 B)  TX bytes:0 (0.0 B)
```

USB WiFi 동글에 접근하기 위한 wlan0 노드가 올라 왔다.  iwlist 도구로 접속 가능한 무선AP를 다음과 같이 검색해 보자.

```
# iwlist wlan0 scan
```

필자의 커널연구회 강의실은 현대지식산업센터에 자리잡고 있는데, 이곳에서 검색되는 WiFi AP들이 다음과 같이 많은편이다..

```
wlan0     Scan completed :
          Cell 01 - Address: E8:54:84:01:91:5B
                    Channel:3
                    Frequency:2.422 GHz (Channel 3)
                    Quality=46/70  Signal level=-64 dBm
                    Encryption key:on
                    ESSID:"AP-A-2611"
                    Bit Rates:1 Mb/s; 2 Mb/s; 5.5 Mb/s; 11 Mb/s; 18 Mb/s
                            24 Mb/s; 36 Mb/s; 54 Mb/s
                    Bit Rates:6 Mb/s; 9 Mb/s; 12 Mb/s; 48 Mb/s
                    Mode:Master
                    Extra:tsf=000000c9363a485f
                    Extra: Last beacon: 30ms ago
                    IE: Unknown: 000941502D412D32363131
                    IE: Unknown: 010882848B962430486C
                    IE: Unknown: 030103
                    IE: Unknown: 2A0100
                    IE: Unknown: 2F0100
```

```
                IE: IEEE 802.11i/WPA2 Version 1

                    Group Cipher : TKIP

                    Pairwise Ciphers (2) : CCMP TKIP

                    Authentication Suites (1) : PSK

                IE: Unknown: 32040C121860

                IE: Unknown: 2D1AFE191BFFFF0000010000000000000000000000000000000000000

                IE: Unknown: 3D16030D160000000000000000000000000000000000000000

                IE: Unknown: DD090010180201F02C0000

                IE: WPA Version 1

                    Group Cipher : TKIP

                    Pairwise Ciphers (2) : CCMP TKIP

                    Authentication Suites (1) : PSK

                IE: Unknown: DD180050F2020101800003A4000027A4000042435E0062322F00

      Cell 02 - Address: C8:3A:35:4C:12:C0

                Channel:6

                Frequency:2.437 GHz (Channel 6)

                Quality=42/70  Signal level=-68 dBm

                Encryption key:on

                ESSID:"MSL2611"

                Bit Rates:1 Mb/s; 2 Mb/s; 5.5 Mb/s; 11 Mb/s; 18 Mb/s

                          24 Mb/s; 36 Mb/s; 54 Mb/s

                Bit Rates:6 Mb/s; 9 Mb/s; 12 Mb/s; 48 Mb/s

                Mode:Master

                Extra:tsf=00000040e9bf84bc

                Extra: Last beacon: 30ms ago

                IE: Unknown: 00074D534C32363131

                IE: Unknown: 010882840B162430486C

                IE: Unknown: 030106

                IE: Unknown: 2A0104

                IE: Unknown: 2F0104

                IE: Unknown: 32040C121860

                IE: Unknown: 2D1AFE181BFFFF0000010000000000000000000000000000000000000

                IE: Unknown: 3D16060D040000000000000000000000000000000000000000

                IE: Unknown: DD090010180203F02C0000

                IE: WPA Version 1

                    Group Cipher : CCMP
```

커널연구회(www.kernel.bz)                         정재준 (rgbi3307@nate.com)

```
                    Pairwise Ciphers (1) : CCMP

                    Authentication Suites (1) : PSK

          IE: Unknown: DD180050F2020101000003A4000027A4000042435E0062322F00
Cell 03 - Address: CC:B2:55:CD:BD:7D

          Channel:4

          Frequency:2.427 GHz (Channel 4)

          Quality=56/70  Signal level=-54 dBm

          Encryption key:on

          ESSID:"flypopcorn"

          Bit Rates:1 Mb/s; 2 Mb/s; 5.5 Mb/s; 11 Mb/s; 9 Mb/s

                    18 Mb/s; 36 Mb/s; 54 Mb/s

          Bit Rates:6 Mb/s; 12 Mb/s; 24 Mb/s; 48 Mb/s

          Mode:Master

          Extra:tsf=000002b13d0f14a9

          Extra: Last beacon: 30ms ago

          IE: Unknown: 000A666C79706F70636F726E

          IE: Unknown: 010882848B961224486C

          IE: Unknown: 030104

          IE: Unknown: 2A0104

          IE: Unknown: 32040C183060

          IE: Unknown: 2D1A6E1013FFFF0000010000000000000000000000000000000000000000

          IE: Unknown: 3D160400070000000000000000000000000000000000000000000

          IE: WPA Version 1

              Group Cipher : TKIP

              Pairwise Ciphers (2) : TKIP CCMP

              Authentication Suites (1) : PSK

          IE: IEEE 802.11i/WPA2 Version 1

              Group Cipher : TKIP

              Pairwise Ciphers (2) : TKIP CCMP

              Authentication Suites (1) : PSK

          IE: Unknown: DD180050F2020101000003A4000027A4000042435E0062322F00

          IE: Unknown: 0B050E0048127A

          IE: Unknown: 4A0E14000A002C01C800140005001900

          IE: Unknown: 7F0101

          IE: Unknown: DD07000C4303000000

          IE: Unknown: 0706555320010B10
```

커널연구회(www.kernel.bz)        정재준 (rgbi3307@nate.com)

```
                    IE:                                                     Unknown:
DD870050F204104A000110104400010210 3B00010310470010BC329E001DD811B28601CCB255CDBD7D10210006442D4C696E
6B1023000D442D4C696E6B20526F757465721024000844 49522D3633364C104200083030303030303030301054000800060050
F20400011011000 84449522D3633364C10080002208C103C0001011049000600372A000120
            Cell 04 - Address: 32:CD:A7:A7:EF:1E
                    Channel:6
                    Frequency:2.437 GHz (Channel 6)
                    Quality=45/70  Signal level=-65 dBm
                    Encryption key:on
                    ESSID:"DIRECT-1KC1860 Series"
                    Bit Rates:6 Mb/s; 9 Mb/s; 12 Mb/s; 18 Mb/s; 24 Mb/s
                             36 Mb/s; 48 Mb/s; 54 Mb/s
                    Mode:Master
                    Extra:tsf=00000002cd5b3ade
                    Extra: Last beacon: 30ms ago
                    IE: Unknown: 00154449524543542D314B433138363020536572696573
                    IE: Unknown: 01088C1218243048606C
                    IE: Unknown: 030106
                    IE: Unknown: 2A0100
                    IE: Unknown: 2F0100
                    IE: IEEE 802.11i/WPA2 Version 1
                        Group Cipher : CCMP
                        Pairwise Ciphers (1) : CCMP
                        Authentication Suites (1) : PSK
                    IE: Unknown: DD09001018020100040000
                    IE: Unknown: DD180050F2020101800003A4000027A4000042435E0062322F00
                    IE: Unknown: DD050050F20500
                    IE:                                                     Unknown:
DD800050F204104A000110104400010210 3B00010310470010 16A65700007C1000BB4932CDA7A7EF1E1021000842726F6164
636F6D10230006536F6674 41501024000130104200013010540008 00030050F20400011011000C4331383630205365726965
73100800020088103C0001011049000E00372A0001200106FFFFFFFFFFFF
            Cell 05 - Address: 90:9F:33:4A:EF:72
                    Channel:8
                    Frequency:2.447 GHz (Channel 8)
                    Quality=34/70  Signal level=-76 dBm
                    Encryption key:on
```

커널연구회(www.kernel.bz)      정재준 (rgbi3307@nate.com)

```
                ESSID:"Redplay"

                Bit Rates:1 Mb/s; 2 Mb/s; 5.5 Mb/s; 11 Mb/s; 18 Mb/s

                        24 Mb/s; 36 Mb/s; 54 Mb/s

                Bit Rates:6 Mb/s; 9 Mb/s; 12 Mb/s; 48 Mb/s

                Mode:Master

                Extra:tsf=000000cc38fbdc41

                Extra: Last beacon: 30ms ago

                IE: Unknown: 0007526564706C6179

                IE: Unknown: 010882840B162430486C

                IE: Unknown: 030108

                IE: Unknown: 2A0104

                IE: Unknown: 2F0104

                IE: IEEE 802.11i/WPA2 Version 1

                    Group Cipher : CCMP

                    Pairwise Ciphers (1) : CCMP

                    Authentication Suites (1) : PSK

                IE: Unknown: 32040C121860

                IE: Unknown: 2D1AFE181BFFFF000001000000000000000000000000000000000000000

                IE: Unknown: 3D16080D0400000000000000000000000000000000000000000

                IE:                                                           Unknown:
DD750050F204104A0001101044000102103B00010310470010D96C7EFC2F8938F1EFBD6E5148BFA81210210006697054494D
4510230008697054494D4541501024000A3132333435363738393010420003333630105400080006050F204000110110008
697054494D454150100800020084103C000101

                IE: Unknown: DD090010180204F02C0000

                IE: Unknown: DD180050F2020101000003A4000027A4000042435E0062322F00

        Cell 06 - Address: 78:54:2E:11:60:46

                Channel:11

                Frequency:2.462 GHz (Channel 11)

                Quality=52/70  Signal level=-58 dBm

                Encryption key:on

                ESSID:"flypopcorn2"

                Bit Rates:1 Mb/s; 2 Mb/s; 5.5 Mb/s; 11 Mb/s; 6 Mb/s

                        9 Mb/s; 12 Mb/s; 18 Mb/s

                Bit Rates:24 Mb/s; 36 Mb/s; 48 Mb/s; 54 Mb/s

                Mode:Master

                Extra:tsf=000000070b8960ec
```

커널연구회(www.kernel.bz)                                    정재준 (rgbi3307@nate.com)

```
                Extra: Last beacon: 30ms ago

        IE: Unknown: 000B666C79706F70636F726E32

        IE: Unknown: 010882848B960C121824

        IE: Unknown: 03010B

        IE: Unknown: 0706555320010B1E

        IE: Unknown: 2A0100

        IE: Unknown: 32043048606C

        IE: Unknown: 2D1AAD011BFFFFFF0000000000000000000080000000000406E6470D00

        IE: Unknown: 3D160B00010000000000000000000000000000000000000000

        IE: Unknown: 4A0E14000A002C01C800140005001900

        IE: Unknown: 7F080100000000000040

        IE: Unknown: DD180050F2020101800003A4000027A4000042435E0062322F00

        IE: Unknown: DD0900037F01010000FF7F

        IE:                                                                   Unknown:
DD930050F204104A0001101044000102103B000103104700105F3275821DD211B298EDD26BA2C84D0610210012442D4C696E
6B20436F72706F726174696F6E1023000D442D4C696E6B20526F757465722102400011011011000A44474C2D35353030413110080002200C103C0001011049000600372A000120

                IE: IEEE 802.11i/WPA2 Version 1

                    Group Cipher : TKIP

                    Pairwise Ciphers (2) : CCMP TKIP

                    Authentication Suites (1) : PSK

                IE: WPA Version 1

                    Group Cipher : TKIP

                    Pairwise Ciphers (2) : CCMP TKIP

                    Authentication Suites (1) : PSK

        Cell 07 - Address: 64:E5:99:D5:8A:C4

                Channel:11

                Frequency:2.462 GHz (Channel 11)

                Quality=44/70  Signal level=-66 dBm

                Encryption key:on

                ESSID:"whitecoffie"

                Bit Rates:1 Mb/s; 2 Mb/s; 5.5 Mb/s; 11 Mb/s; 9 Mb/s
                          18 Mb/s; 36 Mb/s; 54 Mb/s

                Bit Rates:6 Mb/s; 12 Mb/s; 24 Mb/s; 48 Mb/s

                Mode:Master

                Extra:tsf=0000036f74d318ca
```

커널연구회(www.kernel.bz) 정재준 (rgbi3307@nate.com)

```
            Extra: Last beacon: 30ms ago
            IE: Unknown: 000B7768697465636F66666965
            IE: Unknown: 010882848B961224486C
            IE: Unknown: 03010B
            IE: Unknown: 2A0104
            IE: Unknown: 32040C183060
            IE: Unknown: 2D1A6E1016FF000000010000000000000000000000000C0000000000
            IE: Unknown: 3D160B00060000000000000000000000000000000000000000000000
            IE: WPA Version 1
                Group Cipher : CCMP
                Pairwise Ciphers (1) : CCMP
                Authentication Suites (1) : PSK
            IE: IEEE 802.11i/WPA2 Version 1
                Group Cipher : CCMP
                Pairwise Ciphers (1) : CCMP
                Authentication Suites (1) : PSK
            IE: Unknown: DD180050F2020101800003A4000027A4000042435E0062322F00
            IE: Unknown: 0B05010034127A
            IE: Unknown: 4A0E14000A002C01C800140005001900
            IE:                                                                   Unknown:
DDA70050F204104A0001101044000102103B0001031047001028802880288018 80A88064E599D58AC41021001852616C696E
6B20546563686E6F6C6F67792C20436F72702E1023001C52616C696E6B20576972656C65737320416365737320506F696E
74102400065254323836301042000831323334353637381054000800060050F20400011011000952616C696E6B4150531008
0002210C103C0001011049000600372A000120
            IE: Unknown: DD07000C4304000000
            IE: Unknown: 07064B5220010E10
        Cell 08 - Address: 08:5D:DD:23:31:49
            Channel:11
            Frequency:2.462 GHz (Channel 11)
            Quality=22/70  Signal level=-88 dBm
            Encryption key:on
            ESSID:"olleh_WiFi_3145"
            Bit Rates:1 Mb/s; 2 Mb/s; 5.5 Mb/s; 11 Mb/s; 6 Mb/s
                      9 Mb/s; 12 Mb/s; 18 Mb/s
            Bit Rates:24 Mb/s; 36 Mb/s; 48 Mb/s; 54 Mb/s
            Mode:Master
```

커널연구회(www.kernel.bz)          정재준 (rgbi3307@nate.com)

```
Extra:tsf=0000001a9695f190

Extra: Last beacon: 160ms ago

IE: Unknown: 000F6F6C6C65685F576946695F33313435

IE: Unknown: 010882848B960C121824

IE: Unknown: 03010B

IE: Unknown: 050402030000

IE: Unknown: 2A0104

IE: Unknown: 32043048606C

IE: Unknown: 2D1A2C181AFFFF0000000000000000000000000000000000000000000000

IE: Unknown: 3D160B0013000000000000000000000000000000000000000000

IE: WPA Version 1

    Group Cipher : TKIP

    Pairwise Ciphers (2) : TKIP CCMP

    Authentication Suites (1) : PSK

IE: IEEE 802.11i/WPA2 Version 1

    Group Cipher : TKIP

    Pairwise Ciphers (2) : TKIP CCMP

    Authentication Suites (1) : PSK

IE: Unknown: DD180050F2020101000003A4000027A4000042435E0061322F00

IE: Unknown: DD1E00904C332C181AFFFF0000000000000000000000000000000000000000000000

IE: Unknown: DD1A00904C340B0013000000000000000000000000000000000000000000

IE: Unknown: DD0600E04C020160

IE:                                                                           Unknown:
DD310050F204104A00011010440001021047001063041253101920061228085DDD233147103C0001031049000600372A0001
20

    Cell 09 - Address: 00:0D:F0:1D:8C:B7

              Channel:11

              Frequency:2.462 GHz (Channel 11)

              Quality=70/70  Signal level=-38 dBm

              Encryption key:on

              ESSID:"TEST3_AP"

              Bit Rates:1 Mb/s; 2 Mb/s; 5.5 Mb/s; 11 Mb/s; 6 Mb/s

                        9 Mb/s; 12 Mb/s; 18 Mb/s

              Bit Rates:24 Mb/s; 36 Mb/s; 48 Mb/s; 54 Mb/s

              Mode:Master

              Extra:tsf=000000062126d469
```

커널연구회(www.kernel.bz)                                      정재준 (rgbi3307@nate.com)

```
                   Extra: Last beacon: 30ms ago
                   IE: Unknown: 000854455354335F4150
                   IE: Unknown: 010882848B960C121824
                   IE: Unknown: 03010B
                   IE: Unknown: 2A0104
                   IE: Unknown: 32043048606C
                   IE: IEEE 802.11i/WPA2 Version 1
                       Group Cipher : CCMP
                       Pairwise Ciphers (1) : CCMP
                       Authentication Suites (1) : PSK
          Cell 10 - Address: 90:9F:33:6A:DF:BE
                   Channel:13
                   Frequency:2.472 GHz (Channel 13)
                   Quality=46/70  Signal level=-64 dBm
                   Encryption key:on
                   ESSID:"mnk"
                   Bit Rates:1 Mb/s; 2 Mb/s; 5.5 Mb/s; 11 Mb/s; 18 Mb/s
                             24 Mb/s; 36 Mb/s; 54 Mb/s
                   Bit Rates:6 Mb/s; 9 Mb/s; 12 Mb/s; 48 Mb/s
                   Mode:Master
                   Extra:tsf=0000001a2210e175
                   Extra: Last beacon: 30ms ago
                   IE: Unknown: 00036D6E6B
                   IE: Unknown: 010882840B162430486C
                   IE: Unknown: 03010D
                   IE: Unknown: 2A0100
                   IE: Unknown: 2F0100
                   IE: IEEE 802.11i/WPA2 Version 1
                       Group Cipher : CCMP
                       Pairwise Ciphers (1) : CCMP
                       Authentication Suites (1) : PSK
                   IE: Unknown: 32040C121860
                   IE: Unknown: 2D1AFC181BFFFF0000000000000000000000000000000000000000000000
                   IE: Unknown: 3D160D080400000000000000000000000000000000000000000000
                   IE:                                                        Unknown:
DD750050F204104A000110104400010210 3B00010310470010D96C7EFC2F8938F1EFBD6E5148BFA81210210006697054494D
```

커널연구회(www.kernel.bz)          정재준 (rgbi3307@nate.com)

```
4510230008697054494D4541501024000A313233343536373839301042000333363010540008000600500F204000110110008
697054494D4541501008000200084103C000101
```

```
                IE: Unknown: DD090010180202F02C0000

                IE: Unknown: DD180050F2020101000003A4000027A4000042435E0062322F00

        Cell 11 - Address: F8:97:CF:00:01:35

                Channel:6

                Frequency:2.437 GHz (Channel 6)

                Quality=16/70  Signal level=-94 dBm

                Encryption key:off

                ESSID:"Galmate"

                Bit Rates:1 Mb/s; 2 Mb/s; 5.5 Mb/s; 11 Mb/s; 9 Mb/s
                          18 Mb/s; 36 Mb/s; 54 Mb/s

                Bit Rates:6 Mb/s; 12 Mb/s; 24 Mb/s; 48 Mb/s

                Mode:Master

                Extra:tsf=0000036f765bc158

                Extra: Last beacon: 670ms ago

                IE: Unknown: 000747616C6D617465

                IE: Unknown: 010882848B961224486C

                IE: Unknown: 030106

                IE: Unknown: 32040C183060

                IE: Unknown: 33082001020304050607

                IE: Unknown: 33082105060708090A0B

                IE: Unknown: 050400010000

                IE: Unknown: 2A0100

                IE: Unknown: 2D1AEE1117FFFF0000010000000000000000000000000000C0000000000

                IE: Unknown: 3D1606050100000000000000000000000000000000000000000

                IE: Unknown: DD180050F2020101000003A4000027A4000042435E0062322F00

                IE: Unknown: 0B0500002D127A

                IE: Unknown: DD07000C4307000000

        Cell 12 - Address: 00:1F:1F:0C:24:0C

                Channel:5

                Frequency:2.432 GHz (Channel 5)

                Quality=12/70  Signal level=-98 dBm

                Encryption key:on

                ESSID:"handyict"

                Bit Rates:1 Mb/s; 2 Mb/s; 5.5 Mb/s; 11 Mb/s; 9 Mb/s
```

커널연구회(www.kernel.bz)      정재준 (rgbi3307@nate.com)

```
                          18 Mb/s; 36 Mb/s; 54 Mb/s
                 Bit Rates:6 Mb/s; 12 Mb/s; 24 Mb/s; 48 Mb/s
                 Mode:Master
                 Extra:tsf=0000036f734db0a6
                 Extra: Last beacon: 30ms ago
                 IE: Unknown: 000868616E6479696374
                 IE: Unknown: 010882848B961224486C
                 IE: Unknown: 030105
                 IE: Unknown: 2A0104
                 IE: Unknown: 32040C183060
                 IE: Unknown: 2D1AEE1117FFFF000001000000000000000000000000C0000000000
                 IE: Unknown: 3D1605050000000000000000000000000000000000000000000
                 IE: Unknown: 3E0100
                 IE: WPA Version 1
                     Group Cipher : CCMP
                     Pairwise Ciphers (1) : CCMP
                     Authentication Suites (1) : PSK
                 IE: Unknown: DD180050F2020101000003A4000027A4000042435E0062322F00
                 IE: Unknown: 7F0101
                 IE: Unknown: DD07000C4304000000
                 IE: Unknown: 07064B5220010D10
                 IE: Unknown: DD1E00904C33EE1117FFFF000001000000000000000000000000000C0000000000
                 IE: Unknown: DD1A00904C34050500000000000000000000000000000000000000000000
         Cell 13 - Address: 60:C5:A8:60:CE:33
                 Channel:8
                 Frequency:2.447 GHz (Channel 8)
                 Quality=12/70  Signal level- 90 dBm
                 Encryption key:on
                 ESSID:"nsok_618127"
                 Bit Rates:1 Mb/s; 2 Mb/s; 5.5 Mb/s; 6 Mb/s; 9 Mb/s
                           11 Mb/s; 12 Mb/s; 18 Mb/s
                 Bit Rates:24 Mb/s; 36 Mb/s; 48 Mb/s; 54 Mb/s
                 Mode:Master
                 Extra:tsf=00000760ac9f62e4
                 Extra: Last beacon: 440ms ago
                 IE: Unknown: 000B6E736F6B5F363138313237
```

커널연구회(www.kernel.bz)                  정재준 (rgbi3307@nate.com)

```
IE: Unknown: 010882848B0C12961824

IE: Unknown: 030108

IE: Unknown: 050400010000

IE: Unknown: 0706555320010B1B

IE: Unknown: 2A0100

IE: Unknown: 32043048606C

IE: Unknown: 2D1A2C0001FF0000000000000000000000000000000000000000000

IE: Unknown: 3D160800000000000000000000000000000000000000000000

IE: IEEE 802.11i/WPA2 Version 1

    Group Cipher : CCMP

    Pairwise Ciphers (1) : CCMP

    Authentication Suites (1) : PSK

IE: Unknown: DD180050F2020101000007A4000002A4000002435E0002322F00
```

/etc/network/interfaces 파일의 wlan0 부분을 다음과 같이 편집한다.

```
#auto wlan0

#allow-hotplug wlan0

iface wlan0 inet manual

wpa-roam /etc/wpa_supplicant/wpa_supplicant.conf

iface default inet dhcp
```

/etc/wpa_supplicant/wpa_supplicant.conf 파일을 다음과 같이 편집한다.

```
ctrl_interface=DIR=/var/run/wpa_supplicant GROUP=netdev

update_config=1

ap_scan=1

network={

        ssid="whitecoffie"

        psk="passwd"

        key_mgmt=WPA-PSK

        proto=RSN WPA

        pairwise=CCMP TKIP

        group=CCMP TKIP

}
```

커널연구회(www.kernel.bz)        정재준 (rgbi3307@nate.com)

WiFi AP로부터 DHCP IP를 받아오기 위해서 udhcpc 실행 설정 스크립트 파일을 다음과 같이 작성한후 실행권한을 부여한다.

### /usr/share/udhcpc/default.script

```sh
#!/bin/sh
# Sample udhcpc renew script

RESOLV_CONF="/etc/resolv.conf"

[ -n "$broadcast" ] && BROADCAST="broadcast $broadcast"
[ -n "$subnet" ] && NETMASK="netmask $subnet"

/sbin/ifconfig $interface $ip $BROADCAST $NETMASK

if [ -n "$router" ]
then
        echo "deleting routers"
        while /sbin/route del default gw 0.0.0.0 dev $interface
        do :
        done

        metric=0
        for i in $router
        do
                /sbin/route add default gw $i dev $interface metric $((metric++))
        done
fi

echo -n > $RESOLV_CONF
[ -n "$domain" ] && echo domain $domain >> $RESOLV_CONF
for i in $dns
do
        echo adding dns $i
        echo nameserver $i >> $RESOLV_CONF
```

커널연구회(www.kernel.bz)                 정재준 (rgbi3307@nate.com)

```
done
```

위에서 필자의 사무실에 있는 AP는 ESSID:"whitecoffie" 이므로 여기에 다음과 같은 스크립트를 작성하여 접속하도록 하자.

### wpa1.conf_WPA

```
ctrl_interface=/var/run/wpa_supplicant
ap_scan=1   #hidden
network={
        ssid="whitecoffie"
        psk="passwd"
        key_mgmt=WPA-PSK
        proto=RSN WPA
        pairwise=CCMP TKIP
        group=CCMP TKIP
}
```

wpa_supplicant와 udhcpc를 아래와 같이 실행하여 WiFi AP에서 IP 정보를 받아온다.

```
#!/bin/bash
killall wpa_supplicant
sleep 1
wpa_supplicant -D wext -i wlan0 -c wpa1.conf_WPA -B
sleep 1
udhcpc -n -i wlan0 -s /usr/share/udhcpc/default.script
```

위의 스크립트 파일을 실행할 때 다음과 같이 경고 메시지가 나타나도 WiFi 접속에는 문제가 없다.

ioctl[SIOCSIWAP]: Operation not permitted

ioctl[SIOCSIWENCODEEXT]: Invalid argument

ioctl[SIOCSIWENCODEEXT]: Invalid argument

또다른 방법으로는 다음과 같이 wpa_cli를 실행하여 접속정보를 설정해서 udhcpc로 IP를 받아오는 방법이 있다.

커널연구회(www.kernel.bz)             정재준 ( rgbi3307@nate.com )

```
#!/bin/bash

wpa_supplicant -i wlan0 -D wext -B -C /var/run/wpa_supplicant

wpa_cli -p /var/run/wpa_supplicant add_network 0
wpa_cli -p /var/run/wpa_supplicant select_network 0
wpa_cli -p /var/run/wpa_supplicant set_network 0 ssid '"whitecoffie"'
wpa_cli -p /var/run/wpa_supplicant set_network 0 psk '"passwd"'
wpa_cli -p /var/run/wpa_supplicant set_network 0 scan_ssid 1
wpa_cli -p /var/run/wpa_supplicant set_network 0 proto RSN WPA
wpa_cli -p /var/run/wpa_supplicant set_network 0 key_mgmt WPA-PSK
wpa_cli -p /var/run/wpa_supplicant set_network 0 pairwise CCMP TKIP
wpa_cli -p /var/run/wpa_supplicant set_network 0 group CCMP TKIP
wpa_cli -p /var/run/wpa_supplicant ap_scan 1
wpa_cli -p /var/run/wpa_supplicant enable_network 0

sleep 1

udhcpc -n -i wlan0 -s /usr/share/udhcpc/default.script
```

또 다른 방법으로 다음과 같이 ifup 명령으로도 wlan0에 IP가 할당된다.

```
# ifup wlan0
```

ifconfig를 하여 wlan0 노드에 다음과 같이 IP와 route 정보가 할당되면 WiFi 무선통신이
성공적으로 연결된 것이다.

```
# ifconfig
wlan0     Link encap:Ethernet  HWaddr 64:e5:99:f8:da:13
          inet addr:192.168.0.49  Bcast:192.168.0.255  Mask:255.255.255.0
          inet6 addr: fe80::2456:6201:a9f1:5edf/64 Scope:Link
          UP BROADCAST RUNNING MULTICAST  MTU:1500  Metric:1
          RX packets:30 errors:0 dropped:4 overruns:0 frame:0
```

커널연구회(www.kernel.bz)                                           정재준 (rgbi3307@nate.com)

```
TX packets:33 errors:0 dropped:2 overruns:0 carrier:0
collisions:0 txqueuelen:1000
RX bytes:12618 (12.3 KiB)  TX bytes:6992 (6.8 KiB)
```

## 4.3.3 Host AP 설정

앞의 내용들은 WiFi 모듈이 Client로 동작하도록 설정한 것이다. 지금부터 기술하는 내용은 WiFi 모듈이 Host AP로 동작하도록 라즈베리파이에 설정하는 방법들에 대해서 정리한다.

먼저 네트워크 인터페이스 파일(/etc/network/interfaces)을 다음과 같이 편집하여 저장한다.

**/etc/network/interfaces**

```
auto lo
iface lo inet loopback

auto eth0
#allow-hotplug eth0
#iface eth0 inet manual
iface eth0 inet static
address 192.168.100.6
netmask 255.255.255.0
network 192.168.100.0
broadcast 192.168.100.255
gateway 192.168.100.1
dns-nameservers 168.126.63.1 168.126.63.2

#iface wlan0 inet manual
#wpa-roam /etc/wpa_supplicant/wpa_supplicant.conf
#iface default inet dhcp

allow-hotplug wlan0
iface wlan0 inet static
address 10.20.0.1
netmask 255.255.255.0
```

커널연구회(www.kernel.bz)                            정재준 (rgbi3307@nate.com)

```
network 10.20.0.0
broadcast 10.20.0.255


iface default inet dhcp


#allow-hotplug wlan1
#iface wlan1 inet manual
#wpa-conf /etc/wpa_supplicant/wpa_supplicant.conf
```

먼저 현재 WiFi 모듈이 AP 모드를 지원하는지 알아보기 위해서 다음과 같이 iw 패키지를 apt-get으로 설치한다.

```
# apt-get install iw
```

```
Reading package lists... Done
Building dependency tree
Reading state information... Done
The following extra packages will be installed:
  crda wireless-regdb
The following NEW packages will be installed:
  crda iw wireless-regdb
0 upgraded, 3 newly installed, 0 to remove and 1 not upgraded.
Need to get 121 kB of archives.
After this operation, 413 kB of additional disk space will be used.
Do you want to continue? [Y/n]
Get:1 http://mirrordirector.raspbian.org/raspbian/  jessie/main  wireless-regdb  all  2014.11.18-1
[7,324 B]
Get:2 http://mirrordirector.raspbian.org/raspbian/ jessie/main iw armhf 3.17-1 [55.2 kB]
Get:3 http://mirrordirector.raspbian.org/raspbian/ jessie/main crda armhf 3.13-1 [58.7 kB]
Fetched 121 kB in 1s (63.6 kB/s)
Selecting previously unselected package wireless-regdb.
(Reading database ... 120387 files and directories currently installed.)
Preparing to unpack .../wireless-regdb_2014.11.18-1_all.deb ...
Unpacking wireless-regdb (2014.11.18-1) ...
```

커널연구회(www.kernel.bz)                              정재준 (rgbi3307@nate.com)

```
Selecting previously unselected package iw.
Preparing to unpack .../archives/iw_3.17-1_armhf.deb ...
Unpacking iw (3.17-1) ...
Selecting previously unselected package crda.
Preparing to unpack .../archives/crda_3.13-1_armhf.deb ...
Unpacking crda (3.13-1) ...
Processing triggers for man-db (2.7.0.2-5) ...
Setting up wireless-regdb (2014.11.18-1) ...
Setting up iw (3.17-1) ...
Setting up crda (3.13-1) ...
```

이제 hostapd을 설치하자.  hostapd는 wireless access point와 서버 인증을 위한 사용자 데몬이다.
hostapd 패키지를 다음과 같이 설치한다.

```
# apt-get install hostapd
```

다음과 같이 설치 된다.

```
Reading package lists... Done
Building dependency tree
Reading state information... Done
The following extra packages will be installed:
  libnl-route-3-200
The following NEW packages will be installed:
  hostapd libnl-route-3-200
0 upgraded, 2 newly installed, 0 to remove and 1 not upgraded.
Need to get 558 kB of archives.
After this operation, 1,471 kB of additional disk space will be used.
Do you want to continue? [Y/n]
Get:1 http://mirrordirector.raspbian.org/raspbian/ jessie/main libnl-route-3-200 armhf 3.2.24-2
[99.5 kB]
Get:2 http://mirrordirector.raspbian.org/raspbian/ jessie/main hostapd armhf 1:2.3-1+deb8u1 [459 kB]
Fetched 558 kB in 2s (241 kB/s)
Selecting previously unselected package libnl-route-3-200:armhf.
(Reading database ... 120419 files and directories currently installed.)
```

커널연구회(www.kernel.bz)　　　　　　　　　　　정재준 (rgbi3307@nate.com)

```
Preparing to unpack .../libnl-route-3-200_3.2.24-2_armhf.deb ...

Unpacking libnl-route-3-200:armhf (3.2.24-2) ...

Selecting previously unselected package hostapd.

Preparing to unpack .../hostapd_1%3a2.3-1+deb8u1_armhf.deb ...

Unpacking hostapd (1:2.3-1+deb8u1) ...

Processing triggers for man-db (2.7.0.2-5) ...

Processing triggers for systemd (215-17+deb8u2) ...

Setting up libnl-route-3-200:armhf (3.2.24-2) ...

Setting up hostapd (1:2.3-1+deb8u1) ...

Processing triggers for libc-bin (2.19-18+deb8u1) ...

Processing triggers for systemd (215-17+deb8u2) ...
```

라즈베리파이용 hostapd을 다운로드 받기 위해서 기존의 hostapd는 다음과 같이 백업해 둔다.

```
# cd /usr/sbin/
# mv hostapd hostapd.bak
```

라즈베리파이용 hostapd을 다음과 같이 다운로드 받는다.

```
# wget http://adafruit-download.s3.amazonaws.com/adafruit_hostapd_14128.zip
// wget http://dl.dropbox.com/u/1663660/hostapd/hostapd


--2015-10-30 19:33:39--  http://dl.dropbox.com/u/1663660/hostapd/hostapd

Resolving dl.dropbox.com (dl.dropbox.com)... 45.58.74.6, 45.58.74.38

Connecting to dl.dropbox.com (dl.dropbox.com)|45.58.74.6|:80... connected.

HTTP request sent, awaiting response... 302 FOUND

Location: http://dl.dropboxusercontent.com/u/1663660/hostapd/hostapd [following]

--2015-10-30 19:33:39--  http://dl.dropboxusercontent.com/u/1663660/hostapd/hostapd

Resolving dl.dropboxusercontent.com (dl.dropboxusercontent.com)... 199.47.217.101, 199.47.217.69

Connecting to dl.dropboxusercontent.com (dl.dropboxusercontent.com)|199.47.217.101|:80... connected.

HTTP request sent, awaiting response... 302 FOUND

Location: https://dl.dropboxusercontent.com/u/1663660/hostapd/hostapd [following]

--2015-10-30 19:33:40--  https://dl.dropboxusercontent.com/u/1663660/hostapd/hostapd

Connecting    to    dl.dropboxusercontent.com    (dl.dropboxusercontent.com)|199.47.217.101|:443...
```

커널연구회(www.kernel.bz)                   정재준 (rgbi3307@nate.com)

```
connected.
HTTP request sent, awaiting response... 200 OK
Length: 1678724 (1.6M) [application/octet-stream]
Saving to: 'hostapd'


hostapd              100%[====================>]    1.60M    407KB/s    in 4.0s


2015-10-30 19:33:45 (407 KB/s) - 'hostapd'  saved [1678724/1678724]
```

다운로드 받은 hostapd에 실행권한을 부여하고 /usr/sbin 경로에 복사한다.

```
root@RAZIG:/usr/sbin# ll hostapd*
-rw-r--r-- 1 root root 1678724 Oct 30 19:33 hostapd
-rwxr-xr-x 1 root root 1011492 Apr 25  2015 hostapd.bak
-rwxr-xr-x 1 root root   46756 Apr 25  2015 hostapd_cli
root@RAZIG:/usr/sbin# chmod 755 hostapd
```

/etc/hostapd 경로 이동하여 hostapd.conf 파일을 만들고 vi 편집기로 다음과 같이 hostapd.conf 환경설정 파일을 편집한다.

**/etc/hostapd/hostapd.conf**

```
interface=wlan0
##bridge=br0
#driver=nl80211
driver=rtl871xdrv
ssid=WhiteSpider
hw_mode=g
channel=7
wpa=3
wpa_passphrase=ilovespider
wpa_key_mgmt=WPA-PSK
wpa_pairwise=CCMP
rsn_pairwise=CCMP
```

다음으로 /etc/default/hostapd 파일을 vi 편집기로 열어서 위의 hostapd.conf 파일을 다음과 같이

커널연구회(www.kernel.bz)        정재준 (rgbi3307@nate.com)

등록한다.

```
# vi /etc/default/hostapd
```

### /etc/default/hostapd

```
DAEMON_CONF="/etc/hostapd/hostapd.conf"
```

iptables 패키지을 다음과 같이 설치한다.

```
# apt-get install iptables
```

이미 설치되어 있다.

```
Reading package lists... Done
Building dependency tree
Reading state information... Done
iptables is already the newest version.
0 upgraded, 0 newly installed, 0 to remove and 1 not upgraded.
```

iptables이 다음과 같이 실행되는지 확인한다.

```
# iptables -L

Chain INPUT (policy ACCEPT)
target     prot opt source              destination

Chain FORWARD (policy ACCEPT)
target     prot opt source              destination

Chain OUTPUT (policy ACCEPT)
```

커널연구회(www.kernel.bz)          정재준 (rgbi3307@nate.com)

```
target      prot opt source              destination
```

다음으로 DHCP 서버를 설치한다. DHCP(Dynamic Host Configuration Protocol) 네트워크 서비스는 클라이언트가 Host로부터 자동으로 IP을 받을 수 있도록 서비스해준다.

```
# apt-get install isc-dhcp-server
```

다음과 같이 설치된다.

```
Reading package lists... Done
Building dependency tree
Reading state information... Done
Suggested packages:
  isc-dhcp-server-ldap
The following NEW packages will be installed:
  isc-dhcp-server
0 upgraded, 1 newly installed, 0 to remove and 1 not upgraded.
Need to get 350 kB of archives.
After this operation, 795 kB of additional disk space will be used.
Get:1 http://mirrordirector.raspbian.org/raspbian/ jessie/main isc-dhcp-server armhf 4.3.1-6 [350
kB]
Fetched 350 kB in 1s (191 kB/s)
Preconfiguring packages ...
Selecting previously unselected package isc-dhcp-server.
(Reading database ... 120449 files and directories currently installed.)
Preparing to unpack .../isc-dhcp-server_4.3.1-6_armhf.deb ...
Unpacking isc-dhcp-server (4.3.1-6) ...
Processing triggers for man-db (2.7.0.2-5) ...
Processing triggers for systemd (215-17+deb8u2) ...
Setting up isc-dhcp-server (4.3.1-6) ...
Generating /etc/default/isc-dhcp-server...
Job for isc-dhcp-server.service failed. See 'systemctl status isc-dhcp-server.service' and
'journalctl -xn' for details.
invoke-rc.d: initscript isc-dhcp-server, action "start" failed.
Processing triggers for systemd (215-17+deb8u2) ...
```

커널연구회(www.kernel.bz)        정재준 (rgbi3307@nate.com)

다음으로 /etc/dhcp 경로로 이동하여 기존의 dhcpd.conf 파일은 다음과 같이 백업하고
dhcpd.conf 파일을 새롭게 편집한다.

```
# mv dhcpd.conf dhcpd.conf.bak
# vi dhcpd.conf
```

**/etc/dhcp/dhcpd.conf**

```
ddns-update-style none;
#ignore client-updates;

default-lease-time 600;
max-lease-time 7200;

authoritative;
log-facility local7;

#option subnet-mask 255.255.255.0;
#option broadcast-address 10.20.0.255;
#option routers 10.20.0.1;
#option domain-name-servers 8.8.8.8, 168.126.63.1;
##option domain-name "razig.kernel.bz";

subnet 10.20.0.0 netmask 255.255.255.0 {
range 10.20.0.3 10.20.0.200;
#range 10.20.0.201 10.20.0.240;
option routers 10.20.0.1;
option subnet-mask 255.255.255.0;
option broadcast-address 10.0.0.254;
option domain-name-servers 10.20.0.1, 168.126.63.1;
default-lease-time 600;
max-lease-time 7200;
}
```

vi 편집기로 /etc/default/isc-dhcp-server 파일을 열어서 아래 사항을 추가한다.

## /etc/default/isc-dhcp-server

```
INTERFACES="wlan0"
```

Host AP을 실행하는 스크립트를 다음과 같이 작성한다.

## /root/hostapd_run.sh

```bash
#!/bin/bash

#/etc/init.d/NetworkManager stop
#killall NetworkManager

killall hostapd
sleep 1

killall dhcpd
sleep 1

#ifconfig wlan0 down
#ifconfig wlan0 10.20.0.1 up

echo 1 > /proc/sys/net/ipv4/ip_forward
#iptables -t nat -A POSTROUTING -s 10.20.0.0/24 -o eth0 -j MASQUERADE

iptables -t nat -A POSTROUTING -o eth0 -j MASQUERADE
iptables -A FORWARD -i eth0 -o wlan0 -m state --state RELATED,ESTABLISHED -j ACCEPT
iptables -A FORWARD -i wlan0 -o eth0 -j ACCEPT

sleep 1

hostapd -B /etc/hostapd/hostapd.conf
#hostapd -d /etc/hostapd/hostapd.conf
```

커널연구회(www.kernel.bz)        정재준 (rgbi3307@nate.com)

```
sleep 1
killall "dhcpd"

sleep 2

dhcpd -cf /etc/dhcp/dhcpd.conf wlan0 start

#killall NetworkManager
```

지금까지 설정들이 제대로 되었다면, **hostapd_run.sh** 스크립트를 다음과 같이 실행한다.

```
# ./hostapd_run.sh
```

아래와 같은 메시지들이 출력되면서 실행된다.

```
Configuration file: /etc/hostapd/hostapd.conf
drv->ifindex=3
l2_sock_recv==l2_sock_xmit=0x0x1433638
+rtl871x_sta_deauth_ops, ff:ff:ff:ff:ff:ff is deauth, reason=2
rtl871x_set_key_ops
rtl871x_set_key_ops
rtl871x_set_key_ops
rtl871x_set_key_ops
Using interface wlan0 with hwaddr 90:9f:33:eb:6a:f5 and ssid 'WhiteSpider'
rtl871x_set_wps_assoc_resp_ie
rtl871x_set_wps_beacon_ie
rtl871x_set_wps_probe_resp_ie
rtl871x_set_key_ops
rtl871x_set_beacon_ops
rtl871x_set_hidden_ssid ignore_broadcast_ssid:0, WhiteSpider,11
rtl871x_set_acl
Internet Systems Consortium DHCP Server 4.3.1
Copyright 2004-2014 Internet Systems Consortium.
All rights reserved.
For info, please visit https://www.isc.org/software/dhcp/
```

커널연구회(www.kernel.bz)        정재준 (rgbi3307@nate.com)

```
Config file: /etc/dhcp/dhcpd.conf

Database file: /var/lib/dhcp/dhcpd.leases

PID file: /var/run/dhcpd.pid

Wrote 4 leases to leases file.


No subnet declaration for start (no IPv4 addresses).

** Ignoring requests on start.  If this is not what

   you want, please write a subnet declaration

   in your dhcpd.conf file for the network segment

   to which interface start is attached. **


Listening on LPF/wlan0/90:9f:33:eb:6a:f5/10.20.0.0/24

Sending on   LPF/wlan0/90:9f:33:eb:6a:f5/10.20.0.0/24

Sending on   Socket/fallback/fallback-net
```

위의 스크립트를 실행한 후, 네트워크가 아래와 같이 설정되는지 확인한다.

```
# ifconfig


eth0      Link encap:Ethernet  HWaddr b8:27:eb:80:59:8b

          inet addr:192.168.100.6  Bcast:192.168.100.255  Mask:255.255.255.0

          inet6 addr: fe80::ba27:ebff:fe80:598b/64 Scope:Link

          UP BROADCAST RUNNING MULTICAST  MTU:1500  Metric:1

          RX packets:513 errors:0 dropped:0 overruns:0 frame:0

          TX packets:464 errors:0 dropped:0 overruns:0 carrier:0

          collisions:0 txqueuelen:1000

          RX bytes:39461 (38.5 KiB)  TX bytes:68162 (66.5 KiB)


lo        Link encap:Local Loopback

          inet addr:127.0.0.1  Mask:255.0.0.0

          inet6 addr: ::1/128 Scope:Host

          UP LOOPBACK RUNNING  MTU:65536  Metric:1

          RX packets:8 errors:0 dropped:0 overruns:0 frame:0

          TX packets:8 errors:0 dropped:0 overruns:0 carrier:0

          collisions:0 txqueuelen:0

          RX bytes:544 (544.0 B)  TX bytes:544 (544.0 B)
```

```
wlan0      Link encap:Ethernet  HWaddr 00:e0:4c:00:90:ee

           inet addr:10.20.0.1  Bcast:10.20.0.255  Mask:255.255.255.0

           inet6 addr: fe80::6ad0:f157:68c6:53f1/64 Scope:Link

           UP BROADCAST RUNNING MULTICAST  MTU:1500  Metric:1

           RX packets:298 errors:0 dropped:0 overruns:0 frame:0

           TX packets:150 errors:0 dropped:7 overruns:0 carrier:0

           collisions:0 txqueuelen:1000

           RX bytes:41492 (40.5 KiB)  TX bytes:22115 (21.5 KiB)


# route


Kernel IP routing table
Destination     Gateway         Genmask         Flags Metric Ref    Use Iface
default         192.168.100.1   0.0.0.0         UG    0      0        0 eth0
10.20.0.0       *               255.255.255.0   U     0      0        0 wlan0
link-local      *               255.255.0.0     U     202    0        0 eth0
link-local      *               255.255.0.0     U     303    0        0 wlan0
192.168.100.0   *               255.255.255.0   U     0      0        0 eth0
```

커널연구회(www.kernel.bz)                              정재준 (rgbi3307@nate.com)

# 4.4 카메라 모듈 포팅

## 4.4.1 설치하기

카메라모듈을 라즈베리파이2 보드에 장착한후, apt-get update 실행

```
root@RAZIG:/# apt-get update
Get:1 http://mirrordirector.raspbian.org jessie InRelease [15.0 kB]
Get:2 http://archive.raspberrypi.org jessie InRelease [13.3 kB]
Get:3 http://mirrordirector.raspbian.org jessie/main armhf Packages [8,961 kB]
Get:4 http://archive.raspberrypi.org jessie/main Sources [26.2 kB]
Hit http://archive.raspberrypi.org jessie/ui Sources
Get:5 http://archive.raspberrypi.org jessie/main armhf Packages [67.4 kB]
Hit http://archive.raspberrypi.org jessie/ui armhf Packages
Ign http://archive.raspberrypi.org jessie/main Translation-en_US
Ign http://archive.raspberrypi.org jessie/main Translation-en
Ign http://archive.raspberrypi.org jessie/ui Translation-en_US
Ign http://archive.raspberrypi.org jessie/ui Translation-en
Get:6 http://mirrordirector.raspbian.org jessie/contrib armhf Packages [37.5 kB]
Get:7 http://mirrordirector.raspbian.org jessie/non-free armhf Packages [70.2 kB]
Get:8 http://mirrordirector.raspbian.org jessie/rpi armhf Packages [1,356 B]
Ign http://mirrordirector.raspbian.org jessie/contrib Translation-en_US
Ign http://mirrordirector.raspbian.org jessie/contrib Translation-en
Ign http://mirrordirector.raspbian.org jessie/main Translation-en_US
Ign http://mirrordirector.raspbian.org jessie/main Translation-en
Ign http://mirrordirector.raspbian.org jessie/non-free Translation-en_US
Ign http://mirrordirector.raspbian.org jessie/non-free Translation-en
Ign http://mirrordirector.raspbian.org jessie/rpi Translation-en_US
Ign http://mirrordirector.raspbian.org jessie/rpi Translation-en
Fetched 9,192 kB in 1min 27s (105 kB/s)
Reading package lists... Done
```

apt-get upgrade 실행

```
root@RAZIG:/# apt-get upgrade
```

커널연구회(www.kernel.bz)　　　　　　　　　　　정재준 (rgbi3307@nate.com)

```
Reading package lists... Done

Building dependency tree

Reading state information... Done

Calculating upgrade... Done

The following packages have been kept back:

  raspberrypi-ui-mods

The following packages will be upgraded:

  unzip

1 upgraded, 0 newly installed, 0 to remove and 1 not upgraded.

Need to get 142 kB of archives.

After this operation, 0 B of additional disk space will be used.

Do you want to continue? [Y/n]

Get:1 http://mirrordirector.raspbian.org/raspbian/ jessie/main unzip armhf 6.0-16+deb8u1 [142 kB]

Fetched 142 kB in 1s (97.9 kB/s)

(Reading database ... 125053 files and directories currently installed.)

Preparing to unpack .../unzip_6.0-16+deb8u1_armhf.deb ...

Unpacking unzip (6.0-16+deb8u1) over (6.0-16) ...

Processing triggers for man-db (2.7.0.2-5) ...

Processing triggers for mime-support (3.58) ...

Setting up unzip (6.0-16+deb8u1) ...
```

raspi-config 실행

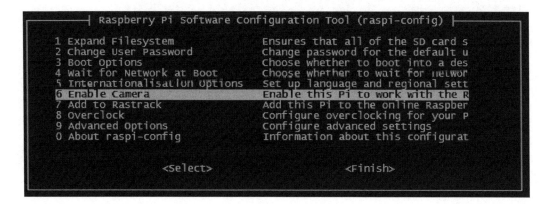

커널연구회(www.kernel.bz)          정재준 (rgbi3307@nate.com)

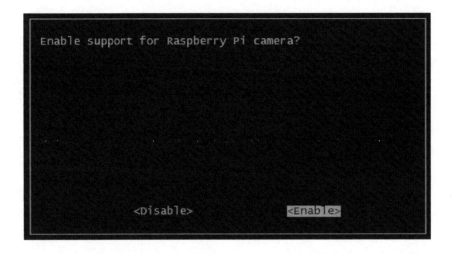

Finish 하여 재부팅

## 4.4.2 실행하기

**raspistill 옵션들**

```
# raspistill

raspistill Camera App v1.3.8

Runs camera for specific time, and take JPG capture at end if requested
```

```
usage: raspistill [options]


Image parameter commands


-?, --help      : This help information
-w, --width     : Set image width <size>
-h, --height    : Set image height <size>
-q, --quality   : Set jpeg quality <0 to 100>
-r, --raw       : Add raw bayer data to jpeg metadata
-o, --output    : Output filename <filename> (to write to stdout, use '-o -'). If not specified, no
file is saved
-l, --latest    : Link latest complete image to filename <filename>
-v, --verbose   : Output verbose information during run
-t, --timeout   : Time (in ms) before takes picture and shuts down (if not specified, set to 5s)
-th, --thumb    : Set thumbnail parameters (x:y:quality) or none
-d, --demo      : Run a demo mode (cycle through range of camera options, no capture)
-e, --encoding  : Encoding to use for output file (jpg, bmp, gif, png)
-x, --exif      : EXIF tag to apply to captures (format as 'key=value') or none
-tl, --timelapse    : Timelapse mode. Takes a picture every <t>ms
-fp, --fullpreview  : Run the preview using the still capture resolution (may reduce preview
fps)
-k, --keypress  : Wait between captures for a ENTER, X then ENTER to exit
-s, --signal    : Wait between captures for a SIGUSR1 from another process
-g, --gl        : Draw preview to texture instead of using video render component
-gc, --glcapture    : Capture the GL frame-buffer instead of the camera image
-set, --settings    : Retrieve camera settings and write to stdout
-cs, --camselect    : Select camera <number>. Default 0
-bm, --burst    : Enable 'burst capture mode'
-md, --mode     : Force sensor mode. 0=auto. See docs for other modes available
-dt, --datetime : Replace frame number in file name with DateTime (YearMonthDayHourMinSec)
-ts, --timestamp    : Replace frame number in file name with unix timestamp (seconds since 1900)


Preview parameter commands


-p, --preview   : Preview window settings <'x,y,w,h'>
-f, --fullscreen    : Fullscreen preview mode
```

```
-op, --opacity   : Preview window opacity (0-255)
-n, --nopreview  : Do not display a preview window


Image parameter commands


-sh, --sharpness       : Set image sharpness (-100 to 100)
-co, --contrast  : Set image contrast (-100 to 100)
-br, --brightness      : Set image brightness (0 to 100)
-sa, --saturation      : Set image saturation (-100 to 100)
-ISO, --ISO    : Set capture ISO
-vs, --vstab   : Turn on video stabilisation
-ev, --ev      : Set EV compensation
-ex, --exposure : Set exposure mode (see Notes)
-awb, --awb    : Set AWB mode (see Notes)
-ifx, --imxfx  : Set image effect (see Notes)
-cfx, --colfx  : Set colour effect (U:V)
-mm, --metering : Set metering mode (see Notes)
-rot, --rotation       : Set image rotation (0-359)
-hf, --hflip   : Set horizontal flip
-vf, --vflip   : Set vertical flip
-roi, --roi    : Set region of interest (x,y,w,d as normalised coordinates [0.0-1.0])
-ss, --shutter : Set shutter speed in microseconds
-awbg, --awbgains      : Set AWB gains - AWB mode must be off
-drc, --drc    : Set DRC Level
-st, --stats   : Force recomputation of statistics on stills capture pass
-a, --annotate : Enable/Set annotate flags or text
-3d, --stereo  : Select stereoscopic mode
-dec, --decimate       : Half width/height of stereo image
-3dswap, --3dswap      : Swap camera order for stereoscopic
-ae, --annotateex      : Set extra annotation parameters (text size, text colour(hex YUV), bg
colour(hex YUV))



Notes


Exposure mode options :
```

커널연구회(www.kernel.bz)                정재준 (rgbi3307@nate.com)

```
off,auto,night,nightpreview,backlight,spotlight,sports,snow,beach,verylong,fixedfps,antishake,firewo
rks

AWB mode options :
off,auto,sun,cloud,shade,tungsten,fluorescent,incandescent,flash,horizon

Image Effect mode options :
none,negative,solarise,sketch,denoise,emboss,oilpaint,hatch,gpen,pastel,watercolour,film,blur,satura
tion,colourswap,washedout,posterise,colourpoint,colourbalance,cartoon

Metering Mode options :
average,spot,backlit,matrix

Dynamic Range Compression (DRC) options :
off,low,med,high

Preview parameter commands

-gs, --glscene   : GL scene square,teapot,mirror,yuv,sobel
-gw, --glwin     : GL window settings <'x,y,w,h'>
```

## 4.4.3 실행 문제(이슈)

카메라 모듈 설치후 실행할 때 아래와 같이 오류 메시지가 나타남.

```
$ raspistill -v
```

```
mmal: mmal_vc_component_create: failed to create component 'vc.ril.camera' (1:ENOMEM)
mmal: mmal_component_create_core: could not create component 'vc.ril.camera' (1)
mmal: Failed to create camera component
mmal: main: Failed to create camera component
mmal: Camera is not detected. Please check carefully the camera module is installed correctly
```

커널연구회(www.kernel.bz)                            정재준 (rgbi3307@nate.com)

여러가지로 테스트해본 결과 카메라 모듈이나 케이블 연결과 같은 물리적인 문제는 아니고, 소프트웨어적인 문제인 것으로 판단된다.

rpi-update 실행

```
# rpi-update
```

```
*** Raspberry Pi firmware updater by Hexxeh, enhanced by AndrewS and Dom
 *** Performing self-update
 *** Relaunching after update
 *** Raspberry Pi firmware updater by Hexxeh, enhanced by AndrewS and Dom
############################################################
This update bumps to rpi-4.1.y linux tree
Be aware there could be compatibility issues with some drivers
Discussion here:
https://www.raspberrypi.org/forums/viewtopic.php?f=29&t=113753

############################################################
 *** Downloading specific firmware revision (this will take a few minutes)
  % Total    % Received % Xferd  Average Speed   Time    Time     Time  Current
                                 Dload  Upload   Total   Spent    Left  Speed
100   168    0   168    0     0    164      0 --:--:--  0:00:01 --:--:--   164
100 48.2M  100 48.2M    0     0   219k      0  0:03:45  0:03:45 --:--:--  395k
 *** Updating firmware
 *** Updating kernel modules
 *** depmod 4.1.13+
 *** depmod 4.1.13-v7+
 *** Updating VideoCore libraries
 *** Using HardFP libraries
 *** Updating SDK
 *** Running ldconfig
 *** Storing current firmware revision
 *** Deleting downloaded files
 *** Syncing changes to disk
 ***   If   no   errors   appeared,   your   firmware   was   successfully   updated   to
e88a861ab83079992517e908edb23e3ac5698c4c
```

커널연구회(www.kernel.bz)      정재준 (rgbi3307@nate.com)

```
*** A reboot is needed to activate the new firmware
```

재부팅 후 버전 확인

```
# vcgencmd version

Nov 11 2015 21:36:20
Copyright (c) 2012 Broadcom
version 54011a8ad59a9ae1c40bd07cddd9bcf90e779b66 (clean) (release)
```

그래도 안된다. I2C 설정후 안되는 것 같다.  raspi-config 을 실행하여 I2C 모듈을 <Disable>
하여 재부팅하면 카메라가 된다.  그런다음 I2C 모듈을 다시 <Enable>해도 카메라는 된다.  I2C
설정 과정에서 카메라 모듈에 영향을 준듯 하다. (원인은 분석중...)

**/boot/config.txt**

```
//dtparam=i2c0=on   //i2c0 을 on 하면 카메라 모듈과 충돌이 생긴다.
//dtparam=i2c1=on
dtparam=i2c=on   //dev/i2c-1
dtparam=i2c_arm=on
```

## 4.4.4 실행 명령

화면을 270 도 회전하여 10 초간 출력, 출력 좌표는 x=0, y=0, w=800, h=600

```
$ raspistill -v -rot 270 -t 10000 -p 0,0,800,600
```

동영상 녹화는 raspivid 사용

```
//Image size and preview settings are the same as for stills capture.
//Default size for video recording is 1080p (1920x1080)
```

커널연구회(www.kernel.bz)                                          정재준 (rgbi3307@nate.com)

```
//Record a 5s clip with default settings (1080p30)
$ raspivid -t 5000 -o video.h264

//Record a 5s clip at a specified bitrate (3.5MBits/s)
$ raspivid -t 5000 -o video.h264 -b 3500000

//Record a 5s clip at a specified framerate (5fps)
$ raspivid -t 5000 -o video.h264 -f 5

//Encode a 5s camera stream and send image data to stdout
$ raspivid -t 5000 -o -

//Encode a 5s camera stream and send image data to file
$ raspivid -t 5000 -o - > my_file.h264
```

Raspivid 프로그램을 사용하여 카메라 영상을 저장하면 h264 파일 형식으로 저장되므로 좀더
일반적인 mp4 파일로 변환하기 위해서 아래와 같은 패키지들을 설치한다.

```
# apt-get install software-properties-common python-software-properties
//Error: 라즈베리파이을 위한 보관소에는 없음.

# add-apt-repository ppa:mc3man/trusty-media

# apt-get update

# apt-get install ffmpeg gstreamer0.10-ffmpeg
//Error: 라즈베리파이을 위한 패키지 없음
```

라즈베리파이 보드에서 동작하는 ffmpeg 을 설치하기 위하여 다음과 같이 작업 진행한다.

## Lame mp3 인코더 설치

```
# wget http://downloads.sourceforge.net/project/lame/lame/3.99/lame-3.99.tar.gz

# tar xvzf lame-3.99.tar.gz
```

커널연구회(www.kernel.bz)                              정재준 (rgbi3307@nate.com)

```
# cd lame-3.99

# ./configure

# make

# make install
```

## X264 패키지 빌드 및 설치

```
# git clone git://git.videolan.org/x264
# cd x264
# ./configure --host=arm-unknown-linux-gnueabi --enable-static --disable-opencl
# make
# make install
```

아래 경로에 설치가 된다.

```
install -d /usr/local/bin
install x264 /usr/local/bin
install -d /usr/local/include
install -d /usr/local/lib
install -d /usr/local/lib/pkgconfig
install -m 644 ./x264.h /usr/local/include
install -m 644 x264_config.h /usr/local/include
install -m 644 x264.pc /usr/local/lib/pkgconfig
install -m 644 libx264.a /usr/local/lib
ranlib /usr/local/lib/libx264.a
```

## ffmpeg 패키지 빌드 및 설치

```
# git clone git://source.ffmpeg.org/ffmpeg.git
# cd ffmpeg
# ./configure --arch=armel --target-os=linux --enable-gpl --enable-libx264 --enable-nonfree
# make
# make install
```

아래 경로에 설치가 된다.

```
/usr/local/bin/ffmpeg
/usr/local/share/ffmpeg
```

## H264을 mp4로 변환

```
# ffmpeg -r 30 -i video_in.h264 -vcodec copy video_out.mp4
```

## 4.4.5 웹스트리밍

카메라 영상을 웹에서 볼 수 있는 웹스트리밍을 포팅한다. 먼저 motion 프로그램을 설치해보자. motion 은 리눅스용으로 개발된 mjpeg 스트리밍 프로그램으로 카메라에 움직임이 포착될 때 사진을 저장하는 기능이 있다. 아래와 같이 apt-get update 을 먼저 실행한후 apt-get install motion 을 실행하여 설치한다.

```
# apt-get install motion
```

다음과 같이 설치 진행된다.

```
Reading package lists... Done
Building dependency tree
Reading state information... Done
```

커널연구회(www.kernel.bz)        정재준 (rgbi3307@nate.com)

```
Suggested packages:
  postgresql-client
Recommended packages:
  ffmpeg
The following NEW packages will be installed:
  motion
0 upgraded, 1 newly installed, 0 to remove and 1 not upgraded.
Need to get 230 kB of archives.
After this operation, 746 kB of additional disk space will be used.
Get:1 http://mirrordirector.raspbian.org/raspbian/ jessie/main motion armhf 3.2.12+git20140228-4+b2
[230 kB]
Fetched 230 kB in 1s (163 kB/s)
Preconfiguring packages ...
Selecting previously unselected package motion.
(Reading database ... 133271 files and directories currently installed.)
Preparing to unpack .../motion_3.2.12+git20140228-4+b2_armhf.deb ...
Unpacking motion (3.2.12+git20140228-4+b2) ...
Processing triggers for man-db (2.7.0.2-5) ...
Processing triggers for systemd (215-17+deb8u2) ...
Setting up motion (3.2.12+git20140228-4+b2) ...
Adding group `motion' (GID 119) ...
Done.
Warning: The home dir /var/lib/motion you specified already exists.
Adding system user `motion' (UID 111) ...
Adding new user `motion' (UID 111) with group `motion' ...
The home directory `/var/lib/motion' already exists.  Not copying from `/etc/skel'.
adduser: Warning: The home directory `/var/lib/motion' does not belong to the user you are currently
creating.
Adding user `motion' to group `video' ...
Adding user motion to group video
Done.
Processing triggers for systemd (215-17+deb8u2) ...
```

다음으로 네트워크 포트를 확인해 보는 nmap 프로그램을 설치하여 http 포트(80, 8080)가 열려져
있는지 확인한다.

```
# apt-get install nmap

Reading package lists... Done
Building dependency tree
Reading state information... Done
The following extra packages will be installed:
  liblinear1 libpcap0.8 ndiff python-lxml
Suggested packages:
  liblinear-tools liblinear-dev python-lxml-dbg
The following NEW packages will be installed:
  liblinear1 libpcap0.8 ndiff nmap python-lxml
0 upgraded, 5 newly installed, 0 to remove and 1 not upgraded.
Need to get 4,952 kB of archives.
After this operation, 20.7 MB of additional disk space will be used.
Do you want to continue? [Y/n]
Get:1 http://mirrordirector.raspbian.org/raspbian/ jessie/main liblinear1 armhf 1.8+dfsg-4 [29.3 kB]
Get:2 http://mirrordirector.raspbian.org/raspbian/ jessie/main libpcap0.8 armhf 1.6.2-2 [121 kB]
Get:3 http://mirrordirector.raspbian.org/raspbian/ jessie/main python-lxml armhf 3.4.0-1 [690 kB]
Get:4 http://mirrordirector.raspbian.org/raspbian/ jessie/main ndiff all 6.47-3 [247 kB]
Get:5 http://mirrordirector.raspbian.org/raspbian/ jessie/main nmap armhf 6.47-3 [3,866 kB]
Fetched 4,952 kB in 9s (539 kB/s)
Selecting previously unselected package liblinear1:armhf.
(Reading database ... 133299 files and directories currently installed.)
Preparing to unpack .../liblinear1_1.8+dfsg-4_armhf.deb ...
Unpacking liblinear1:armhf (1.8+dfsg-4) ...
Selecting previously unselected package libpcap0.8:armhf.
Preparing to unpack .../libpcap0.8_1.6.2-2_armhf.deb ...
Unpacking libpcap0.8:armhf (1.6.2-2) ...
Selecting previously unselected package python-lxml.
Preparing to unpack .../python-lxml_3.4.0-1_armhf.deb ...
Unpacking python-lxml (3.4.0-1) ...
Selecting previously unselected package ndiff.
Preparing to unpack .../archives/ndiff_6.47-3_all.deb ...
Unpacking ndiff (6.47-3) ...
Selecting previously unselected package nmap.
Preparing to unpack .../archives/nmap_6.47-3_armhf.deb ...
```

커널연구회(www.kernel.bz)　　　　　정재준 (rgbi3307@nate.com)

```
Unpacking nmap (6.47-3) ...

Processing triggers for man-db (2.7.0.2-5) ...

Setting up liblinear1:armhf (1.8+dfsg-4) ...

Setting up libpcap0.8:armhf (1.6.2-2) ...

Setting up python-lxml (3.4.0-1) ...

Setting up ndiff (6.47-3) ...

Setting up nmap (6.47-3) ...

Processing triggers for libc-bin (2.19-18+deb8u1) ...
```

설치 완료후 nmap 을 다음과 같이 실행하여 http 포트인 80 포트가 열려져 있는지 확인한다.
(실해 되는데 시간이 좀 걸린다)

```
# nmap localhost

Starting Nmap 6.47 ( http://nmap.org ) at 2015-11-18 12:59 KST

Nmap scan report for localhost (127.0.0.1)

Host is up (0.00017s latency).

Other addresses for localhost (not scanned): 127.0.0.1

Not shown: 995 closed ports

PORT     STATE SERVICE

22/tcp   open  ssh

80/tcp   open  http

139/tcp  open  netbios-ssn

445/tcp  open  microsoft-ds

3306/tcp open  mysql
```

motion 을 실행하기 전에 motion 이 백그라운드 네본으로 실행될 수 있도록 다음과 같이
/etc/default/motion 파일을 열어서 다음과 같이 start_motion_daemon 을 yes 로 설정한다.

```
# set to 'yes' to enable the motion daemon
start_motion_daemon=yes
```

다음으로 "/etc/motion/motion.conf" 파일을 변경해야 하는데 이 파일에는 motion 프로그램의
모든 설정사항들이 포함되어 있으므로 하나씩 읽어보길 권장한다. 우선 daemon 으로 실행하기
위해 'daemon' 값을 on 으로 바꾼다. 또한 포트 8080 번은 xbmc 에서 사용하고 있으므로 다른

포트로 사용해야 두 프로그램을 모두 원활하게 사용할 수 있다. 필자는 stream_port 8081, webcontrol_port 8082 으로 설정했다.

**/etc/motion/motion.conf**

```
# Rename this distribution example file to motion.conf
#
# This config file was generated by motion 3.2.12+git20140228



#########################################################
# Daemon
#########################################################


# Start in daemon (background) mode and release terminal (default: off)
daemon on

# File to store the process ID, also called pid file. (default: not defined)
process_id_file /var/run/motion/motion.pid


#########################################################
# Basic Setup Mode
#########################################################


# Start in Setup-Mode, daemon disabled. (default: off)
```

이제 motion 을 다음과 같이 실행하여 nmap 으로 포트를 확인해 보자.

```
# service motion restart
# nmap localhost


Starting Nmap 6.47 ( http://nmap.org ) at 2015-11-18 13:20 KST
Nmap scan report for localhost (127.0.0.1)
Host is up (0.000090s latency).
Other addresses for localhost (not scanned): 127.0.0.1
Not shown: 993 closed ports
PORT     STATE SERVICE
```

커널연구회(www.kernel.bz)　　　　　　　　　　　　　　정재준 (rgbi3307@nate.com)

```
22/tcp    open  ssh
80/tcp    open  http
139/tcp   open  netbios-ssn
445/tcp   open  microsoft-ds
3306/tcp open  mysql
8081/tcp open  blackice-icecap
8082/tcp open  blackice-alerts


Nmap done: 1 IP address (1 host up) scanned in 3.27 seconds
root@RAZIG1:/home/pi#
```

라즈베리파이 2 보드의 로컬 웹브라우즈에 다음과 같이 주소를 입력하여 스트리밍 포트 8081 과
제어포트 8082 가 동작함을 확인한다. 스트리밍 포트가 열려져 있으나 아직까지 영상은 보이지
않을 것이다.

로컬 호스트 스트리밍 포트 확인: http://localhost:8081/
로컬 호스트 컨트롤 포트 확인: http://localhost:8082/

스트리밍 포트인 8081 포트에서 영상을 볼 수 있도록 하려면 다음과 같이 /dev/video0 노드를
생성해 주어야 한다.

```
$ sudo modprobe bcm2835-v4l2

$ ll /dev/video0
crw-rw----+ 1 root video 81, 0 Nov 18 14:03 /dev/video0
```

위의 명령은 /etc/rc.local 파일에 넣이시 부팅할 때 마다 실행되도록 한다.

그리고 mjpeg stream 에서 켭쳐한 영상을 저장하는 폴더를 다음과 같이 변경한다.

**/etc/motion/motion.conf**

```
target_dir /home/pi/motion/
```

/home/pi/motion/ 경로를 다음과 같이 모두 쓰기 권한을 부여한다.

커널연구회(www.kernel.bz) 정재준 (rgbi3307@nate.com)

```
$ sudo chmod 777 /home/pi/motion
```

위와 같이 설정을 한후, 다시 확인하면,

로컬 호스트 스트리밍 포트 확인: http://localhost:8081/
로컬 호스트 컨트롤 포트 확인: http://localhost:8082/

로컬 웹브라우즈 8081 포트에 영상이 출력되고, 8082 포트에서 제어 메뉴가 나타난다.

로컬이 아닌 외부 웹브라우즈에서도 접근할 수 있도록 /etc/motion/motion.conf 파일을 열어서
다음과 같이 옵션을 변경한다.

**/etc/motion/motion.conf**

```
stream_motion off
stream_localhost off
webcontrol_localhost off
```

위와 같이 설정한후 service motion restart 하여 외부 웹브라우즈 주소에 접근주소를 입력하면
다음과 같은 화면이 나타난다. (8082 포트)

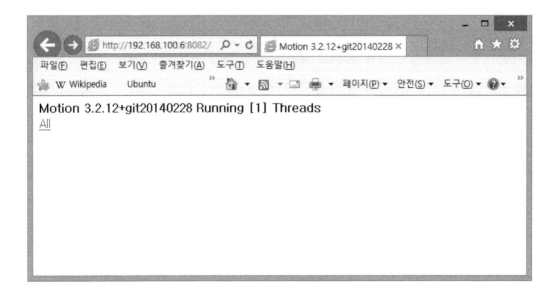

커널연구회(www.kernel.bz)　　　　　　　　　　　　　정재준 (rgbi3307@nate.com)

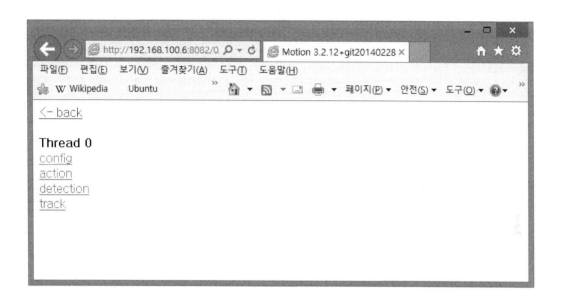

그런데 마이크로소프트 윈도우의 인터넷 익스플로어에서는 8081 포트에서 영상이 스트림이 되지
않고 파일 다운로드 창이 나타날 것이다. (마이크로소프트 인터넷 익스플로어가 motion
웹스트리밍을 지원하지 못한다) 다행히 파이어폭스와 휴대폰의 웹브라우즈는 mjpg stream 을
지원하기 때문에 영상이 스트림 된다.

/etc/motion/motion.conf 에 설정하는 기타 유용한 옵션들을 정리하면 다음과 같다.

**etc/motion/motion.conf**

```
#영상 크기(pixels)
width  320  //600
height 240  //480


#1 초당 켑처하는 프레임 개수
framerate 2  //5


netcam_keepalive off


# Always save images even if there was no motion (default: off)
emulate_motion off


##########################################################
```

커널연구회(www.kernel.bz)                 정재준 (rgbi3307@nate.com)

```
# Image File Output
##########################################################

# Output 'normal' pictures when motion is detected (default: on)
# Valid values: on, off, first, best, center
# When set to 'first', only the first picture of an event is saved.
# Picture with most motion of an event is saved when set to 'best'.
# Picture with motion nearest center of picture is saved when set to 'center'.
# Can be used as preview shot for the corresponding movie.
output_pictures on  //best
```

## Video Streaming 참조

http://docs.emlid.com/navio/Navio-APM/video-streaming/

```
sudo apt-get install gstreamer1.0-plugins-good gstreamer1.0-plugins-bad gstreamer1.0-libav

gst-launch-1.0 -v udpsrc port=9000 caps='application/x-rtp, media=(string)video, clock-
rate=(int)90000, encoding-name=(string)H264' ! rtph264depay ! avdec_h264 ! videoconvert !
autovideosink sync=f


raspivid -n -w 1280 -h 720 -b 1000000 -fps 15 -t 0 -o - | gst-launch-1.0 -v fdsrc ! h264parse !
rtph264pay config-interval=10 pt=96 ! udpsink host=<remote_ip> port=9000
```

커널연구회(www.kernel.bz)                    정재준 (rgbi3307@nate.com)

## 4.5 자동 실행(rc.local)

**/etc/rc.local**

```
#!/bin/sh -e
#
# rc.local
#
# This script is executed at the end of each multiuser runlevel.
# Make sure that the script will "exit 0" on success or any other
# value on error.
#
# In order to enable or disable this script just change the execution
# bits.
#
# By default this script does nothing.

# Print the IP address
_IP=$(hostname -I) || true
if [ "$_IP" ]; then
  printf "My IP address is %s\n" "$_IP"
fi



cd /var/www/html/sound
./sound_play &

cd /root
./hostapd_run.sh



exit 0
```

커널연구회(www.kernel.bz)             정재준 (rgbi3307@nate.com)

## 4.6 시리얼 포트(/dev/ttyAMA0) 활성화

라즈베리파이 2 의 시리얼 포트 /dev/ttyAMA0 을 사용하기 위해서는 다음과 같이 활성화 하는 과정이 필요하다.

먼저 /etc/inittab 파일을 열어서 아래 내용을 주석처리 한다.(라즈베리파이 2 에는 아래 파일 없음)

**/etc/inittab**
```
#To:23:respawn:/sbin/getty -L ttyAMA0 115200 vt100
```

그리고 /boot/cmdline.txt 파일의 아래 내용을 삭제한다.

**/boot/cmdline.txt**
```
console=ttyAMA0,115200  kgdboc=ttyAMA0,115200
```

dynamic device management 설정 파일에 다음의 내용을 추가한다.(라즈베리파이 2 에는 아래 파일 없음)

**/etc/udev/rules.d/85-paperduinopi.rules**
```
KERNEL=="ttyAMA0", SYMLINK+="ttyS0",GROUP="dialout",MODE:=0666
```

위와 같이 설정을 하고 reboot 한다.

## 4.7 I2C 테스트

### 4.7.1 I2C 설정하기

라즈베리파이 2 환경설정 프로그램인 raspi-config 을 실행하여 I2C 을 <Yes>로 선택한다.

```
$ sudo raspi-config
```

커널연구회(www.kernel.bz)          정재준 (rgbi3307@nate.com)

```
┤ Raspberry Pi Software Configuration Tool (raspi-config) ├
    A1 Overscan            You may need to configure oversca
    A2 Hostname            Set the visible name for this Pi
    A3 Memory Split        Change the amount of memory made
    A4 SSH                 Enable/Disable remote command lin
    A5 Device Tree         Enable/Disable the use of Device
    A6 SPI                 Enable/Disable automatic loading
    A7 I2C                 Enable/Disable automatic loading
    A8 Serial              Enable/Disable shell and kernel m
    A9 Audio               Force audio out through HDMI or 3
    A0 Update              Update this tool to the latest ve

              <Select>                      <Back>
```

I2C 을 <Yes>로 선택한후 재부팅하면 /dev/i2c-1 노드가 생성된다.

다음으로 I2C 도구 패키지를 다음과 같이 설치한다.

```
$ sudo apt-get update


$ sudo apt-get install python-smbus  i2c-tools
```

다음과 같이 설치 진행된다.

```
Reading package lists... Done
Building dependency tree
Reading state information... Done
The following extra packages will bo installed.
  i2c-tools
Suggested packages:
  libi2c-dev
The following NEW packages will be installed:
  i2c-tools python-smbus
0 upgraded, 2 newly installed, 0 to remove and 26 not upgraded.
Need to get 60.8 kB of archives.
After this operation, 286 kB of additional disk space will be used.
Do you want to continue? [Y/n]
```

커널연구회(www.kernel.bz)　　　　　　　　　　　　　　정재준 (rgbi3307@nate.com)

```
Get:1 http://archive.raspberrypi.org/debian/ jessie/main i2c-tools armhf 3.1.1+svn-2 [51.3 kB]

Get:2 http://archive.raspberrypi.org/debian/ jessie/main python-smbus armhf 3.1.1+svn-2 [9,462 B]

Fetched 60.8 kB in 1s (31.9 kB/s)

Selecting previously unselected package i2c-tools.

(Reading database ... 124851 files and directories currently installed.)

Preparing to unpack .../i2c-tools_3.1.1+svn-2_armhf.deb ...

Unpacking i2c-tools (3.1.1+svn-2) ...

Selecting previously unselected package python-smbus.

Preparing to unpack .../python-smbus_3.1.1+svn-2_armhf.deb ...

Unpacking python-smbus (3.1.1+svn-2) ...

Processing triggers for man-db (2.7.0.2-5) ...

Setting up i2c-tools (3.1.1+svn-2) ...

/run/udev or .udevdb or .udev presence implies active udev.  Aborting MAKEDEV invocation.

Setting up python-smbus (3.1.1+svn-2) ...
```

아래 설정정보를 한번더 확인한다.

/etc/modules 파일에 i2c-bcm2708 과 i2c-dev 가 없다면 추가한다.

```
sudo vi /etc/modules


//추가

i2c-bcm2708

i2c-dev
```

/etc/modprobe.d/raspi-blacklist.conf 파일에 아무 내용도 없으면 상관없지만, 만약에 아래의
내용이 있다면,

```
blacklist spi-bcm2708

blacklist i2c-bcm2708
```

다음과 같이 주석처리 한다.

```
#blacklist spi-bcm2708

#blacklist i2c-bcm2708
```

다음으로 /boot/config.txt 파일을 확인하여 아래와 같이 설정되어 있는지 확인한다.

커널연구회(www.kernel.bz)        정재준 (rgbi3307@nate.com)

sudo vi /boot/config.txt

```
dtparam=i2c=on
dtparam=i2c_arm=on
```

위와 같이 설정되어 있는지 확인한후 재부팅한다.

```
$ sudo reboot
```

## 4.7.2 I2C 테스트

I2C 테스트는 i2cdetect 프로그램을 다음과 같이 실행하여 확인한다.

```
$ sudo i2cdetect -y 1
```

I2C 라인에 I2C 장치가 없을때는 다음과 같이 실행결과가 출력된다.

```
     0 1 2 3 4 5 6 7 8 9 a b c d e f
00:          -- -- -- -- -- -- -- -- -- -- -- -- --
10: -- -- -- -- -- -- -- -- -- -- -- -- -- -- -- --
20: -- -- -- -- -- -- -- -- -- -- -- -- -- -- -- --
30: -- -- -- -- -- -- -- -- -- -- -- -- -- -- -- --
40: -- -- -- -- -- -- -- -- -- -- -- -- -- -- -- --
50: -- -- -- -- -- -- -- -- -- -- -- -- -- -- -- --
60: -- -- -- --   --       --  -- -- -- -- -- -- --
70: -- -- -- -- -- -- -- --
```

I2C 라인에 I2C 장치가 있을때는 다음과 같이 실행결과가 출력된다.

```
     0 1 2 3 4 5 6 7 8 9 a b c d e f
00:          -- -- -- -- -- -- -- -- -- -- -- -- --
10: -- -- -- -- -- -- -- -- -- -- -- -- -- -- 1e --
20: -- -- -- -- -- -- -- -- -- -- -- -- -- -- -- --
30: -- -- -- -- -- -- -- -- -- -- -- -- -- -- -- --
```

커널연구회(www.kernel.bz)          정재준 (rgbi3307@nate.com)

```
40: -- -- -- -- -- -- -- -- -- -- -- -- -- -- -- --
50: -- -- -- -- -- -- -- -- -- -- -- -- -- 5d -- 5f
60: -- -- -- -- -- -- -- -- -- -- -- 6b -- -- -- --
70: -- -- -- -- -- -- -- --
```

`$ gpio load i2c`

```
gpio: Unable to load/unload modules as this Pi has the device tree enabled.
  You need to run the raspi-config program (as root) and select the
  modules (SPI or I2C) that you wish to load/unload there and reboot.
  There is more information here:
      https://www.raspberrypi.org/forums/viewtopic.php?f=28&t=97314
```

`$ gpio read i2c`

```
wiringPi: wiringPiSetup called
piboardRev: Hardware: Hardware   : BCM2709

piboardRev: Revision string: Revision   : a21041
piboardRev: This Pi has/is (force_turbo || current_limit_override || temp_limit>85) &&
over_voltage>0
piboardRev: last4Chars are: "1041"
piBoardRev: Returning revision: 2
piboardId: Revision string: Revision   : a21041
1
```

Git 에서 예제 소스 파일들을 다운로드 한다.

```
pi@RAZIG1:~$ sudo apt-get install git-core

Reading package lists... Done
Building dependency tree
Reading state information... Done
git-core is already the newest version.
0 upgraded, 0 newly installed, 0 to remove and 2 not upgraded.

pi@RAZIG1:~/projects/razig/i2c_spi_gpio$ git clone git://git.drogon.net/wiringPi
```

커널연구회(www.kernel.bz)       정재준 (rgbi3307@nate.com)

```
Cloning into 'wiringPi'...

remote: Counting objects: 914, done.

remote: Compressing objects: 100% (748/748), done.

remote: Total 914 (delta 654), reused 217 (delta 142)

Receiving objects: 100% (914/914), 285.58 KiB | 123.00 KiB/s, done.

Resolving deltas: 100% (654/654), done.

Checking connectivity... done.


pi@RAZIG1:~/projects/razig/i2c_spi_gpio$ ll

total 12

drwxr-xr-x  3 pi pi 4096 Nov 13 13:45 .

drwxr-xr-x  4 pi pi 4096 Nov 13 13:43 ..

drwxr-xr-x 10 pi pi 4096 Nov 13 13:45 wiringPi

pi@RAZIG1:~/projects/razig/i2c_spi_gpio$ cd wiringPi/

pi@RAZIG1:~/projects/razig/i2c_spi_gpio/wiringPi$ ll

total 80

drwxr-xr-x 10 pi pi 4096 Nov 13 13:45 .

drwxr-xr-x  3 pi pi 4096 Nov 13 13:45 ..

-rwxr-xr-x  1 pi pi 4922 Nov 13 13:45 build

-rw-r--r--  1 pi pi 7651 Nov 13 13:45 COPYING.LESSER

drwxr-xr-x  2 pi pi 4096 Nov 13 13:45 debian

drwxr-xr-x  3 pi pi 4096 Nov 13 13:45 debian-template

drwxr-xr-x  2 pi pi 4096 Nov 13 13:45 devLib

drwxr-xr-x  6 pi pi 4096 Nov 13 13:45 examples

drwxr-xr-x  8 pi pi 4096 Nov 13 13:45 .git

-rw-r--r--  1 pi pi   88 Nov 13 13:45 .gitignore

drwxr-xr-x  2 pi pi 4096 Nov 13 13:45 gpio

-rw-r--r--  1 pi pi  686 Nov 13 13:45 INSTALL

-rwxr-xr-x  1 pi pi 1650 Nov 13 13:45 newVersion

-rw-r--r--  1 pi pi  865 Nov 13 13:45 People

drwxr-xr-x  2 pi pi 4096 Nov 13 13:45 pins

-rw-r--r--  1 pi pi  606 Nov 13 13:45 README.TXT

-rw-r--r--  1 pi pi    5 Nov 13 13:45 VERSION

drwxr-xr-x  2 pi pi 4096 Nov 13 13:45 wiringPi

pi@RAZIG1:~/projects/razig/i2c_spi_gpio/wiringPi$ ./build
```

커널연구회(www.kernel.bz) 정재준 (rgbi3307@nate.com)

```
wiringPi Build script
====================
WiringPi Library
[UnInstall]
[Compile] wiringPi.c
[Compile] wiringSerial.c
[Compile] wiringShift.c
[Compile] piHiPri.c
[Compile] piThread.c
[Compile] wiringPiSPI.c
[Compile] wiringPiI2C.c
[Compile] softPwm.c
[Compile] softTone.c
[Compile] mcp23008.c
[Compile] mcp23016.c
[Compile] mcp23017.c
[Compile] mcp23s08.c
[Compile] mcp23s17.c
[Compile] sr595.c
[Compile] pcf8574.c
[Compile] pcf8591.c
[Compile] mcp3002.c
[Compile] mcp3004.c
[Compile] mcp4802.c
[Compile] mcp3422.c
[Compile] max31855.c
[Compile] max5322.c
[Compile] sn3218.c
[Compile] drcSerial.c
[Compile] wpiExtensions.c
[Link (Dynamic)]
[Install Headers]
[Install Dynamic Lib]

WiringPi Devices Library
[UnInstall]
```

커널연구회(www.kernel.bz)        정재준 (rgbi3307@nate.com)

```
[Compile] ds1302.c
[Compile] maxdetect.c
[Compile] piNes.c
[Compile] gertboard.c
[Compile] piFace.c
[Compile] lcd128x64.c
[Compile] lcd.c
[Compile] piGlow.c
[Link (Dynamic)]
[Install Headers]
[Install Dynamic Lib]

GPIO Utility
[Compile] gpio.c
[Compile] readall.c
[Compile] pins.c
[Link]
[Install]

All Done.

NOTE: To compile programs with wiringPi, you need to add:
    -lwiringPi
  to your compile line(s) To use the Gertboard, MaxDetect, etc.
  code (the devLib), you need to also add:
    -lwiringPiDev
  to your compile line(s).

pi@RAZIG1:~/projects/razig/i2c_spi_gpio/wiringPi$ ll
total 80
drwxr-xr-x 10 pi pi 4096 Nov 13 13:45 .
drwxr-xr-x  3 pi pi 4096 Nov 13 13:45 ..
-rwxr-xr-x  1 pi pi 4922 Nov 13 13:45 build
-rw-r--r--  1 pi pi 7651 Nov 13 13:45 COPYING.LESSER
drwxr-xr-x  2 pi pi 4096 Nov 13 13:45 debian
drwxr-xr-x  3 pi pi 4096 Nov 13 13:45 debian-template
```

커널연구회(www.kernel.bz)     정재준 (rgbi3307@nate.com)

```
drwxr-xr-x  2 pi pi 4096 Nov 13 13:46 devLib
drwxr-xr-x  6 pi pi 4096 Nov 13 13:45 examples
drwxr-xr-x  8 pi pi 4096 Nov 13 13:45 .git
-rw-r--r--  1 pi pi   88 Nov 13 13:45 .gitignore
drwxr-xr-x  2 pi pi 4096 Nov 13 13:46 gpio
-rw-r--r--  1 pi pi  686 Nov 13 13:45 INSTALL
-rwxr-xr-x  1 pi pi 1650 Nov 13 13:45 newVersion
-rw-r--r--  1 pi pi  865 Nov 13 13:45 People
drwxr-xr-x  2 pi pi 4096 Nov 13 13:45 pins
-rw-r--r--  1 pi pi  606 Nov 13 13:45 README.TXT
-rw-r--r--  1 pi pi    5 Nov 13 13:45 VERSION
drwxr-xr-x  2 pi pi 4096 Nov 13 13:46 wiringPi


pi@RAZIG1:~/projects/razig/i2c_spi_gpio/wiringPi$ gpi
gpic       gpicview  gpio/
pi@RAZIG1:~/projects/razig/i2c_spi_gpio/wiringPi$ gpio -v
gpio version: 2.29
Copyright (c) 2012-2015 Gordon Henderson
This is free software with ABSOLUTELY NO WARRANTY.
For details type: gpio -warranty


Raspberry Pi Details:
  Type: Model 2, Revision: 1.1, Memory: 1024MB, Maker: Sony [OV]
  Device tree is enabled.
  This Raspberry Pi supports user-level GPIO access.
    -> See the man-page for more details
pi@RAZIG1:~/projects/razig/i2c_spi_gpio/wiringPi$


pi@RAZIG1:~/projects/razig/i2c_spi_gpio/wiringPi$ gpio readall
```

| BCM | wPi | Name | Mode | V | Physical | V | Mode | Name | wPi | BCM |
|-----|-----|------|------|---|----------|---|------|------|-----|-----|
|     |     | 3.3v |      |   | 1 \|\| 2 |   |      | 5v   |     |     |
| 2   | 8   | SDA.1 | ALT0 | 1 | 3 \|\| 4 |   |      | 5V   |     |     |
| 3   | 9   | SCL.1 | ALT0 | 1 | 5 \|\| 6 |   |      | 0v   |     |     |
| 4   | 7   | GPIO. 7 | IN | 1 | 7 \|\| 8 | 1 | ALT0 | TxD | 15 | 14 |

커널연구회(www.kernel.bz)        정재준 (rgbi3307@nate.com)

```
|     |     |         0v |       |   |  9 || 10 | 1 | ALT0 | RxD      | 16  | 15  |
| 17  |  0  | GPIO. 0 |  IN | 0 | 11 || 12 | 0 | IN   | GPIO. 1  | 1   | 18  |
| 27  |  2  | GPIO. 2 |  IN | 0 | 13 || 14 |   |      | 0v       |     |     |
| 22  |  3  | GPIO. 3 |  IN | 0 | 15 || 16 | 0 | IN   | GPIO. 4  | 4   | 23  |
|     |     |     3.3v |     |   | 17 || 18 | 0 | IN   | GPIO. 5  | 5   | 24  |
| 10  | 12  |    MOSI | ALT0 | 0 | 19 || 20 |   |      | 0v       |     |     |
|  9  | 13  |    MISO | ALT0 | 0 | 21 || 22 | 0 | IN   | GPIO. 6  | 6   | 25  |
| 11  | 14  |    SCLK | ALT0 | 0 | 23 || 24 | 1 | OUT  | CE0      | 10  | 8   |
|     |     |      0v |       |   | 25 || 26 | 1 | OUT  | CE1      | 11  | 7   |
|  0  | 30  |   SDA.0 |  IN | 1 | 27 || 28 | 1 | IN   | SCL.0    | 31  | 1   |
|  5  | 21  | GPIO.21 |  IN | 1 | 29 || 30 |   |      | 0v       |     |     |
|  6  | 22  | GPIO.22 |  IN | 1 | 31 || 32 | 0 | IN   | GPIO.26  | 26  | 12  |
| 13  | 23  | GPIO.23 |  IN | 0 | 33 || 34 |   |      | 0v       |     |     |
| 19  | 24  | GPIO.24 |  IN | 0 | 35 || 36 | 0 | IN   | GPIO.27  | 27  | 16  |
| 26  | 25  | GPIO.25 |  IN | 0 | 37 || 38 | 0 | IN   | GPIO.28  | 28  | 20  |
|     |     |      0v |       |   | 39 || 40 | 0 | IN   | GPIO.29  | 29  | 21  |
+-----+-----+---------+------+---+----++----+---+------+---------+-----+-----+
| BCM | wPi |   Name  | Mode | V | Physical | V | Mode | Name    | wPi | BCM |
+-----+-----+---------+------+---+---+--Pi 2---+---+------+---------+-----+-----+
pi@RAZIG1:~/projects/razig/i2c_spi_gpio/wiringPi$


pi@RAZIG1:~/projects/razig/i2c_spi_gpio/wiringPi$ gpio load spi
gpio: Unable to load/unload modules as this Pi has the device tree enabled.
  You need to run the raspi-config program (as root) and select the
  modules (SPI or I2C) that you wish to load/unload there and reboot.
  There is more information here:
        https://www.raspberrypi.org/forums/viewtopic.php?f=28&t=97314


http://learn.adafruit.com/adafruits-raspberry-pi-lesson-4-gpio-setup/configuring-i2c


root@RAZIG1:/home/pi# gpio read i2c
0
root@RAZIG1:/home/pi# gpio read spi
0
root@RAZIG1:/home/pi# ll /dev/spidev0.*
crw-rw---- 1 root spi 153, 0 Nov 13 14:22 /dev/spidev0.0
```

커널연구회(www.kernel.bz)　　　　　　　　　　　　　　정재준 (rgbi3307@nate.com)

```
crw-rw---- 1 root spi 153, 1 Nov 13 14:22 /dev/spidev0.1
root@RAZIG1:/home/pi# ll /dev/i2c*
crw-rw---- 1 root i2c 89, 1 Nov 13 14:22 /dev/i2c-1
root@RAZIG1:/home/pi#


root@RAZIG1:/home/pi/projects/razig/i2c_spi_gpio/wiringPi# adduser pi i2c
The user `pi' is already a member of `i2c'.
root@RAZIG1:/home/pi/projects/razig/i2c_spi_gpio/wiringPi# adduser root i2c
Adding user `root' to group `i2c' ...
Adding user root to group i2c
Done.



$ sudo apt-get install libi2c-dev


Reading package lists... Done
Building dependency tree
Reading state information... Done
The following NEW packages will be installed:
  libi2c-dev
0 upgraded, 1 newly installed, 0 to remove and 26 not upgraded.
Need to get 10.5 kB of archives.
After this operation, 52.2 kB of additional disk space will be used.
Get:1 http://archive.raspberrypi.org/debian/ jessie/main libi2c-dev all 3.1.1+svn-2 [10.5 kB]
Fetched 10.5 kB in 1s (9,058 B/s)
Selecting previously unselected package libi2c-dev.
(Reading database ... 124874 files and directories currently installed.)
Preparing to unpack .../libi2c-dev_3.1.1+svn-2_all.deb ...
Adding 'diversion of /usr/include/linux/i2c-dev.h to /usr/include/linux/i2c-dev.h.kernel by libi2c-
dev'
Unpacking libi2c-dev (3.1.1+svn-2) ...
Setting up libi2c-dev (3.1.1+svn-2) ...
```

커널연구회(www.kernel.bz)        정재준 (rgbi3307@nate.com)

## 4.8 GPIO 설정

먼저 다음과 같이 gpio readall 을 실행하여 GPIO 핀맵 번호를 확인한다.

```
$ gpio readall
```

```
+-----+-----+---------+------+---+--Pi 2---+---+------+---------+-----+-----+
| BCM | wPi |   Name  | Mode | V | Physical | V | Mode |  Name   | wPi | BCM |
+-----+-----+---------+------+---+----++----+---+------+---------+-----+-----+
|     |     |    3.3v |      |   |  1 || 2  |   |      | 5v      |     |     |
|   2 |   8 |   SDA.1 | ALT0 | 1 |  3 || 4  |   |      | 5v      |     |     |
|   3 |   9 |   SCL.1 | ALT0 | 1 |  5 || 6  |   |      | 0v      |     |     |
|   4 |   7 |  GPIO. 7 |  IN | 0 |  7 || 8  | 1 | ALT0 | TxD     | 15  | 14  |
|     |     |      0v |      |   |  9 || 10 | 1 | ALT0 | RxD     | 16  | 15  |
|  17 |   0 |  GPIO. 0 |  IN | 0 | 11 || 12 | 0 | IN   | GPIO. 1 | 1   | 18  |
|  27 |   2 |  GPIO. 2 |  IN | 0 | 13 || 14 |   |      | 0v      |     |     |
|  22 |   3 |  GPIO. 3 |  IN | 0 | 15 || 16 | 0 | IN   | GPIO. 4 | 4   | 23  |
|     |     |    3.3v |      |   | 17 || 18 | 0 | IN   | GPIO. 5 | 5   | 24  |
|  10 |  12 |    MOSI | ALT0 | 0 | 19 || 20 |   |      | 0v      |     |     |
|   9 |  13 |    MISO | ALT0 | 0 | 21 || 22 | 0 | IN   | GPIO. 6 | 6   | 25  |
|  11 |  14 |    SCLK | ALT0 | 0 | 23 || 24 | 1 | OUT  | CE0     | 10  | 8   |
|     |     |      0v |      |   | 25 || 26 | 1 | OUT  | CE1     | 11  | 7   |
|   0 |  30 |   SDA.0 |  IN | 1 | 27 || 28 | 1 | IN   | SCL.0   | 31  | 1   |
|   5 |  21 | GPIO.21 |  IN | 1 | 29 || 30 |   |      | 0v      |     |     |
|   6 |  22 | GPIO.22 |  IN | 1 | 31 || 32 | 0 | IN   | GPIO.26 | 26  | 12  |
|  13 |  23 | GPIO.23 |  IN | 0 | 33 || 34 |   |      | 0v      |     |     |
|  19 |  24 | GPIO.24 |  IN | 0 | 35 || 36 | 0 | IN   | GPIO.27 | 27  | 16  |
|  26 |  25 | GPIO.25 |  IN | 0 | 37 || 38 | 0 | IN   | GPIO.28 | 28  | 20  |
|     |     |      0v |      |   | 39 || 40 | 0 | IN   | GPIO.29 | 29  | 21  |
+-----+-----+---------+------+---+----++----+---+------+---------+-----+-----+
| BCM | wPi |   Name  | Mode | V | Physical | V | Mode |  Name   | wPi | BCM |
+-----+-----+---------+------+---+--Pi 2---+---+------+---------+-----+-----+
```

### 라즈베리파이 Header Pin Map

| User | wPi | Name | RASPI pin | | Name | wPi | User |
| --- | --- | --- | --- | --- | --- | --- | --- |
| | | | Inside | Outside | | | |
| | | 3.3V | 1 | 2 | 5V | | |
| | 8 | I2C SDA1 | 3 | 4 | 5V | | |
| | 9 | I2C_SCL1 | 5 | 6 | 0V | | |
| Speaker on/off | 7 | GPIO.07 | 7 | 8 | TxD | 15 | |
| | | 0V | 9 | 10 | RxD | 16 | |
| TTL UART switch | 0 | GPIO.00 | 11 | 12 | GPIO.01 | 1 | PWM |
| Power LED | 2 | GPIO.02 | 13 | 14 | 0V | | |
| Battery Check | 3 | GPIO.03 | 15 | 16 | GPIO.04 | 4 | Motor D1 |
| | | 3.3V | 17 | 18 | GPIO.05 | 5 | Motor D2 |
| SPI1 | 12 | SPI_MOSI | 19 | 20 | 0V | | |

커널연구회(www.kernel.bz)　　　　　　　　　　　　　　　정재준 (rgbi3307@nate.com)

| | | | | | | | |
|---|---|---|---|---|---|---|---|
| SPI2 | 13 | SPI_MISO | 21 | 22 | GPIO.06 | 6 | GPIO P5 |
| SPI3 | 14 | SPI_SCLK | 23 | 24 | SPI_CE0 | 10 | SPI4 |
| | | 0V | 25 | 26 | SPI_CE1 | 11 | SPI5 |
| GPIO MP1 | 30 | I2C_SDA0 | 27 | 28 | I2C_SCL0 | 31 | GPIO MP2 |
| GPIO MP3 | 21 | GPIO.21 | 29 | 30 | 0V | | |
| intr1 | 22 | GPIO.22 | 31 | 32 | GPIO.26 | 26 | GPIO MP4 |
| intr2 | 23 | GPIO.23 | 33 | 34 | 0V | | |
| intr3 | 24 | GPIO.24 | 35 | 36 | GPIO.27 | 27 | Intr5 |
| intr4 | 25 | GPIO.25 | 37 | 38 | GPIO.28 | 28 | Motor D3 |
| | | 0V | 39 | 40 | GPIO.29 | 29 | Motor D4 |

커널연구회(www.kernel.bz)           정재준 (rgbi3307@nate.com)

## 4.9 USB 마운트

윈도우 파일시스템(FAT, NTFS)을 리눅스에 마운트할 경우 쓰기 및 실행권한이 생기기지 않는
문제가 있다. 그래서 다음과 같이 옵션을 주어서 마운트해야 한다.

```
# mkdir /media/pi/USB

$ sudo mount -t ntfs -o defaults,utf8,gid=root,umask=002 /dev/sda1 /media/pi/USB
$ sudo mount -t vfat -o defaults,utf8,gid=root,umask=002 /dev/sda1 /media/pi/USB

$ sudo mount -t vfat -o defaults,utf8,uid=www-data,gid=www-data,umask=002 /dev/sda1 /media/pi/USB

# mount -o defaults,utf8,uid=www-data,gid=www-data,umask=002 /dev/sda1 /media/pi/USB
```

udev 데몬 rules 을 활용하면 USB 가 장착될 때 자동으로 마운트 시킬 수 있다. udev rules 가
있는 경로는 다음과 같다.

```
/etc/udev/rules.d/

/lib/udev/rules.d/
```

/etc/udev/rules.d 경로에 다음과 같이 USB 를 자동으로 마운트하는 스크립트를 추가한다.

**/etc/udev/rules.d/11-usb-automount.rules**

```
KERNEL!="sd[a-z][0-9]", GOTO="udev_usb_automount_end"
# Import FS infos
IMPORT{program}="/sbin/blkid -o udev -p %N"
# Get a label if present, otherwise specify one
ENV{ID_FS_LABEL}!="", ENV{dir_name}="%E{ID_FS_LABEL}"
ENV{ID_FS_LABEL}=="", ENV{dir_name}="usbhd-%k"
# Global mount options
ACTION=="add", ENV{mount_options}="relatime"
# Filesystem-specific mount options
```

커널연구회(www.kernel.bz)                        정재준 (rgbi3307@nate.com)

```
ACTION=="add", ENV{ID_FS_TYPE}=="vfat|ntfs", ENV{mount_options}="$env{mount_options},utf8,uid=www-
data,gid=100,umask=002"
# Mount the device
ACTION=="add", RUN+="/bin/mkdir -p /media/pi/%E{dir_name}", RUN+="/bin/mount -o $env{mount_options}
/dev/%k /media/pi/%E{dir_name}"
# Clean up after removal
ACTION=="remove", ENV{dir_name}!="", RUN+="/bin/umount -l /media/pi/%E{dir_name}", RUN+="/bin/rmdir
/media/pi/%E{dir_name}"
# Exit
LABEL="udev_usb_automount_end"
```

다음과 같이 udev 데몬를 재설정한다.

```
# udevadm control --reload-rules
```

다음으로 아파치 웹서버에서 위의 USB 경로에 접근할 수 있도록 다음과 같이 설정한다.

**/etc/apache2/USB.conf**
```
# USB default Apache configuration

Alias /USB /media/pi/

<Directory /media/pi/>
    Options FollowSymLinks
</Directory>
```

**/etc/apache2/apache2.conf**
```
Include ./USB.conf

<Directory /media/pi/>
        AllowOverride None
```

커널연구회(www.kernel.bz)              정재준 (rgbi3307@nate.com)

```
        Require all granted
</Directory>
```

## 웹에서 접근

```
http://127.0.0.1/USB/

http://SERVER_ADDR/USB/
```

커널연구회(www.kernel.bz)           정재준 (rgbi3307@nate.com)

# 5. 웹서버 구축하기

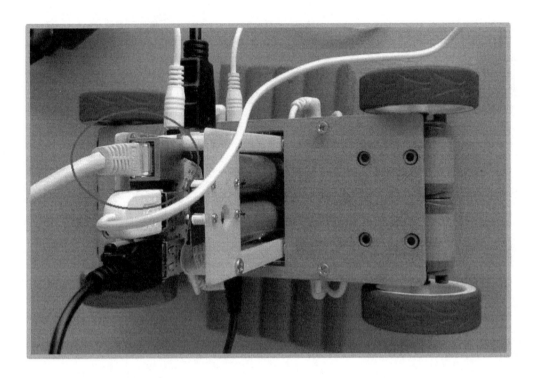

라즈베리파이에는 웹서버를 설치하여 운영할 수 있다. 이번장은 라지그를 웹서버로 동작 시키기 위해서 APM(Apache2 + PHP5 + MySQL5) 패키지를 설치하는 방법에 대해서 기술한다. 웹서버 패키지들이 설치되면 휴대폰으로 WiFi 접속하여 각종 어플리케이션들을 동작 시킬 수 있게된다.

5.1 아파치 설치하기

5.2 MySQL 설치하기

5.3 PHP 설치하기

5.4 아파치와 PHP 연동

5.5 PHP 와 MySQL 연동

5.6 실행 및 동작확인

5.7 MySQL 과 C 언어 연동

5.8 SQLite 활용하기

커널연구회(www.kernel.bz)          정재준 ( rgbi3307@nate.com )

# 5.1 아파치 설치하기

아파치를 설치하기 전에 /tmp/에 apache2 경로를 생성한후 www-data 소유권을 가지도록 속성을
다음과 같이 변경한다.

```
root@RAZIG:/tmp# cd /tmp/
root@ RAZIG:/tmp# mkdir apache2
root@ RAZIG:/tmp# ll
total 4
drwxrwxrwt  3 root root    60 Jan  1 09:03 ./
drwxr-xr-x 22 root root 4096 Sep 21  2015 ../
drwxr-xr-x  2 root root    40 Jan  1 09:03 apache2/
root@ RAZIG:/tmp# chown www-data. apache2/
root@ RAZIG:/tmp# ll
total 4
drwxrwxrwt  3 root      root        60 Jan  1 09:03 ./
drwxr-xr-x 22 root      root      4096 Sep 21  2015 ../
drwxr-xr-x  2 www-data www-data    40 Jan  1 09:03 apache2/
```

아파치를 설치한다.

```
# apt-get install apache2
```

다음과 같이 설치된다.

```
Reading package lists... Done
Building dependency tree
Reading state information... Done
The following extra packages will be installed:
  apache2-bin apache2-data apache2-utils libapr1 libaprutil1
  libaprutil1-dbd-sqlite3 libaprutil1-ldap liblua5.1-0 ssl-cert
Suggested packages:
  apache2-doc apache2-suexec-pristine apache2-suexec-custom openssl-blacklist
The following NEW packages will be installed:
```

커널연구회(www.kernel.bz)　　　　　　　　　　　　　　　정재준 (rgbi3307@nate.com)

```
  apache2 apache2-bin apache2-data apache2-utils libapr1 libaprutil1
  libaprutil1-dbd-sqlite3 libaprutil1-ldap liblua5.1-0 ssl-cert
0 upgraded, 10 newly installed, 0 to remove and 1 not upgraded.
Need to get 1,746 kB of archives.
After this operation, 5,235 kB of additional disk space will be used.
Do you want to continue? [Y/n]


Get:1 http://mirrordirector.raspbian.org/raspbian/ jessie/main libapr1 armhf 1.5.1-3 [77.1 kB]
Get:2 http://mirrordirector.raspbian.org/raspbian/ jessie/main libaprutil1 armhf 1.5.4-1 [75.9 kB]
Get:3 http://mirrordirector.raspbian.org/raspbian/ jessie/main libaprutil1-dbd-sqlite3 armhf 1.5.4-1
[17.7 kB]
Get:4 http://mirrordirector.raspbian.org/raspbian/ jessie/main libaprutil1-ldap armhf 1.5.4-1 [16.7
kB]
Get:5 http://mirrordirector.raspbian.org/raspbian/ jessie/main liblua5.1-0 armhf 5.1.5-7.1 [83.7 kB]
Get:6 http://mirrordirector.raspbian.org/raspbian/ jessie/main apache2-bin armhf 2.4.10-10+deb8u3
[893 kB]
Get:7 http://mirrordirector.raspbian.org/raspbian/ jessie/main apache2-utils armhf 2.4.10-10+deb8u3
[194 kB]
Get:8 http://mirrordirector.raspbian.org/raspbian/ jessie/main apache2-data all 2.4.10-10+deb8u3
[163 kB]
Get:9 http://mirrordirector.raspbian.org/raspbian/ jessie/main apache2 armhf 2.4.10-10+deb8u3 [205
kB]
Get:10 http://mirrordirector.raspbian.org/raspbian/ jessie/main ssl-cert all 1.0.35 [20.9 kB]
Fetched 1,746 kB in 5s (336 kB/s)
Preconfiguring packages ...
Selecting previously unselected package libapr1:armhf.
(Reading database ... 120463 files and directories currently installed.)
Preparing to unpack .../libapr1_1.5.1-3_armhf.deb ...
Unpacking libapr1:armhf (1.5.1-3) ...
Selecting previously unselected package libaprutil1:armhf.
Preparing to unpack .../libaprutil1_1.5.4-1_armhf.deb ...
Unpacking libaprutil1:armhf (1.5.4-1) ...
Selecting previously unselected package libaprutil1-dbd-sqlite3:armhf.
Preparing to unpack .../libaprutil1-dbd-sqlite3_1.5.4-1_armhf.deb ...
Unpacking libaprutil1-dbd-sqlite3:armhf (1.5.4-1) ...
Selecting previously unselected package libaprutil1-ldap:armhf.
```

커널연구회(www.kernel.bz)      정재준 (rgbi3307@nate.com)

```
Preparing to unpack .../libaprutil1-ldap_1.5.4-1_armhf.deb ...
Unpacking libaprutil1-ldap:armhf (1.5.4-1) ...
Selecting previously unselected package liblua5.1-0:armhf.
Preparing to unpack .../liblua5.1-0_5.1.5-7.1_armhf.deb ...
Unpacking liblua5.1-0:armhf (5.1.5-7.1) ...
Selecting previously unselected package apache2-bin.
Preparing to unpack .../apache2-bin_2.4.10-10+deb8u3_armhf.deb ...
Unpacking apache2-bin (2.4.10-10+deb8u3) ...
Selecting previously unselected package apache2-utils.
Preparing to unpack .../apache2-utils_2.4.10-10+deb8u3_armhf.deb ...
Unpacking apache2-utils (2.4.10-10+deb8u3) ...
Selecting previously unselected package apache2-data.
Preparing to unpack .../apache2-data_2.4.10-10+deb8u3_all.deb ...
Unpacking apache2-data (2.4.10-10+deb8u3) ...
Selecting previously unselected package apache2.
Preparing to unpack .../apache2_2.4.10-10+deb8u3_armhf.deb ...
Unpacking apache2 (2.4.10-10+deb8u3) ...
Selecting previously unselected package ssl-cert.
Preparing to unpack .../ssl-cert_1.0.35_all.deb ...
Unpacking ssl-cert (1.0.35) ...
Processing triggers for man-db (2.7.0.2-5) ...
Processing triggers for systemd (215-17+deb8u2) ...
Setting up libapr1:armhf (1.5.1-3) ...
Setting up libaprutil1:armhf (1.5.4-1) ...
Setting up libaprutil1-dbd-sqlite3:armhf (1.5.4-1) ...
Setting up libaprutil1-ldap:armhf (1.5.4-1) ...
Setting up liblua5.1-0:armhf (5.1.5-7.1) ...
Setting up apache2-bin (2.4.10-10+deb8u3) ...
Setting up apache2-utils (2.4.10-10+deb8u3) ...
Setting up apache2-data (2.4.10-10+deb8u3) ...
Setting up apache2 (2.4.10-10+deb8u3) ...
Enabling module mpm_event.
Enabling module authz_core.
Enabling module authz_host.
Enabling module authn_core.
Enabling module auth_basic.
```

```
Enabling module access_compat.

Enabling module authn_file.

Enabling module authz_user.

Enabling module alias.

Enabling module dir.

Enabling module autoindex.

Enabling module env.

Enabling module mime.

Enabling module negotiation.

Enabling module setenvif.

Enabling module filter.

Enabling module deflate.

Enabling module status.

Enabling conf charset.

Enabling conf localized-error-pages.

Enabling conf other-vhosts-access-log.

Enabling conf security.

Enabling conf serve-cgi-bin.

Enabling site 000-default.

Setting up ssl-cert (1.0.35) ...

Processing triggers for libc-bin (2.19-18+deb8u1) ...

Processing triggers for systemd (215-17+deb8u2) ...
```

아파치 설치가 완료 되었다.  아래와 같이 아파치가 설치된 경로들을 확인한다.

```
root@RAZIG:/tmp# cd /

root@RAZIG:/#

root@RAZIG:/# find -name apache2

./var/lib/apache2

./var/cache/apache2

./var/log/apache2

./etc/cron.daily/apache2

./etc/init.d/apache2

./etc/default/apache2

./etc/apache2

./etc/bash_completion.d/apache2
```

커널연구회(www.kernel.bz)        정재준 (rgbi3307@nate.com)

```
./etc/logrotate.d/apache2
./tmp/apache2
```

ps 명령을 통하여 아파치가 실행되어 있음을 확인한다.

```
root@RAZIG:/# ps aux | grep apache
root      2068  0.0  0.3   7196  3756 ?       Ss   15:42   0:00 /usr/sbin/apache2 -k start
www-data  2071  0.0  0.3 229604 3496 ?       Sl   15:42   0:00 /usr/sbin/apache2 -k start
www-data  2072  0.0  0.3 229604 3496 ?       Sl   15:42   0:00 /usr/sbin/apache2 -k start
root      2214  0.0  0.1   4260  1876 pts/0   S+   15:46   0:00 grep apache
```

# 5.2 MySQL 설치하기

```
# apt-get install mysql-server mysql-client
```

MySQL을 설치하기 위한 패키지 목록이 표시 된다.

```
Reading package lists... Done
Building dependency tree
Reading state information... Done
The following extra packages will be installed:
  libdbd-mysql-perl libdbi-perl libhtml-template-perl libmysqlclient18
  libterm-readkey-perl mysql-client-5.5 mysql-common mysql-server-5.5
  mysql-server-core-5.5
Suggested packages:
  libclone-perl libmldbm-perl libnet-daemon-perl libsql-statement-perl
  libipc-sharedcache-perl mailx tinyca
The following NEW packages will be installed:
  libdbd-mysql-perl libdbi-perl libhtml-template-perl libmysqlclient18
  libterm-readkey-perl mysql-client mysql-client-5.5 mysql-common mysql-server
  mysql-server-5.5 mysql-server-core-5.5
0 upgraded, 11 newly installed, 0 to remove and 1 not upgraded.
Need to get 8,184 kB of archives.
```

커널연구회(www.kernel.bz)          정재준 (rgbi3307@nate.com)

```
After this operation, 88.9 MB of additional disk space will be used.
Do you want to continue? [Y/n]
```

Y을 입력하면, 다음과 같이 우분투 웹사이트에서 MySQL 패키지들을 다운로드하여 설치 진행한다.

```
Get:1   http://ports.ubuntu.com/ubuntu-ports/   precise-updates/main   mysql-common   all   5.5.44-
0ubuntu0.12.04.1 [12.9 kB]
Get:2  http://ports.ubuntu.com/ubuntu-ports/  precise-updates/main  libmysqlclient18  armhf  5.5.44-
0ubuntu0.12.04.1 [875 kB]
Get:3 http://ports.ubuntu.com/ubuntu-ports/ precise/main libnet-daemon-perl all 0.48-1 [43.1 kB]
Get:4 http://ports.ubuntu.com/ubuntu-ports/ precise/main libplrpc-perl all 0.2020-2 [36.0 kB]
Get:5 http://ports.ubuntu.com/ubuntu-ports/ precise/main libdbi-perl armhf 1.616-1build2 [842 kB]
Get:6 http://ports.ubuntu.com/ubuntu-ports/ precise/main libdbd-mysql-perl armhf 4.020-1build2 [97.9
kB]
Get:7 http://ports.ubuntu.com/ubuntu-ports/ precise-updates/main mysql-client-core-5.5 armhf 5.5.44-
0ubuntu0.12.04.1 [1783 kB]
Get:8  http://ports.ubuntu.com/ubuntu-ports/  precise/main  libterm-readkey-perl  armhf  2.30-4build3
[26.2 kB]
Get:9  http://ports.ubuntu.com/ubuntu-ports/  precise-updates/main  mysql-client-5.5  armhf  5.5.44-
0ubuntu0.12.04.1 [7794 kB]
Get:10  http://ports.ubuntu.com/ubuntu-ports/  precise-updates/main  psmisc  armhf  22.15-2ubuntu1.1
[49.9 kB]
Get:11   http://ports.ubuntu.com/ubuntu-ports/   precise-updates/main   mysql-server-core-5.5   armhf
5.5.44-0ubuntu0.12.04.1 [5622 kB]

//이하 생략…
```

패키지 목록이 모두 다운되고 나면 아래와 같이 MySQL 루트 로그인 암호를 묻는다.  암호를 입력한다.
MySQL에 접속(로그인)할 때 사용되는 root 계정 암호 이므로 잊어 버리지 않도록 주의한다.

```
+--------------------+ Configuring mysql-server-5.5 +--------------------+
| While not mandatory, it is highly recommended that you set a password  |
| for the MySQL administrative "root" user.                              |
|                                                                        |
| If this field is left blank, the password will not be changed.         |
|                                                                        |
```

커널연구회(www.kernel.bz)                              정재준 (rgbi3307@nate.com)

```
| New password for the MySQL "root" user:              |
|                                                      |
| _____ |
|                                                      |
|                        <Ok>                          |
|                                                      |
+------------------------------------------------------+
```

MySQL 루트 로그인 암호를 한번더 입력한다.(확인)

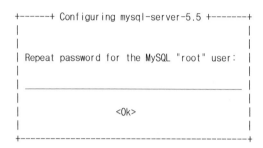

```
+------+ Configuring mysql-server-5.5 +-------+
|                                             |
|                                             |
| Repeat password for the MySQL "root" user:  |
|                                             |
| _____   |
|                                             |
|                     <Ok>                    |
|                                             |
+---------------------------------------------+
```

암호를 입력하면, 아래와 같이 패키지들이 설치된다.

```
//중간생략..

Selecting previously unselected package mysql-common.

(Reading database ... 121148 files and directories currently installed.)

Preparing to unpack .../mysql-common_5.5.44-0+deb8u1_all.deb ...

Unpacking mysql-common (5.5.44-0+deb8u1) ...

Selecting previously unselected package libmysqlclient18:armhf.

Preparing to unpack .../libmysqlclient18_5.5.44-0+deb8u1_armhf.deb ...

Unpacking libmysqlclient18:armhf (5.5.44-0+deb8u1) ...

Selecting previously unselected package libdbi-perl.

Preparing to unpack .../libdbi-perl_1.631-3+b1_armhf.deb ...

Unpacking libdbi-perl (1.631-3+b1) ...

Selecting previously unselected package libdbd-mysql-perl.

Preparing to unpack .../libdbd-mysql-perl_4.028-2+b1_armhf.deb ...

Unpacking libdbd-mysql-perl (4.028-2+b1) ...

Selecting previously unselected package libterm-readkey-perl.

Preparing to unpack .../libterm-readkey-perl_2.32-1+b2_armhf.deb ...

Unpacking libterm-readkey-perl (2.32-1+b2) ...

Selecting previously unselected package mysql-client-5.5.

Preparing to unpack .../mysql-client-5.5_5.5.44-0+deb8u1_armhf.deb ...
```

커널연구회(www.kernel.bz)　　　　　　　　　　　　　　정재준 (rgbi3307@nate.com)

```
Unpacking mysql-client-5.5 (5.5.44-0+deb8u1) ...

Selecting previously unselected package mysql-server-core-5.5.

Preparing to unpack .../mysql-server-core-5.5_5.5.44-0+deb8u1_armhf.deb ...

Unpacking mysql-server-core-5.5 (5.5.44-0+deb8u1) ...

Processing triggers for man-db (2.7.0.2-5) ...

Setting up mysql-common (5.5.44-0+deb8u1) ...

Selecting previously unselected package mysql-server-5.5.

(Reading database ... 121505 files and directories currently installed.)

Preparing to unpack .../mysql-server-5.5_5.5.44-0+deb8u1_armhf.deb ...

Unpacking mysql-server-5.5 (5.5.44-0+deb8u1) ...

Selecting previously unselected package libhtml-template-perl.

Preparing to unpack .../libhtml-template-perl_2.95-1_all.deb ...

Unpacking libhtml-template-perl (2.95-1) ...

Selecting previously unselected package mysql-client.

Preparing to unpack .../mysql-client_5.5.44-0+deb8u1_all.deb ...

Unpacking mysql-client (5.5.44-0+deb8u1) ...

Selecting previously unselected package mysql-server.

Preparing to unpack .../mysql-server_5.5.44-0+deb8u1_all.deb ...

Unpacking mysql-server (5.5.44-0+deb8u1) ...

Processing triggers for man-db (2.7.0.2-5) ...

Processing triggers for systemd (215-17+deb8u2) ...

Setting up libmysqlclient18:armhf (5.5.44-0+deb8u1) ...

Setting up libdbi-perl (1.631-3+b1) ...

Setting up libdbd-mysql-perl (4.028-2+b1) ...

Setting up libterm-readkey-perl (2.32-1+b2) ...

Setting up mysql-client-5.5 (5.5.44-0+deb8u1) ...

Setting up mysql-server-core-5.5 (5.5.44-0+deb8u1) ...

Setting up mysql-server-5.5 (5.5.44-0+deb8u1) ...

151031 15:50:58 [Warning] Using unique option prefix key_buffer instead of key_buffer_size is
deprecated and will be removed in a future release. Please use the full name instead.

151031 15:50:58 [Note] /usr/sbin/mysqld (mysqld 5.5.44-0+deb8u1) starting as process 4816 ...


Setting up libhtml-template-perl (2.95-1) ...

Setting up mysql-client (5.5.44-0+deb8u1) ...

Setting up mysql-server (5.5.44-0+deb8u1) ...

Processing triggers for libc-bin (2.19-18+deb8u1) ...
```

커널연구회(www.kernel.bz)                                              정재준 (rgbi3307@nate.com)

```
Processing triggers for systemd (215-17+deb8u2) ...
```

MySQL 설치가 완료 되었다.  MySQL 관련 파일들이 상당히 많지만, 일단 MySQL 서버와
클라이언트 실행 파일부터 알아 두자.


서버 실행 파일: **/usr/sbin/mysqld**
클라이언트 실행 파일: **/usr/bin/mysql**


# 5.3 PHP 설치하기


```
# apt-get install php5 php5-common
```

PHP를 설치하기 위한 목록이 아래와 같이 표시된다.


```
Reading package lists... Done
Building dependency tree
Reading state information... Done
The following extra packages will be installed:
  libapache2-mod-php5 libonig2 libperl4-corelibs-perl libqdbm14 lsof php5-cli
  php5-json php5-readline
Suggested packages:
  php-pear php5-user-cache
The following NEW packages will be installed:
  libapache2-mod-php5 libonig2 libperl4-corelibs-perl libqdbm14 lsof php5
  php5-cli php5-common php5-json php5-readline
0 upgraded, 10 newly installed, 0 to remove and 1 not upgraded.
Need to get 5,025 kB of archives.
After this operation, 18.6 MB of additional disk space will be used.
Do you want to continue [Y/n]?
```

"Y"를 입력하면, 우분투 웹사이트에서 패키지들이 다운로드 된다.


```
Get:1 http://mirrordirector.raspbian.org/raspbian/ jessie/main libonig2 armhf 5.9.5-3.2 [101 kB]
Get:2 http://mirrordirector.raspbian.org/raspbian/ jessie/main libperl4-corelibs-perl all 0.003-1
```

커널연구회(www.kernel.bz)               정재준 (rgbi3307@nate.com)

```
[43.6 kB]

Get:3 http://mirrordirector.raspbian.org/raspbian/ jessie/main lsof armhf 4.86+dfsg-1 [321 kB]

Get:4 http://mirrordirector.raspbian.org/raspbian/ jessie/main libqdbm14 armhf 1.8.78-5+b1 [86.0 kB]

Get:5 http://mirrordirector.raspbian.org/raspbian/ jessie/main php5-common armhf 5.6.14+dfsg-
0+deb8u1 [697 kB]

Get:6 http://mirrordirector.raspbian.org/raspbian/ jessie/main php5-json armhf 1.3.6-1 [16.9 kB]

Get:7 http://mirrordirector.raspbian.org/raspbian/ jessie/main php5-cli armhf 5.6.14+dfsg-0+deb8u1
[1,888 kB]

Get:8 http://mirrordirector.raspbian.org/raspbian/ jessie/main php5 all 5.6.14+dfsg-0+deb8u1 [1,312
B]

Get:9 http://mirrordirector.raspbian.org/raspbian/ jessie/main libapache2-mod-php5 armhf
5.6.14+dfsg-0+deb8u1 [1,859 kB]

Get:10 http://mirrordirector.raspbian.org/raspbian/ jessie/main php5-readline armhf 5.6.14+dfsg-
0+deb8u1 [11.0 kB]

Fetched 5,025 kB in 8s (597 kB/s)

Selecting previously unselected package libonig2:armhf.

(Reading database ... 121612 files and directories currently installed.)

Preparing to unpack .../libonig2_5.9.5-3.2_armhf.deb ...

Unpacking libonig2:armhf (5.9.5-3.2) ...

Selecting previously unselected package libperl4-corelibs-perl.

Preparing to unpack .../libperl4-corelibs-perl_0.003-1_all.deb ...

Unpacking libperl4-corelibs-perl (0.003-1) ...

Selecting previously unselected package lsof.

Preparing to unpack .../lsof_4.86+dfsg-1_armhf.deb ...

Unpacking lsof (4.86+dfsg-1) ...

Selecting previously unselected package libqdbm14.

Preparing to unpack .../libqdbm14_1.8.78-5+b1_armhf.deb ...

Unpacking libqdbm14 (1.8.78-5+b1) ...

Selecting previously unselected package php5-common.

Preparing to unpack .../php5-common_5.6.14+dfsg-0+deb8u1_armhf.deb ...

Unpacking php5-common (5.6.14+dfsg-0+deb8u1) ...

Selecting previously unselected package php5-json.

Preparing to unpack .../php5-json_1.3.6-1_armhf.deb ...

Unpacking php5-json (1.3.6-1) ...

Selecting previously unselected package php5-cli.

Preparing to unpack .../php5-cli_5.6.14+dfsg-0+deb8u1_armhf.deb ...
```

커널연구회(www.kernel.bz)          정재준 (rgbi3307@nate.com)

```
Unpacking php5-cli (5.6.14+dfsg-0+deb8u1) ...
Selecting previously unselected package libapache2-mod-php5.
Preparing to unpack .../libapache2-mod-php5_5.6.14+dfsg-0+deb8u1_armhf.deb ...
Unpacking libapache2-mod-php5 (5.6.14+dfsg-0+deb8u1) ...
Selecting previously unselected package php5.
Preparing to unpack .../php5_5.6.14+dfsg-0+deb8u1_all.deb ...
Unpacking php5 (5.6.14+dfsg-0+deb8u1) ...
Selecting previously unselected package php5-readline.
Preparing to unpack .../php5-readline_5.6.14+dfsg-0+deb8u1_armhf.deb ...
Unpacking php5-readline (5.6.14+dfsg-0+deb8u1) ...
Processing triggers for man-db (2.7.0.2-5) ...
Setting up libonig2:armhf (5.9.5-3.2) ...
Setting up libperl4-corelibs-perl (0.003-1) ...
Setting up lsof (4.86+dfsg-1) ...
Setting up libqdbm14 (1.8.78-5+b1) ...
Setting up php5-common (5.6.14+dfsg-0+deb8u1) ...

Creating config file /etc/php5/mods-available/pdo.ini with new version
php5_invoke: Enable module pdo for cli SAPI
php5_invoke: Enable module pdo for apache2 SAPI

Creating config file /etc/php5/mods-available/opcache.ini with new version
php5_invoke: Enable module opcache for cli SAPI
php5_invoke: Enable module opcache for apache2 SAPI
Setting up php5-json (1.3.6-1) ...
php5_invoke: Enable module json for cli SAPI
php5_invoke: Enable module json for apache2 SAPI
Setting up php5-cli (5.6.14+dfsg-0+deb8u1) ...
update-alternatives: using /usr/bin/php5 to provide /usr/bin/php (php) in auto mode

Creating config file /etc/php5/cli/php.ini with new version
Setting up libapache2-mod-php5 (5.6.14+dfsg-0+deb8u1) ...

Creating config file /etc/php5/apache2/php.ini with new version
Module mpm_event disabled.
Enabling module mpm_prefork.
```

커널연구회(www.kernel.bz)                          정재준 (rgbi3307@nate.com)

```
apache2_switch_mpm Switch to prefork
apache2_invoke: Enable module php5
Setting up php5 (5.6.14+dfsg-0+deb8u1) ...
Setting up php5-readline (5.6.14+dfsg-0+deb8u1) ...

Creating config file /etc/php5/mods-available/readline.ini with new version
php5_invoke: Enable module readline for cli SAPI
php5_invoke: Enable module readline for apache2 SAPI
Processing triggers for libc-bin (2.19-18+deb8u1) ...
Processing triggers for libapache2-mod-php5 (5.6.14+dfsg-0+deb8u1) ...
```

PHP 설치가 완료 되었다. 설치된 경로를 다음과 같이 확인한다.

```
root@RAZIG:/# find -name php
./var/lib/dpkg/alternatives/php
./etc/alternatives/php
./opt/sonic-pi/app/gui/html/vendor/codemirror/mode/php
./opt/sonic-pi/app/server/vendor/rouge/lib/rouge/lexers/php
./opt/sonic-pi/app/server/vendor/rouge/lib/rouge/demos/php
./usr/bin/php
root@RAZIG:/#
```

# 5.4 아파치와 PHP 연동

```
# apt-get install libapache2-mod-php5
```

```
Reading package lists... Done
Building dependency tree
Reading state information... Done
libapache2-mod-php5 is already the newest version.
libapache2-mod-php5 set to manually installed.
0 upgraded, 0 newly installed, 0 to remove and 1 not upgraded.
```

커널연구회(www.kernel.bz)                                    정재준 (rgbi3307@nate.com)

## 5.5 PHP와 MySQL 연동

```
# apt-get install php5-mysql
```

```
Reading package lists... Done
Building dependency tree
Reading state information... Done
The following NEW packages will be installed:
  php5-mysql
0 upgraded, 1 newly installed, 0 to remove and 1 not upgraded.
Need to get 51.8 kB of archives.
After this operation, 191 kB of additional disk space will be used.
Get:1 http://mirrordirector.raspbian.org/raspbian/ jessie/main php5-mysql armhf 5.6.14+dfsg-0+deb8u1
[51.8 kB]
Fetched 51.8 kB in 1s (41.7 kB/s)
Selecting previously unselected package php5-mysql.
(Reading database ... 121779 files and directories currently installed.)
Preparing to unpack .../php5-mysql_5.6.14+dfsg-0+deb8u1_armhf.deb ...
Unpacking php5-mysql (5.6.14+dfsg-0+deb8u1) ...
Processing triggers for libapache2-mod-php5 (5.6.14+dfsg-0+deb8u1) ...
Setting up php5-mysql (5.6.14+dfsg-0+deb8u1) ...

Creating config file /etc/php5/mods-available/mysql.ini with new version
php5_invoke: Enable module mysql for cli SAPI
php5_invoke: Enable module mysql for apache2 SAPI

Creating config file /etc/php5/mods-available/mysqli.ini with new version
php5_invoke: Enable module mysqli for cli SAPI
php5_invoke: Enable module mysqli for apache2 SAPI

Creating config file /etc/php5/mods-available/pdo_mysql.ini with new version
php5_invoke: Enable module pdo_mysql for cli SAPI
php5_invoke: Enable module pdo_mysql for apache2 SAPI
Processing triggers for libapache2-mod-php5 (5.6.14+dfsg-0+deb8u1) ...
```

커널연구회(www.kernel.bz)                    정재준 (rgbi3307@nate.com)

# 5.6 실행 및 동작확인

아파치를 실행하는 명령은 2가지가 있다.

servie apache2 restart

혹은 다음과 같이 /etc/init.d/apache2 restart 을 실행해도 된다.

```
# /etc/init.d/apache2 restart

 Restarting apache2 (via systemctl): apache2.service.
```

MySQL 서버(mysqld)가 설치되어 있는 실행 파일은 다음과 같이 확인한다.

```
# find -name mysqld*
./etc/mysql/conf.d/mysqld_safe_syslog.cnf
./usr/share/doc/mysql-server-5.5/mysqld.sym.gz
./usr/share/mysql/mysqld_multi.server
./usr/share/man/man1/mysqldumpslow.1.gz
./usr/share/man/man1/mysqld_safe.1.gz
./usr/share/man/man1/mysqld_multi.1.gz
./usr/share/man/man1/mysqldump.1.gz
./usr/share/man/man8/mysqld.8.gz
./usr/sbin/mysqld
./usr/bin/mysqld_multi
./usr/bin/mysqldumpslow
./usr/bin/mysqld_safe
./usr/bin/mysqldump
./run/mysqld
./run/mysqld/mysqld.pid
./run/mysqld/mysqld.sock
```

MySQL 서버 데몬(mysqld)은 아래 같이 직접 실행한다.　서버 데몬은 &옵션을 추가하여 백그라운드 프로세스로 실행되도록 한다.

커널연구회(www.kernel.bz)　　　　　　　　정재준 (rgbi3307@nate.com)

```
# mysqld_safe &

[1] 1935

root@Exynos5420:~# 150922 08:43:23 mysqld_safe Can't log to error log and syslog at the same time.
Remove all --log-error configuration options for --syslog to take effect.
150922 08:43:23 mysqld_safe Logging to '/var/log/mysql/error.log'.
150922 08:43:23 mysqld_safe Starting mysqld daemon with databases from /var/lib/mysql
```

위에서 syslog과 관련되는 경고 메시지를 보이지 않게 하려면 다음과 같이 –skip-syslog 옵션을
추가하여 실행하면 된다.

```
# mysqld_safe --skip-syslog &

[1] 2302

root@Exynos5420:~# 150922 08:46:57 mysqld_safe Logging to '/var/log/mysql/error.log'.
150922 08:46:57 mysqld_safe Starting mysqld daemon with databases from /var/lib/mysql
```

실행된 프로세스를 확인 한다.

```
root@RAZIG:/# ps aux | grep mysql

root      4974  0.0  0.1   1896  1224 ?        S    15:51   0:00 /bin/sh /usr/bin/mysqld_safe
mysql     5333  0.4  4.0 320004 38148 ?        SI   15:51   0:02 /usr/sbin/mysqld --basedir=/usr --
datadir=/var/lib/mysql       --plugin-dir=/usr/lib/mysql/plugin       --user=mysql       --log-
error=/var/log/mysql/error.log       --pid-file=/var/run/mysqld/mysqld.pid       --
socket=/var/run/mysqld/mysqld.sock --port=3306
root      8969  0.0  0.1   4260  1840 pts/0    S+   16:03   0:00 grep mysql
root@RAZIG:/#
```

netstat 명령을 사용하여 아파치와 MySQL이 실행되고 있는 네트워크 정보를 확인한다.

```
# netstat -atp

Active Internet connections (servers and established)
Proto Recv-Q Send-Q Local Address          Foreign Address         State       PID/Program name
tcp        0      0 localhost:mysql        *:*                     LISTEN      5333/mysqld
tcp        0      0 *:netbios-ssn          *:*                     LISTEN      947/smbd
```

커널연구회(www.kernel.bz)                    정재준 (rgbi3307@nate.com)

```
tcp      0      0 *:ssh                    *:*                LISTEN      681/sshd
tcp      0      0 *:microsoft-ds           *:*                LISTEN      947/smbd
tcp      0    100 192.168.100.6:ssh        192.168.100.4:52950 ESTABLISHED 1063/sshd: pi [priv
tcp6     0      0 [::]:netbios-ssn         [::]:*             LISTEN      947/smbd
tcp6     0      0 [::]:http                [::]:*             LISTEN      8620/apache2
tcp6     0      0 [::]:ssh                 [::]:*             LISTEN      681/sshd
tcp6     0      0 [::]:microsoft-ds        [::]:*             LISTEN      947/smbd


# netstat -nat
Active Internet connections (servers and established)
Proto Recv-Q Send-Q Local Address           Foreign Address         State
tcp      0      0 127.0.0.1:3306          0.0.0.0:*          LISTEN
tcp      0      0 0.0.0.0:139             0.0.0.0:*          LISTEN
tcp      0      0 0.0.0.0:22              0.0.0.0:*          LISTEN
tcp      0      0 0.0.0.0:445             0.0.0.0:*          LISTEN
tcp      0    180 192.168.100.6:22        192.168.100.4:52950 ESTABLISHED
tcp6     0      0 :::139                  :::*               LISTEN
tcp6     0      0 :::80                   :::*               LISTEN
tcp6     0      0 :::22                   :::*               LISTEN
tcp6     0      0 :::445                  :::*               LISTEN
```

아파치는 tcp 80번 포트에서 프로세스 아이디 8620으로 실행되고, MySQL은 tcp 3306 포트에서 프로세스 아이디 5333로 실행되고 있음을 알 수 있다.

이제, MySQL 클라이언트에서 MySQL 서버에 접속해 보자.

```
# mysql -u root -p
Enter password: (설치할 때 입력한 암호 입력)

Welcome to the MySQL monitor.  Commands end with ; or \g.
Your MySQL connection id is 44
Server version: 5.5.44-0+deb8u1 (Raspbian)

Copyright (c) 2000, 2015, Oracle and/or its affiliates. All rights reserved.

Oracle is a registered trademark of Oracle Corporation and/or its
```

커널연구회(www.kernel.bz)     정재준 (rgbi3307@nate.com)

```
affiliates. Other names may be trademarks of their respective
owners.

Type 'help;' or '\h' for help. Type '\c' to clear the current input statement.

mysql>
mysql> show databases;
+--------------------+
| Database           |
+--------------------+
| information_schema |
| mysql              |
| performance_schema |
+--------------------+
3 rows in set (0.00 sec)


mysql> quit;
Bye
root@RAZIG:/#
```

위와 같이 동작하면, MySQL이 정상적으로 동작하는 것이다.

이제 PHP 동작을 확인해 보자.

PHP 웹서버가 바로 보는 문서 경로는 기본적으로 /var/www 이다.  이 곳의 파일을 아래와 같이 확인해 보면 index.html이 있음을 알 수 있다.

```
# cd /var/www/
# ll
total 12
drwxr-xr-x  3 root root 4096 Oct 31 15:41 .
drwxr-xr-x 12 root root 4096 Oct 31 15:41 ..
drwxr-xr-x  2 root root 4096 Oct 31 15:41 html

root@RAZIG:/var/www# cd html/
root@RAZIG:/var/www/html# ll
total 20
```

커널연구회(www.kernel.bz)       정재준 (rgbi3307@nate.com)

```
drwxr-xr-x 2 root root  4096 Oct 31 15:41 .

drwxr-xr-x 3 root root  4096 Oct 31 15:41 ..

-rw-r--r-- 1 root root 11104 Oct 31 15:41 index.html

root@RAZIG:/var/www/html#
```

필자가 실습하고 있는 보드의 네트워크 아이피는 "192.168.100.6" 이므로 이 주소를 웹브라우즈에
일력하면,

```
# ifconfig

eth0      Link encap:Ethernet  HWaddr b8:27:eb:80:59:8b

          inet addr:192.168.100.6  Bcast:192.168.100.255  Mask:255.255.255.0

          inet6 addr: fe80::ba27:ebff:fe80:598b/64 Scope:Link

          UP BROADCAST RUNNING MULTICAST  MTU:1500  Metric:1

          RX packets:14559 errors:0 dropped:0 overruns:0 frame:0

          TX packets:10016 errors:0 dropped:0 overruns:0 carrier:0

          collisions:0 txqueuelen:1000

          RX bytes:16594962 (15.8 MiB)  TX bytes:1143927 (1.0 MiB)
```

다음과 같이 웹브라우즈 화면에 index.html 내용이 표시되면 정상적으로 웹서버가 동작하고
있다는 것이다.

커널연구회(www.kernel.bz)　　　　　　　　　　　　　　　　　　　정재준 (rgbi3307@nate.com)

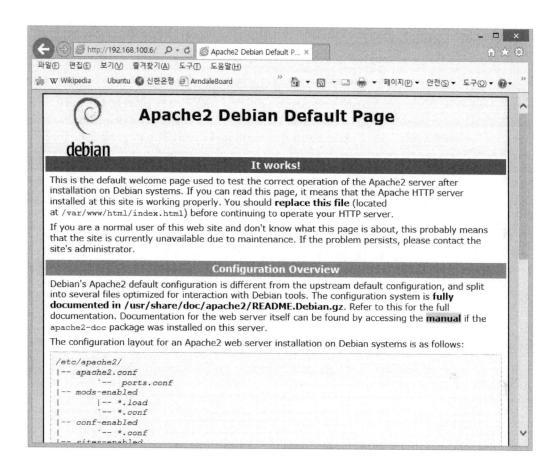

다음으로 PHP 동작을 확인해 보자.

/var/www/html/phpinfo.php 라는 파일을 다음과 같이 편집하여 저장한다.

phpinfo() 함수는 PHP가 동작되고 있는 여러가지 정보들을 웹브라우즈에 표시한다.

```
<?php
    phpinfo();
?>
```

웹브라우즈 주소에 http://192.168.100.6/phpinfo.php 을 입력해서 아래와 같은 화면이 나오면, PHP도 정상적으로 실행되고 있다는 것이다.

커널연구회(www.kernel.bz)　　　　　　　　　　　　　　　　　정재준 (rgbi3307@nate.com)

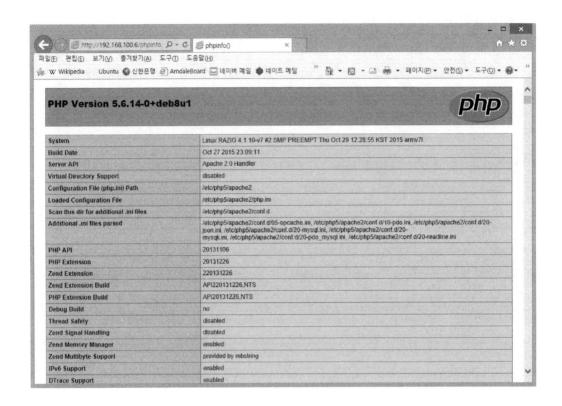

## 5.7 MySQL과 C언어 연동

C언어에 mysql.h 헤더파일을 인클루드하기 위해서 apt-get으로 libmysqlclient-dev 패키지를 설치한다.

```
# apt-get install libmysqlclient-dev
```

다음과 같이 설치 진행된다.

```
Reading package lists... Done
Building dependency tree
Reading state information... Done
The following NEW packages will be installed:
  libmysqlclient-dev
0 upgraded, 1 newly installed, 0 to remove and 1 not upgraded.
```

커널연구회(www.kernel.bz)          정재준 (rgbi3307@nate.com)

```
Need to get 885 kB of archives.

After this operation, 4,859 kB of additional disk space will be used.

Get:1 http://mirrordirector.raspbian.org/raspbian/ jessie/main libmysqlclient-dev armhf 5.5.44-
0+deb8u1 [885 kB]

Fetched 885 kB in 2s (367 kB/s)

Selecting previously unselected package libmysqlclient-dev.

(Reading database ... 134082 files and directories currently installed.)

Preparing to unpack .../libmysqlclient-dev_5.5.44-0+deb8u1_armhf.deb ...

Unpacking libmysqlclient-dev (5.5.44-0+deb8u1) ...

Processing triggers for man-db (2.7.0.2-5) ...

Setting up libmysqlclient-dev (5.5.44-0+deb8u1) ...
```

설치 완료되면 아래의 명령어로 mysql.h 헤더파일이 있는 경로를 확인한다.

```
# mysql_config -cflags

-I/usr/include/mysql -DBIG_JOINS=1 -fno-strict-aliasing   -g -DNDEBUG
```

mysql.h 헤더파일은 /usr/include/mysql 경로에 있으므로 C언어에서 다음과 같이 인클루드 한다.

#include "/usr/include/mysql/mysql.h"

그리고 빌드할 때 –l 옵션에 mysqlclient 라이브러리를 포함시켜준다.   예를들면 아래와 같이
빌드한다.

```
gcc -o sql sql.c -lmysqlclient
```

Qt5와 mysql을 연동하기 위해서 다음과 같이 libqt5sql5-mysql 패키지를 설치한다.

```
# apt-get install libqt5sql5-mysql
```

커널연구회(www.kernel.bz)                    정재준 (rgbi3307@nate.com)

# 5.8 SQLite 활용하기

SQLite는 임베디드 보드에 최적화된 작고 빠른 DBMS이다. MySQL은 클라이언트-서버 환경에서 동작하지만, SQLite는 클라이언트에서 독립적으로 실행되므로 입베디드 보드 단독으로 DB을 처리하고자 할 때 아주 유용하다. SQLite에 관련되는 정보는 아래 웹사이트에서 확인할 수 있다.

https://www.sqlite.org/

## 5.8.1 SQLite 설치

우분투 패키지 설치 도구인 apt-get으로 아래와 같이 쉽게 설치할 수 있다.

```
# apt-get install sqlite3
```

Sqlite3 패키지들이 다음과 같이 설치 진행된다.

```
Reading package lists... Done
Building dependency tree
Reading state information... Done
Suggested packages:
  sqlite3-doc
The following NEW packages will be installed:
  sqlite3
0 upgraded, 1 newly installed, 0 to remove and 1 not upgraded.
Need to get 99.5 kB of archives.
After this operation, 139 kB of additional disk space will be used.
Get:1 http://mirrordirector.raspbian.org/raspbian/ jessie/main sqlite3 armhf 3.8.7.1-1+deb8u1 [99.5 kB]
Fetched 99.5 kB in 1s (71.3 kB/s)
Selecting previously unselected package sqlite3.
(Reading database ... 121790 files and directories currently installed.)
Preparing to unpack .../sqlite3_3.8.7.1-1+deb8u1_armhf.deb ...
```

커널연구회(www.kernel.bz)　　　　　　　　　　　　　　　정재준 (rgbi3307@nate.com)

```
Unpacking sqlite3 (3.8.7.1-1+deb8u1) ...
Processing triggers for man-db (2.7.0.2-5) ...
Setting up sqlite3 (3.8.7.1-1+deb8u1) ...
```

설치 완료 되었다.  설치된 파일과 경로는 다음과 같이 확인한다.

```
root@RAZIG:/# cd /
root@RAZIG:/# find -name sqlite*
./var/lib/dpkg/info/sqlite3.md5sums
./var/lib/dpkg/info/sqlite3.list
./var/cache/apt/archives/sqlite3_3.8.7.1-1+deb8u1_armhf.deb
./opt/Wolfram/WolframEngine/10.0/SystemFiles/Links/DatabaseLink/DatabaseResources/sqlite.m
./opt/Wolfram/WolframEngine/10.0/SystemFiles/Links/DatabaseLink/DatabaseResources/sqlite-memory.m
./opt/Wolfram/WolframEngine/10.0/SystemFiles/Links/DatabaseLink/Java/sqlite-jdbc-3.7.2.jar
./usr/share/doc/sqlite3
./usr/share/man/man1/sqlite3.1.gz
./usr/share/bash-completion/completions/sqlite3
./usr/lib/python2.7/sqlite3
./usr/lib/python3.4/sqlite3
./usr/lib/pypy-upstream/lib-python/2.7/sqlite3
./usr/bin/sqlite3
root@RAZIG:/#
```

## 5.8.2 SQLite 실행

실행도 간편하다.  /usr/bin/sqlite3 을 그냥 실행 하면 된다.

```
root@RAZIG:/# sqlite3
SQLite version 3.8.7.1 2014-10-29 13:59:56
Enter ".help" for usage hints.
Connected to a transient in-memory database.
Use ".open FILENAME" to reopen on a persistent database.
sqlite>
```

커널연구회(www.kernel.bz)         정재준 (rgbi3307@nate.com)

sqlite> 프롬프트에 .help 명령을 입력하면 아래와 같이 명령어 도움말들을 표시한다.

```
sqlite> .help

.backup ?DB? FILE      Backup DB (default "main") to FILE
.bail on|off           Stop after hitting an error.  Default OFF
.clone NEWDB           Clone data into NEWDB from the existing database
.databases             List names and files of attached databases
.dump ?TABLE? ...      Dump the database in an SQL text format
                           If TABLE specified, only dump tables matching
                           LIKE pattern TABLE.
.echo on|off           Turn command echo on or off
.eqp on|off            Enable or disable automatic EXPLAIN QUERY PLAN
.exit                  Exit this program
.explain ?on|off?      Turn output mode suitable for EXPLAIN on or off.
                           With no args, it turns EXPLAIN on.
.fullschema            Show schema and the content of sqlite_stat tables
.headers on|off        Turn display of headers on or off
.help                  Show this message
.import FILE TABLE     Import data from FILE into TABLE
.indices ?TABLE?       Show names of all indices
                           If TABLE specified, only show indices for tables
                           matching LIKE pattern TABLE.
.load FILE ?ENTRY?     Load an extension library
.log FILE|off          Turn logging on or off.  FILE can be stderr/stdout
.mode MODE ?TABLE?     Set output mode where MODE is one of:
                         csv      Comma-separated values
                         column   Left-aligned columns.  (See .width)
                         html     HTML <table> code
                         insert   SQL insert statements for TABLE
                         line     One value per line
                         list     Values delimited by .separator string
                         tabs     Tab-separated values
                         tcl      TCL list elements
.nullvalue STRING      Use STRING in place of NULL values
.once FILENAME         Output for the next SQL command only to FILENAME
```

커널연구회(www.kernel.bz)                                    정재준 (rgbi3307@nate.com)

```
.open ?FILENAME?        Close existing database and reopen FILENAME

.output ?FILENAME?      Send output to FILENAME or stdout

.print STRING...        Print literal STRING

.prompt MAIN CONTINUE   Replace the standard prompts

.quit                   Exit this program

.read FILENAME          Execute SQL in FILENAME

.restore ?DB? FILE      Restore content of DB (default "main") from FILE

.save FILE              Write in-memory database into FILE

.schema ?TABLE?         Show the CREATE statements

                            If TABLE specified, only show tables matching

                            LIKE pattern TABLE.

.separator STRING ?NL? Change separator used by output mode and .import

                            NL is the end-of-line mark for CSV

.shell CMD ARGS...      Run CMD ARGS... in a system shell

.show                   Show the current values for various settings

.stats on|off           Turn stats on or off

.system CMD ARGS...     Run CMD ARGS... in a system shell

.tables ?TABLE?         List names of tables

                            If TABLE specified, only list tables matching

                            LIKE pattern TABLE.

.timeout MS             Try opening locked tables for MS milliseconds

.timer on|off           Turn SQL timer on or off

.trace FILE|off         Output each SQL statement as it is run

.vfsname ?AUX?          Print the name of the VFS stack

.width NUM1 NUM2 ...    Set column widths for "column" mode

                            Negative values right-justify

sqlite> .exit
```

.exit 명령을 실행하면 종료된다.


SQLite에 관한 좀더 많은 정보들은 https://www.sqlite.org/ 에서 확인하기 바란다.

# 6. 웹서버 운영하기

웹서버를 잘 운영하기 위해서는 각종 유용한 패키지들을 잘 활용해야 한다. 특히 MySQL과 같은 DBMS는 관리도구가 반드시 필요하다. PHP로 작성된 phpMyAdmin을 활용하면 MySQL에서 데이터를 잘 관리할 수 있게된다. 이번장은 이것에 대해서 설명한다.

**6.1 phpMyAdmin 설치**
**6.2 phpMyAdmin 설정**
**6.3 phpMyAdmin 동작 확인**
**6.4 CGI 실행하기**

커널연구회(www.kernel.bz)        정재준 (rgbi3307@nate.com)

# 6.1 phpMyAdmin 설치

phpMyAdmin은 PHP로 작성된 MySQL 데이터베이스 관리 도구이며 웹에서 동작하므로 사용하기 편하면서도 많은 기능을 제공한다. apt-get 통하여 아주 간편하게 설치할 수 있다.

```
# apt-get install phpmyadmin apache2-utils
```

아래와 같이 설치할 패키지 목록을 보여준다.

```
Reading package lists... Done
Building dependency tree
Reading state information... Done
apache2-utils is already the newest version.
apache2-utils set to manually installed.
The following extra packages will be installed:
  dbconfig-common libjs-sphinxdoc libjs-underscore libmcrypt4 php-gettext
  php-tcpdf php5-gd php5-mcrypt
Suggested packages:
  libmcrypt-dev mcrypt php5-imagick
The following NEW packages will be installed:
  dbconfig-common libjs-sphinxdoc libjs-underscore libmcrypt4 php-gettext
  php-tcpdf php5-gd php5-mcrypt phpmyadmin
0 upgraded, 9 newly installed, 0 to remove and 1 not upgraded.
Need to get 15.5 MB of archives.
After this operation, 46 7 MB of additional disk space will be used.
Do you want to continue [Y/n]?
```

"Y"을 입력하여 설치진행하면, 패키지들이 다운로드 되어 설치되다가 아래와 같이 웹서버를 선택하라는 대화창이 나타난다.

```
┌───────────────────┤ Configuring phpmyadmin ├───────────────────┐
│ Please choose the web server that should be automatically configured to │
│ run phpMyAdmin.                                                 │
│                                                                │
│ Web server to reconfigure automatically:                       │
```

```
|
|    [ ] apache2
|    [ ] lighttpd
|
|
|                         <Ok>
|
|
```

apache2을 선택하고 <OK>을 엔터한다.

```
┌──────────────┤ Configuring phpmyadmin ├──────────────┐
|                                                       |
| The phpmyadmin package must have a database installed and configured |
| before it can be used.  This can be optionally handled with          |
| dbconfig-common.                                                     |
|                                                       |
| If you are an advanced database administrator and know that you want to |
| perform this configuration manually, or if your database has already |
| been installed and configured, you should refuse this option.  Details |
| on what needs to be done should most likely be provided in           |
| /usr/share/doc/phpmyadmin.                                           |
|                                                       |
| Otherwise, you should probably choose this option.    |
|                                                       |
| Configure database for phpmyadmin with dbconfig-common? |
|                                                       |
|           <Yes>                        <No>           |
|                                                       |
└───────────────────────────────────────────────────────┘
```

위와 같이 dbconfig-common으로 phpmyadmin을 위한 데이터베이스를 설정하겠는가라는 물음창이 나타나면
<Yes>을 엔터한다.

```
┌──────────────┤ Configuring phpmyadmin ├──────────────┐
| Please provide the password for the administrative account with which |
| this package should create its MySQL database and user.              |
|                                                       |
| Password of the database's administrative user:       |
|                                                       |
| _____ |
|                                                       |
|           <Ok>                      <Cancel>          |
|                                                       |
└───────────────────────────────────────────────────────┘
```

위와 같이 MySQL에 접속하기 위한 관리자(root) 암호를 입력하라는 대화창이 나타나면, MySQL을 설치할 때
입력한 root 암호를 그대로 입력한다.  다음과 같이 한번더 확인 입력한다.

커널연구회(www.kernel.bz)                                           정재준 (rgbi3307@nate.com)

```
┌───────────────┤ Configuring phpmyadmin ├───────────────┐
│ Please provide a password for phpmyadmin to register with the database │
│ server.  If left blank, a random password will be generated.          │
│                                                                        │
│ MySQL application password for phpmyadmin:                             │
│                                                                        │
│ ***********_____      │
│                                                                        │
│                   <Ok>                        <Cancel>                 │
│                                                                        │
└────────────────────────────────────────────────────────────────────────┘
```

이제 phpmyadmin에 로그인하기 위한 사용자 암호를 입력한다.  처음에는 위에서 입력한 root 계정 암호를
입력한다.   이 사용자 암호는 MySQL에 사용자를 추가할 때 사용한 암호를 통하여 로그인 가능하며,
로그인한 사용자 계정 권한으로 phpmyadmin이 동작한다.

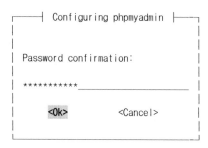

이제 다음과 같이 환경 설정 파일들이 생성되면서 설치가 마무리 된다.

```
dbconfig-common: writing config to /etc/dbconfig-common/phpmyadmin.conf


Creating config file /etc/dbconfig-common/phpmyadmin.conf with new version


Creating config file /etc/phpmyadmin/config-db.php with new version
granting access to database phpmyadmin for phpmyadmin@localhost: success.
verifying access for phpmyadmin@localhost: success.
creating database phpmyadmin: success.
verifying database phpmyadmin exists: success.
populating database via sql... done.
dbconfig-common: flushing administrative password
Processing triggers for libc-bin (2.19-18+deb8u1) ...
Processing triggers for libapache2-mod-php5 (5.6.14+dfsg-0+deb8u1) ...
```

Phpmyadmin 설치가 완료 되었다. 아래와 같이 설치된 경로와 파일들을 확인한다.

```
root@Exynos5420:/# find -name phpmyadmin
./var/lib/mysql/phpmyadmin
./var/lib/phpmyadmin
./etc/phpmyadmin
./usr/share/lintian/overrides/phpmyadmin
./usr/share/doc/phpmyadmin
./usr/share/dbconfig-common/data/phpmyadmin
./usr/share/doc-base/phpmyadmin
./usr/share/phpmyadmin
```

## 6.2 phpMyAdmin 설정

이제 phpmyadmin을 아파치 웹서버에 설정하는 일이 남았다. 아파치 환경설정 파일인 /etc/apache2/apache2.conf을 vi로 열어서 아래와 같이 /etc/phpmyadmin/apache.conf 파일을 인클루드 한후 저장한다.

```
# Include module configuration:
Include mods-enabled/*.load
Include mods-enabled/*.conf

# Include all the user configurations:
Include httpd.conf

# Include ports listing
Include ports.conf

Include /etc/phpmyadmin/apache.conf
```

이제 아파치 웹서버를 재시작 한다.

커널연구회(www.kernel.bz)　　　　　　　　　　　　　정재준 (rgbi3307@nate.com)

```
# service apache2 restart
```

아파치 웹서버가 phpmyadmin을 어디에서 시작하는지는 위에서 인클루드한 /etc/phpmyadmin/ apache.conf 파일을 열어보면, Alias /phpmyadmin /usr/share/phpmyadmin 로 연결되어 있다. 즉, 아파치 웹서버가 동작하는 서버 주소에 /phpmyadmin이라고 입력하면 /usr/share/phpmyadmin/ 경로에 있는 phpmyadmin 파일들이 실행된다.

```
root@Exynos5420:/# cat /etc/phpmyadmin/apache.conf

# phpMyAdmin default Apache configuration

Alias /phpmyadmin /usr/share/phpmyadmin

<Directory /usr/share/phpmyadmin>
        Options FollowSymLinks
        DirectoryIndex index.php

        <IfModule mod_php5.c>
                AddType application/x-httpd-php .php

                php_flag magic_quotes_gpc Off
                php_flag track_vars On
                php_flag register_globals Off
                php_admin_flag allow_url_fopen Off
                php_value include_path .
                php_admin_value upload_tmp_dir /var/lib/phpmyadmin/tmp
                php_admin_value                                    open_basedir
/usr/share/phpmyadmin/:/etc/phpmyadmin/:/var/lib/phpmyadmin/
        </IfModule>

</Directory>

# Authorize for setup
<Directory /usr/share/phpmyadmin/setup>
    <IfModule mod_authn_file.c>
```

커널연구회(www.kernel.bz)                                 정재준 (rgbi3307@nate.com)

```
    AuthType Basic

    AuthName "phpMyAdmin Setup"

    AuthUserFile /etc/phpmyadmin/htpasswd.setup

    </IfModule>

    Require valid-user

</Directory>


# Disallow web access to directories that don't need it

<Directory /usr/share/phpmyadmin/libraries>

    Order Deny,Allow

    Deny from All

</Directory>

<Directory /usr/share/phpmyadmin/setup/lib>

    Order Deny,Allow

    Deny from All

</Directory>
```

커널연구회(www.kernel.bz)                              정재준 (rgbi3307@nate.com)

## 6.3 phpMyAdmin 동작 확인

이제 웹브라우즈에 아래 주소를 다음과 같이 입력한다.

http://192.168.100.6/phpmyadmin/

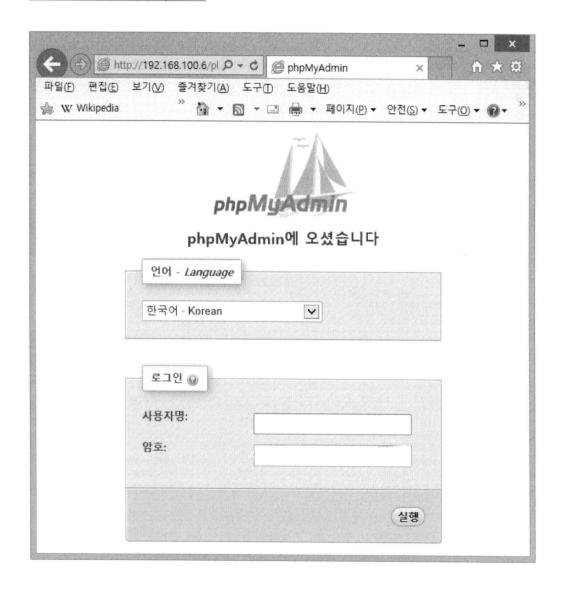

위와 같이 로그인 창이 나타나면, 사용자명에 root, 암호에 설치할 때 입력한 root 계정의 암호를 입력한다.

커널연구회(www.kernel.bz)        정재준 (rgbi3307@nate.com)

다음과 같이 화면이 나타나면 phpmyadmin이 정상적으로 동작하는 것이다. 이제 강력한 MySQL 관리 도구가 설치되었다. 이것을 100% 활용하기 위해서는 DBMS에 대한 지식이 많이 필요하지만, 이미 DBMS을 많이 다루어본 독자분들은 phpmyadmin을 사용하면 할수록 편리한 기능들에 놀랄 것이다. 이 모든 것이 PHP로 만들어 졌고 라즈베리파이2 보드에서도 그대로 실행된다.

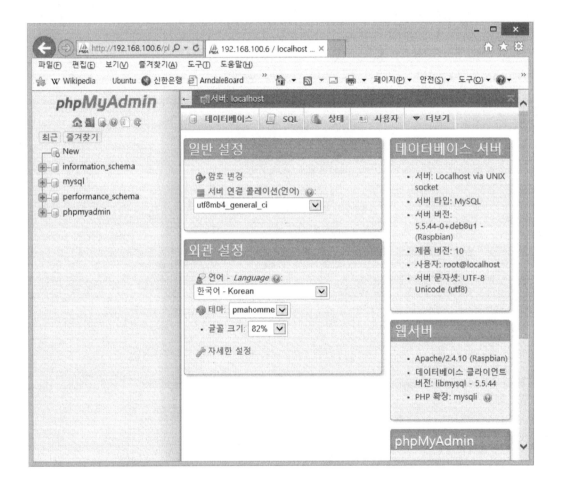

phpmyadmin에 기타 자세한 정보들은 http://www.phpmyadmin.net/ 에서 확인하기 바란다.

커널연구회(www.kernel.bz)                  정재준 (rgbi3307@nate.com)

## 6.4 CGI 실행하기

아파치 웹서버에서 cgi 실행을 가능하게 하려면, 먼저 mod_cgi.so 모듈을 아파치에 다음과 같이 등록 해야한다.

```
# a2enmod cgi
```

그런다음 아파치 환경설정 파일에 아래의 내용을 추가한다.

```
ScriptAlias /cgi/ /var/www/cgi/

<Directory /var/www/cgi>
    AllowOverride None
    Options +ExecCGI -MultiViews +SymLinksIfOwnerMatch
    Order allow,deny
    Allow from all
    AddHandler cgi-script .cgi .pl
</Directory>
```

그런 다음 아파치를 다시 시작한다.

```
# service apache2 restart
```

### CGI 테스트 코드(.sh)

```
#!/bin/bash
echo "Content-type: text/html"
echo ''
echo 'CGI Bash Example'
```

### CGI 테스트 코드(.c)

```
#include <stdio.h>
```

커널연구회(www.kernel.bz)       정재준 (rgbi3307@nate.com)

```
int main(void)
{
    printf("Content-Type: text/plain ₩n₩n");
    printf("CGI C Example ₩n");
}
```

커널연구회(www.kernel.bz)        정재준 (rgbi3307@nate.com)

# 7. 라지그(RaZig) 프로젝트

커널연구회의 라지그 프로젝트는 직접 만들면서 배우는 과정으로, 커널연구회에서 자체 제작한 라지그(RaZig) 보드를 라즈베리파이의 40 핀 확장 슬롯에 장착하여 다음과 같은 기능을 수행한다.

- 라지그 Senosr 보드: 기울기, 방향, 온도, 습도, 이동속도 측정
- 라지그 Motor 보드: DC 모터(4 개) 제어, 스피커 소리 출력

라즈베리파이는 아래와 같이 외부로 연결할 수 있는 40 개의 확장핀을 제공한다. 커널연구회가 제작한 RaZig 보드는 여기에 장착하여 각종 장치들을 제어할 수 있도록 구성한 것이다.

## 7.1 라즈베리파이 헤더핀

아래의 라즈베리파이 보드에서 1 이 커널연구회 라지그 센서보드와 연결되는 헤더핀(40 핀)이다.

2 에는 카메라가 연결되고 3 은 마이크로 SD 카드, 4 에는 HDMI 케이블, 5 에는 사운드가

출력된다.

**라즈베리파이 보드**

커널연구회(www.kernel.bz)        정재준 ( rgbi3307@nate.com )

## 7.2 라지그 Sensor 보드

아래부터 커널연구회 라지그 센서 보드의 각 부품별 용법을 요약 설명한다.

**커널연구회 RaZig Sensor 보드(하단부)**

| 1 | 라즈베리파이와 연결하는 40핀 헤더 커넥터 |

| 2 | 외부 어댑터(12V) 전원 입력잭 |

| 3 | 라지그 모터 보드와 연결하는 28핀 헤더핀 |

| 4 | 전원 ON/OFF 스위치 |

| 5 | 센서(온도, 습도, 기울기, 속도, 방향) |

커널연구회(www.kernel.bz)　　　　　　　　　　　　정재준 (rgbi3307@nate.com)

**커널연구회 RaZig Sensor 보드(상단부)**

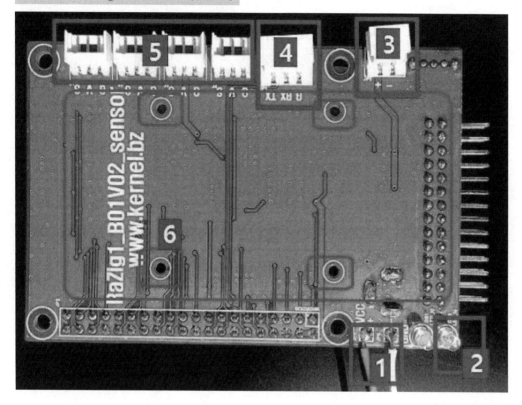

1   배터리 전원 연결선 (7.4V)

2   전원 상태(ON/OFF) 표시 LED

3   전원(5V) 출력용 커넥터

4   시리얼 통신(UART) 커넥터

5   로보티스 다이나믹셀(XL-320) TTL 모터 연결 커넥터

6   배터리 소켓 홀더

커널연구회(www.kernel.bz)                      정재준 (rgbi3307@nate.com)

## 7.3 라지그 Motor 보드

아래부터 커널연구회 라지그 모터 보드의 각 부품별 용법을 요약 설명한다.

**커널연구회 RaZig Motor 보드**

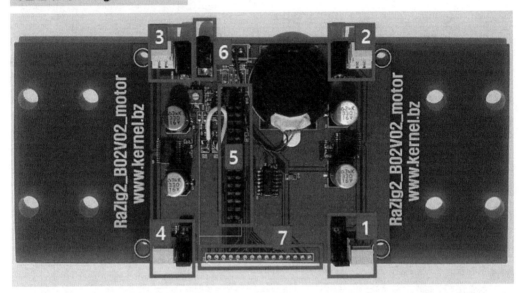

| 1 | DC모터 1번 연결잭 |

| 2 | DC모터 2번 연결잭 |

| 3 | DC모터 3번 연결잭 |

| 4 | DC모터 4번 연결잭 |

| 5 | 라지그 Sensor 보드와 연결하는 28핀 커넥터 |

| 6 | 사운드 입력 잭(라즈베리파이에서 출력되는 사운드를 이곳에 연결) |

| 7 | 외부 확장용 연결 헤더핀(15핀) |

커널연구회(www.kernel.bz)             정재준 (rgbi3307@nate.com)

## 7.4 라지그 보드 조립 방법

### 7.4.1 Senosr 보드 조립

아래부터 라즈베리파이 보드와 라지그 센서보드를 조립하는 과정을 설명한다.

**부품 전체**

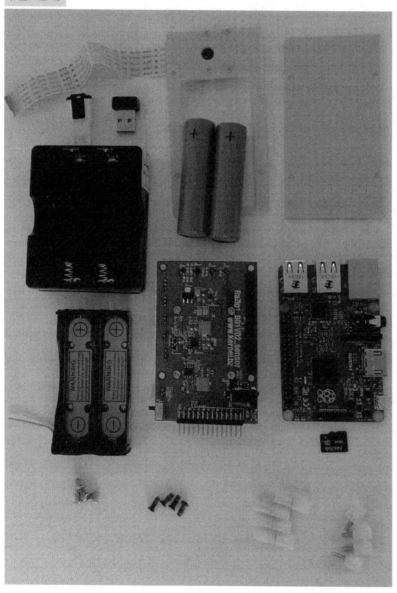

커널연구회(www.kernel.bz)　　　　　　　　　　　정재준 (rgbi3307@nate.com)

먼저 다음 사진과 같이 밑판에 라즈베리파이 보드를 올려서 너트와 지지대로 고정 시킨다.
지지대의 높이는 10mm 이다.

## 라즈베리파이 보드와 지지대 조립

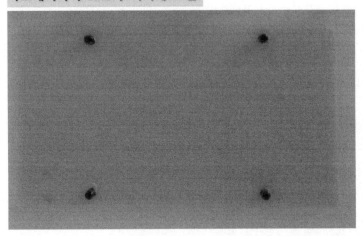

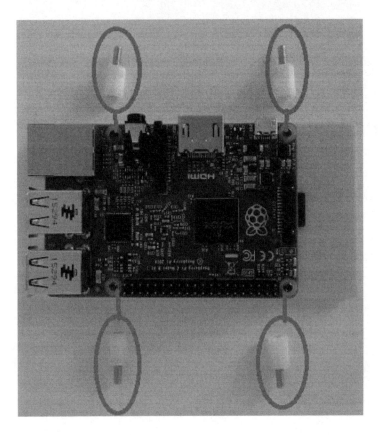

커널연구회(www.kernel.bz)　　　　　　　　　　　　　정재준 (rgbi3307@nate.com)

## 조립된 모습

그리고, 카메라 케이블을 아래 사진을 참고하여 장착한다.

## 카메라 조립

카메라를 장착한후, 아래 사진처럼 배터리 소켓이 이미 장착된 라지그 센서보드를 4 개의
지지대위에 올려서 고정 시킨다.

## 라지그 Sensor 보드 조립

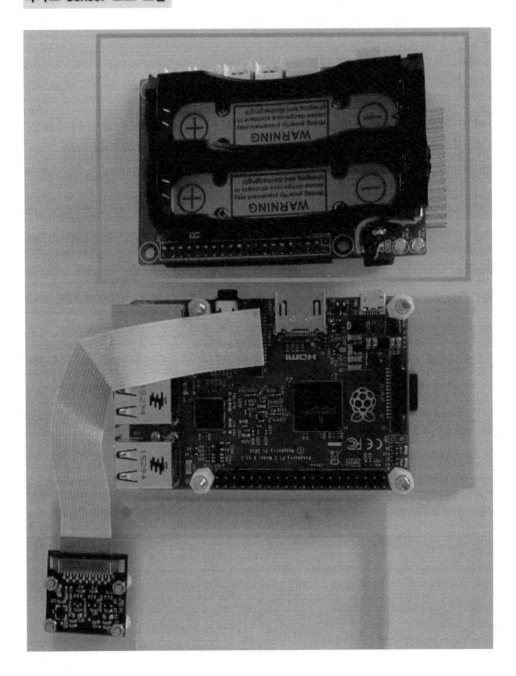

커널연구회(www.kernel.bz)                                  정재준 (rgbi3307@nate.com)

라지그 센서보드를 조립할 때, 카메라 케이블이 부품들과 지지대 너트에 의해 손상되지 않도록
주의한다.

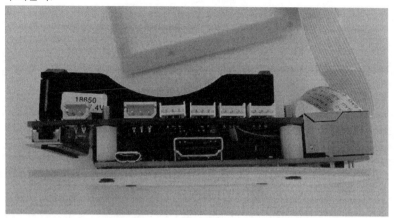

## 지지대 장착

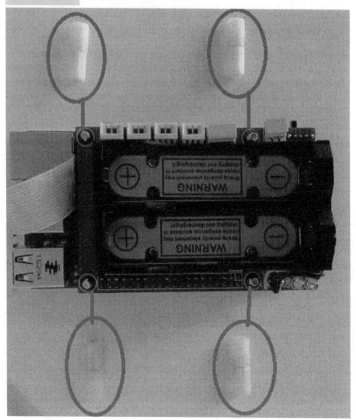

위의 사진과 같이 지지대(높이 20mm)로 라지그 센서 보드를 고정 시킨다.

커널연구회(www.kernel.bz)        정재준 (rgbi3307@nate.com)

## 라지그 Sensor 보드 조립된 모습

## 카메라 보드를 상단에 고정하여 조립완료

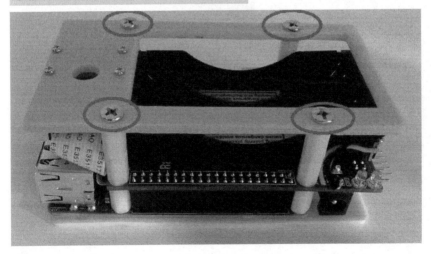

상단에 카메라를 보드를 올리고 4개의 너트로 지지대와 함께 고정 시킨다.

커널연구회(www.kernel.bz)                  정재준 (rgbi3307@nate.com)

## WiFi 및 USB 메모리 장착

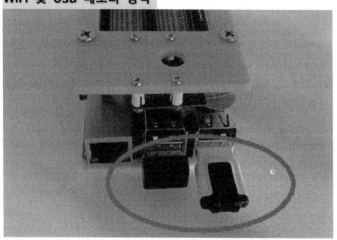

USB 와이파이 동글과 USB 메모리를 위의 사진처럼 장착한다.

## 조립 완료된 모습

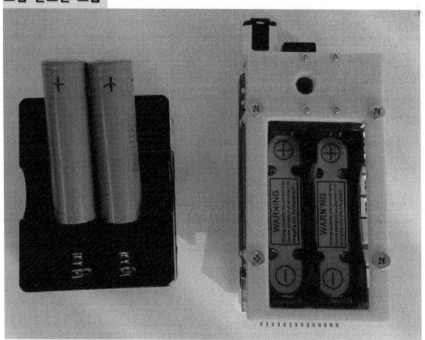

배터리는 1 개가 3.7V 이며 2 개를 합치면 7.4V 가 된다. 배터리는 외부에 충전용 소켓이 별도로 있으며 이곳에서 충전하여 라지그에 장착한다. 배터리를 장착할때 +/- 극성을 잘 확인하여 – 극성부터 소켓에 끼워 넣도록 한다. 배터리는 충전 및 지속시간이 평균 5 시간정도 된다.

## 7.4.2 Motor 보드 조립

아래부터 라지그 모터 보드를 조립하는 방법에 대해서 설명한다.

**부품 전체**

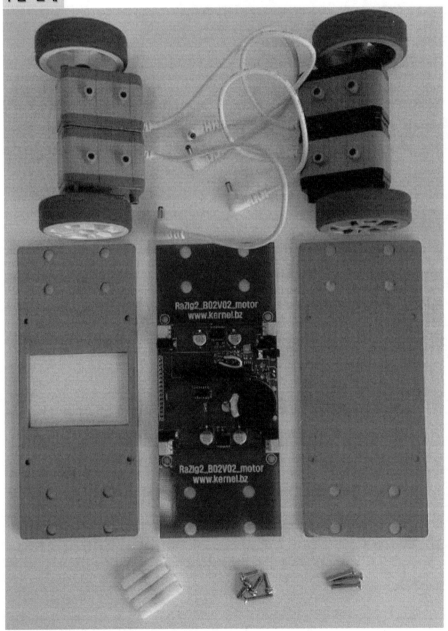

커널연구회(www.kernel.bz)　　　　　　　　　정재준 (rgbi3307@nate.com)

먼저 밑판에 너트를 장착하여 그위에 라지그 모터 보드를 올려서 조립한다.

**하단부(밑판) 조립**

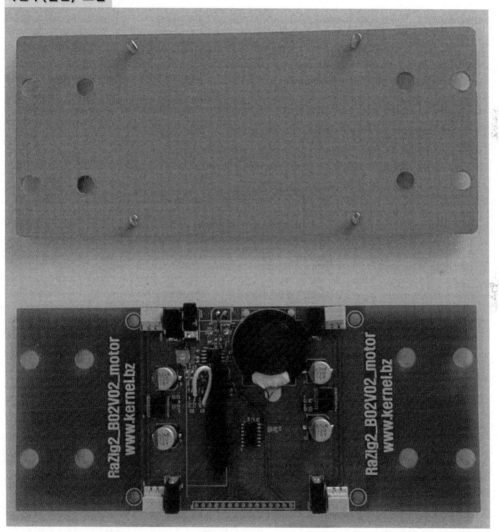

## 지지대 장착

지지대의 높이는 30mm 이다.

## 모터 조립

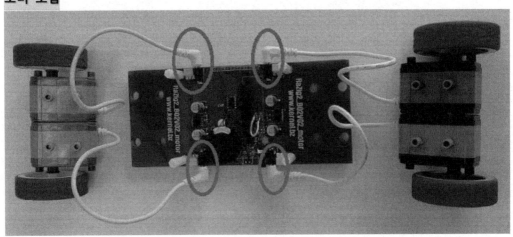

위의 사진처럼, 모터 연결선은 모터가 위치하고 있는 곳의 잭에 연결한다.  모터와 연결잭은
교차되지 않도록, 각각의 위치에 일치되도록 연결한다.

## 모터 장착 및 연결선 정리

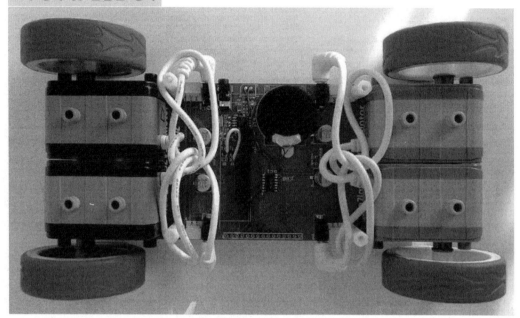

모터 연결선은 위의 사진처럼 서로 묶어서 깔끔하게 정리한다.

## 상단부(상판) 조립

상단부(상판)을 올리고 4 개의 너트를 사용하여 지지대와 함께 고정 한다.

커널연구회(www.kernel.bz)                    정재준 ( rgbi3307@nate.com )

### 7.4.3 Senosr와 Motor 보드 연결

2 개의 모듈로 구성되어 있는 라지그 센서 보드와 모터 보드를 아래와 같이 서로 연결(도킹)할 수 있다.

라지그 센서 보드 하단부에 있는 28 핀 헤더를 라지그 모터 보드의 중앙에 있는 28 핀 소켓에 수직방향으로 끼워 넣어 장착한다.

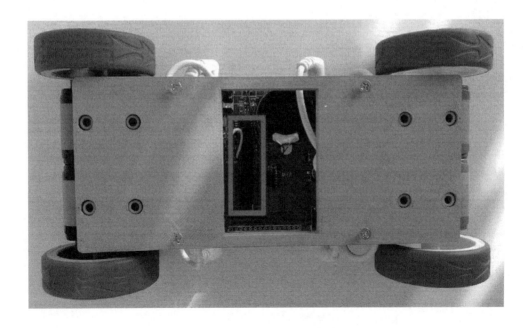

커널연구회(www.kernel.bz)　　　　　　　　　　　　　　　정재준 (rgbi3307@nate.com)

## 조립 완료된 전체 모습

커널연구회(www.kernel.bz)          정재준 (rgbi3307@nate.com)

## 7.5 라지그 기능 소개

라지그의 외형 기구물은 커널연구회에서 3D 프린터로 출력하여 조립한 것이며 전체적인 외형은
아래 사진과 같다. 모든 부품들을 직접 조립할 수 있도록 했다. 라지그에 구현되어 있는 기능들
은 커널연구회의 교육과정을 통해서 사용자들에게 전달 한다. 라지그 제품들도 교육과정 등록을
통해서 교육비와 함께 구매할 수 있다. 아래부터 라지그에 탑재되어 있는 기능들을 요약하여 설
명한다.

| | | | |
|---|---|---|---|
| **1** | USB 키보드, 마우스, USB 메모리 | **6** | 시리얼(UART) 통신 |
| **2** | WiFi 무선 및 이더넷 유선통신 | **7** | 로보티즈 TTL 모터(XL-320) 연결 |
| **3** | HDMI 출력 (리눅스 PC 기능) | **8** | DC 모터 4개 사륜구동 |
| **4** | 라즈베리파이 사운드 출력 | **9** | 스피커 사운드 입력 |
| **5** | 카메라 영상녹화 및 움직임 감지 | **9** | 전원 ON/OFF 스위치 |

커널연구회(www.kernel.bz)　　　　　　　　　　　　　　　정재준 (rgbi3307@nate.com)

라지그에 탑재된 기능들은 모두 라지그 안에서 동작하고 있으며, 사용자는 휴대폰으로 라지그에 WiFi 무선접속하여 다음과 같은 Graphic User Interface로 기능들을 조작할 수 있다.

## 라지그 GUI 메인 메뉴

위의 기능들을 아래에서 요약하여 설명한다.

커널연구회(www.kernel.bz)                                           정재준 (rgbi3307@nate.com)

## 7.5.1 개인용 PC기능

라즈베리파이와 라지그를 인터넷에 연결(유선, 무선 모두 가능)하여 웹서핑을 할 수 있다. 리눅스
가 설치되어 있어서 HDMI 출력단자에 외부 모니터를 연결하여 각종 문서작업, 프로그래밍, 게임
등 개인용 PC 기능을 수행할 수 있다.

| 1 | 외부 어댑터(12V) 전원 입력 |

| 2 | USB 키보드 마우스, USB WiFi 동글(무선통신), 이더넷 유선통신 |

| 3 | HDMI 화면 출력(리눅스에서 각종 어플리케이션 실행) |

| 4 | 라즈베리파이 사운드 출력 |

| 5 | 모터보드 스피커에 사운드 입력 |

커널연구회(www.kernel.bz)                              정재준 (rgbi3307@nate.com)

## 7.5.2 카메라 녹화기능

아래 사진의 1번에서 카메라 영상을 녹화하여 2번의 USB 메모리에 mp4 파일로 저장하고 이것을 녹화일시별로 재생 및 삭제할 수 있다.

| 메인메뉴 영상녹화 파일복록 | | |
|---|---|---|
| 순번 | 파일명 | 생성일시 |
| ☐ 1 ˅ | record_20151216_162929_h264.mp4 | 2015-12-16 16:2 |
| ☐ 2 ˅ | record_20151216_162912_h264.mp4 | 2015-12-16 16:2 |
| ☐ 3 ˅ | record_20151211_161628_h264.mp4 | 2015-12-11 16:1 |
| 전체선택   삭제하기 | | 메인메뉴 |

커널연구회(www.kernel.bz)          정재준 (rgbi3307@nate.com)

위의 메뉴 기능은 휴대폰으로 라지그에 WiFi 접속하여 작업할 수 있다.

커널연구회(www.kernel.bz)        정재준 (rgbi3307@nate.com)

## 7.5.3 방범 카메라 기능

카메라에 모션 캡쳐기능이 있어서 움직임이 감지 되었을때 영상을 녹화하여 USB에 avi 파일로 저장하고, 저장일시별로 확인 및 삭제할 수 있다.

| 메인메뉴 | 동작감시 파일목록 | |
|---|---|---|
| **순번** | **파일명** | **생성일시** |
| ☐ 1 ∨ | 19-20151215171140.avi | 2015-12-15 17:12:44 |
| ☐ 2 ∨ | 19-20151215171140-03.jpg | 2015-12-15 17:12:44 |
| ☐ 3 ∨ | 18-20151215170956-02.jpg | 2015-12-15 17:10:58 |
| ☐ 4 ∨ | 18-20151215170954.avi | 2015-12-15 17:10:58 |
| ☐ 5 ∨ | 17-20151215165746-03.jpg | 2015-12-15 16:58:58 |
| ☐ 6 ∨ | 17-20151215165744.avi | 2015-12-15 16:58:58 |
| ☐ 7 ∨ | 16-20151215163049-01.jpg | 2015-12-15 16:33:08 |
| ☐ 8 ∨ | 16-20151215163044.avi | 2015-12-15 16:33:08 |
| ☐ 9 ∨ | 15-20151215162908-04.jpg | 2015-12-15 16:30:14 |
| ☐ 10 ∨ | 15-20151215162907.avi | 2015-12-15 16:30:14 |
| ☐ 11 ∨ | 14-20151215155534-03.jpg | 2015-12-15 15:56:44 |
| 전체선택 | 삭제하기 | 메인메뉴 |

커널연구회(www.kernel.bz)      정재준 (rgbi3307@nate.com)

위의 메뉴 기능은 휴대폰으로 라지그에 WiFi 접속하여 작업할 수 있다.

커널연구회(www.kernel.bz)                                 정재준 (rgbi3307@nate.com)

## 7.5.4 센서 데이터 수집 기능

라지그 센서보드에 장착되어 있는 센서들을 사용하여 온도, 습도, 기울기, 이동속도, 방향 정보들을 수집한 데이터를 휴대폰으로 WiFi 접속하여 다음과 같이 확인할 수 있다.

| 현재 운동 데이터 (5초마다 표시) | | | |
|---|---|---|---|
| <<메인메뉴로 이동 | | | |
| 2016-03-25 (금) | | | |
| 오전 00:27:01 | | | |
| 온도 | 20.1 도 | 속도 | 22 km/h |
| 습도 | 75.3 % | 경사도 | 2117.5 도 |
| 고도 | -36.2 m | 기압 | 1017.6 hPa |
| 기울기 | 앞뒤: 586.3 도 , 좌우: 1128.8 도 | | |
| 나침반 | 북 523.3<br>동 215.6　　　　서 298.4<br>남 | | |

위와 같이 산출된 데이터를 통계처리하여 아래와 같은 그래프로 출력한다.

커널연구회(www.kernel.bz)　　　　　　　　　　　정재준 (rgbi3307@nate.com)

● 온도, 습도, 기압, 고도 변화 그래프

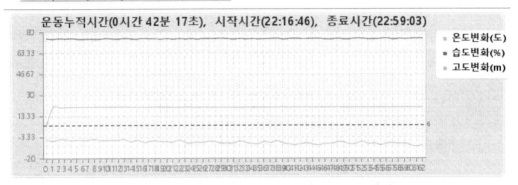

● 운동량 (X, Y, Z) 변화 그래프

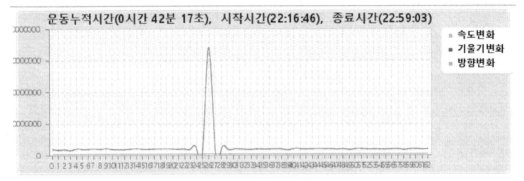

커널연구회(www.kernel.bz)                            정재준 (rgbi3307@nate.com)

## 7.5.5 음악파일 재생 기능

즐겨듣는 음악파일을 USB에 저장하여 재생 우선순위를 부여한 순서대로 음악을 들을 수 있다.

| 메인메뉴 | 음악듣기 파일목록 | |
|---|---|---|
| 순번 | 파일명 | 생성일시 |
| ☐ 1 ⌄ | Ennio Morricone - Gabriel`s Oboe (Live in Sofia).mp3 | 2015-10-25 08:22:02 |
| ☐ 2 ⌄ | nella_fantasia_oboe.mp3 | 2015-10-25 08:17:28 |
| ☐ 3 ⌄ | Ennio Morricone - Gabriel`s Oboe.mp3 | 2015-10-25 08:15:36 |
| ☐ 4 ⌄ | Sun Woo - Nella Fantasia.mp3 | 2015-10-25 08:08:40 |
| ☐ 5 ⌄ | 88.트위스티드페이트 - 행운의 여신이 내게 미소를 짓는군.mp3 | 2014-03-04 00:49:52 |
| ☐ 6 ⌄ | 12.니달리 - 야생을 두려워하게 만들어주지.mp3 | 2014-03-04 00:44:30 |
| ☐ 7 ⌄ | 9.나서스 - 우리는살고저들은죽을것이다.mp3 | 2014-03-04 00:44:16 |
| ☐ 8 ⌄ | 8.나서스 - 삶과 죽음의 순환은 계속된다.mp3 | 2014-03-04 00:43:46 |
| ☐ 9 ⌄ | 37.미스포춘 - 행운은 멍청이를 싫어하는 법이지.mp3 | 2014-03-04 00:42:52 |
| ☐ 10 ⌄ | 31.마스터이 - 나의검은 당신의 것이오.mp3 | 2014-03-04 00:42:36 |
| ☐ 11 ⌄ | 32.말파이트 - 바위처럼 단단하게.mp3 | 2014-03-04 00:42:04 |

커널연구회(www.kernel.bz)　　　　　　　　　　　정재준 (rgbi3307@nate.com)

## 7.5.6 동영상 및 라디오방송 듣기

외부 인터넷이 연결되어 있다면, 인터넷 라디오 채널별로 라디오를 청취할 수 있다.

| 메인메뉴 | 라디오방송목록 | |
|---|---|---|
| **순번** | **인터넷 라디오** | **생성일시** |
| ☐ 1 ⌄ | JTV 매직FM | 2015-12-09 15:20:30 |
| ☐ 2 ⌄ | TBS 교통FM | 2015-12-09 15:20:30 |
| ☐ 3 ⌄ | TBS 영어FM | 2015-12-09 15:20:30 |
| ☐ 4 ⌄ | 경인방송 iFM 아이뷰 | 2015-12-09 15:20:30 |
| ☐ 5 ⌄ | WBS 서울 | 2015-12-09 15:20:30 |
| ☐ 6 ⌄ | WBS 부산 | 2015-12-09 15:20:30 |
| ☐ 7 ⌄ | WBS 전북 | 2015-12-09 15:20:30 |
| ☐ 8 ⌄ | WBS 대구 | 2015-12-09 15:20:30 |
| ☐ 9 ⌄ | WBS 광주 | 2015-12-09 15:20:30 |
| ☐ 10 ⌄ | 국제방송 CH1 | 2015-12-09 15:20:30 |
| ☐ 11 ⌄ | 국제방송 CH2 | 2015-12-09 15:20:30 |
| ☐ 12 ⌄ | 국제방송 Music | 2015-12-09 15:20:30 |
| 전체선택 | 삭제하기 | 메인메뉴 |

커널연구회(www.kernel.bz)        정재준 (rgbi3307@nate.com)

## 7.5.7 로봇 자동차 제어기능

라지그 센서보드를 모터보드에 장착하여 DC모터 4개를 사륜구동하여 로봇 자동차의 움직임을 제어할 수 있다.

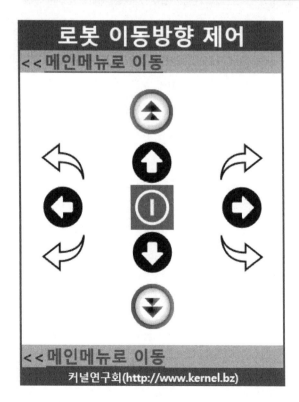

커널연구회(www.kernel.bz)                                    정재준 ( rgbi3307@nate.com)

# 7.6 라지그 프로젝트 교육안내

커널연구회 라지그(RaZig) 프로젝트에 참여하기 위해서는 C언어와 자료구조 알고리즘 및 리눅스 시스템 프로그래밍에 대해서 어느 정도 사전 지식을 갖추고 있어야 한다.  커널연구회는 C언어와 자료구조 알고리즘 교육 과정과 리눅스 시스템 프로그래밍 교육과정을 마련하고 있으므로 아래 링크를 참조해 주기 바란다.

## 커널연구회 교육과정 상세 안내 링크

http://dev.kernel.bz/doc/kernel_bz_edu_detail_intro.htm

라지그 프로젝트는 C언어와 자료구조 알고리즘 및 리눅스 시스템 프로그래밍 과정을 이수하신 분들을 대상으로 아래와 같이 교육을 진행한다.  교육 기간은 2개월이나 상황에 따라서 변경될 수 있으므로 커널연구회 웹사이트(http://www.kernel.bz)를 자주 참조해 주기 바란다.

## 라지그 프로젝트 교육내용

| 순번 | 교육 제목 | 상세 내용 |
|---|---|---|
| 1 | 라즈베리파이 개발환경 | 라즈베리파이 개발환경 설정방법<br>통합개발도구(Code Blocks) 설치<br>디바이스 포팅<br>사운드, 비디오, USB WiFi 동글, 카메라 모듈 포팅<br>GPIO 헤더핀맵 이해 |
| 2 | 리눅스 시스템 프로그래밍 | 오픈소스 사용법 설명<br>카메라 제어 프로세스 코딩(쓰레드, 데몬, 시그널)<br>카메라 동작감시 프로세스 코딩(쓰레드, 데몬, 시그널)<br>음악 및 동영상 재생 프로세스 코딩(쓰레드, 데몬, 시그널)<br>인터넷 라디오 플레이 프로세스 코딩(쓰레드, 데몬, 시그널) |
| 3 | 웹서버프로그래밍 | 아파치, PHP, MySQL 연동방법<br>PHP 웹페이지와 C언어 시스템 프로그래밍 연동방법<br>스마트폰과 USB WiFi 무선 인터페이스 방법 |

| 4 | 모터 제어<br>프로그래밍 | 모터 제어 보드의 이해<br>PWM 인터페이스 이해 및 코딩<br>스마트폰으로 모터제어 인터페이스 코딩<br>PHP와 C언어로 로봇제어 프로그래밍 코딩 |
|---|---|---|
| 5 | 센서 데이터 수집<br>프로그래밍 | 라지그 센서 보드의 이해<br>I2C 인터페이스 이해 및 코딩<br>스마트폰으로 센서 데이터 수집 인터페이스 코딩<br>PHP와 C언어로 센서 데이터 통계 및 그래프 처리 기능 코딩 |

커널연구회 라지그(RaZig) 프로젝트에 참여하기 위해서는 아래와 같은 양식의 수강신청서를 작성하여 커널연구회에 메일(rgbi3307@nate.com)로 신청하면 된다.

## 커널연구회 라지그 프로젝트 참가 신청서

| ★ 이름 | |
|---|---|
| ★ 이메일 | |
| ★ 전화번호 | |
| 직업 | 일반(직장)인 / 대학생 |
| 신청 프로젝트명 | 커널연구회 라지그(RaZig) 프로젝트 |
| 선행학습수준<br>(1개 이상 선택) | 0. 위의 프로젝트에 대해서 사전지식 (초급/중급/고급) 있음.<br>1. C언어와 자료구조 알고리즘 (초급/중급/고급) 수준.<br>2. 리눅스 시스템프로그래밍 (초급/중급/고급) 수준.<br>3. 웹(PHP, MySQL) 프로그램 (초급/중급/고급) 수준.<br>4. 3D 프린터 3D 도면 (초급/중급/고급) 수준.<br>5. 하드웨어 회로 설계 (초급/중급/고급) 수준. |

# 8. IoT 센서 소개

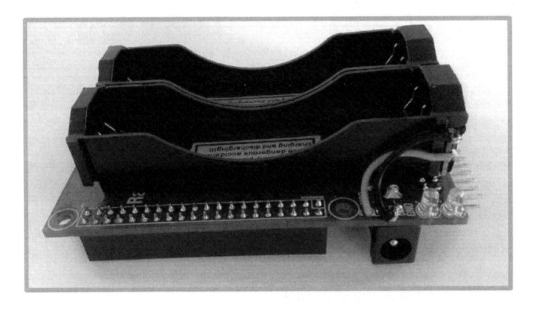

커널연구회의 라지그 센서 보드에는 4 가지 종류의 센서들이 사용되었다.   이들은 모두
라즈베리파이 2 CPU 와 I2C 인터페이스로 연결되어 있다.   이번장은 이들을 식별하는 장치 주소에
대해서 설명한다.   이들을 프로그래밍 하는 방법은 커널연구회 교육과정에서 자세히 실습할 수
있다.


8.1 온도, 습도 센서(HTS221)

8.2 기압, 고도 센서(LPS25H)

8.3 지자계, 나침반 센서(LIS3MDL)

8.4 기울기, 속도 센서(LSM6DS0)

커널연구회(www.kernel.bz)                                      정재준 (rgbi3307@nate.com)

# 8.1 온도, 습도 센서(HTS221)

**회로**

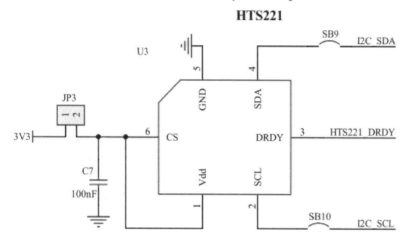

라즈베리파이 I2C Address: 0x5F

Device Address: 0xBE

Device ID: 0xBC

**ID 읽기**

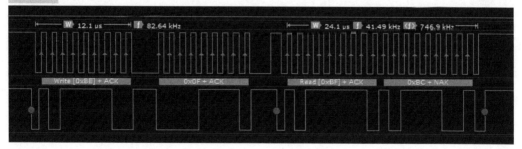

커널연구회(www.kernel.bz)          정재준 (rgbi3307@nate.com)

## 8.2 기압, 고도 센서(LPS25H)

**회로**

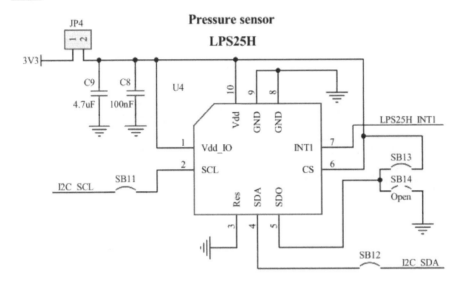

라즈베리파이 I2C Address: 0x5D

Device Address: 0xBA

Device ID: 0xBD

**ID 읽기**

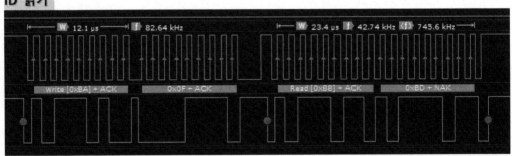

커널연구회(www.kernel.bz)　　　　　　　　　　　　　정재준 (rgbi3307@nate.com)

## 8.3 지자계, 나침반 센서(LIS3MDL)

**회로**

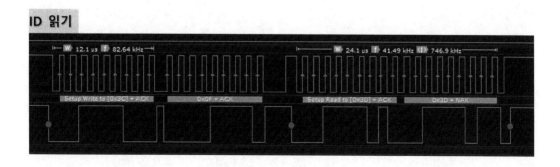

라즈베리파이 I2C Address: 0x1E

Device Address: 0x3C

Device ID: 0x3D

**ID 읽기**

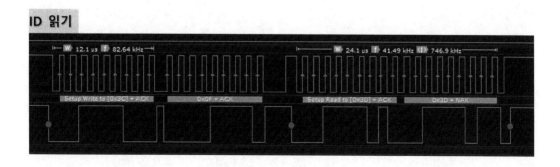

커널연구회(www.kernel.bz)                                   정재준 (rgbi3307@nate.com)

## 8.4 기울기, 속도 센서(LSM6DS0)

**회로**

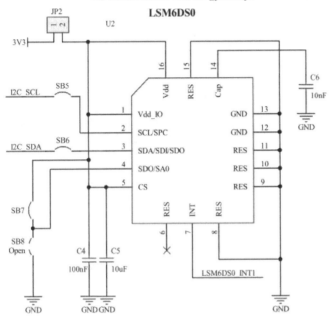

라즈베리파이 I2C Address: 0x6B
Device Address: 0xD6,    Device ID: 0x68

**ID 읽기**

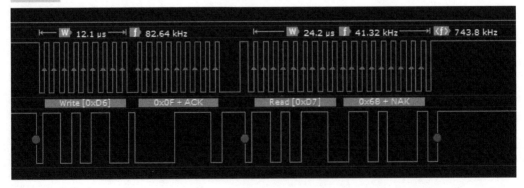

커널연구회(www.kernel.bz)          정재준 (rgbi3307@nate.com)

# 9. 모터 제어

시중에 모터의 종류가 여러가지가 있지만 보통 Stepping 모터와 DC 모터 2 가지 종류로 분류된다. Steppping 모터는 회로에 인가되는 Clock 의 주파수에 의해서 속도가 제어된다. 즉, Clock 주파수가 빠르면 모터가 빨리 회전하고, Clock 주파수가 느리면 천천히 회전한다. Stepping 모터는 회전각이 일정하기 때문에 움직임을 정밀하게 제어하는 분야에 많이 활용된다.

커널연구회가 제작한 라지그 모터 보드는 DC 모터를 구동하는 회로로 구성되어 있다. DC 모터는 Stepping 모터처럼 회전각이 정해진 것이 아니라서 회전 정밀도는 다소 떨어지지만, 전압의 Duty 비율(PWM: Pulse Width Modulation)로 회전속도를 조절하면 되므로 구동 회로를 좀더 간단하게 구현할 수 있다.

이번장은 모터에 대해서 요약 설명한다.

## 9.1 Stepping 모터

## 9.2 DC 모터

커널연구회(www.kernel.bz)　　　　　　　　　　　　　　　정재준 (rgbi3307@nate.com)

## 9.1 Stepping 모터

Stepping 모터를 구동하는 회로는 전통적으로 L297 와 L298 을 조합하여 구성한다.  L297 은
디지털로 인가되는 제어 신호들을 L298 에 전달하고, L298 은 전달받은 신호를 가지고 전류 방향을
조절하여 Stepping 모터를 왼쪽 혹은 오른쪽으로 회전 시키는 역할을 한다.

### Stepping 모터 구동 회로

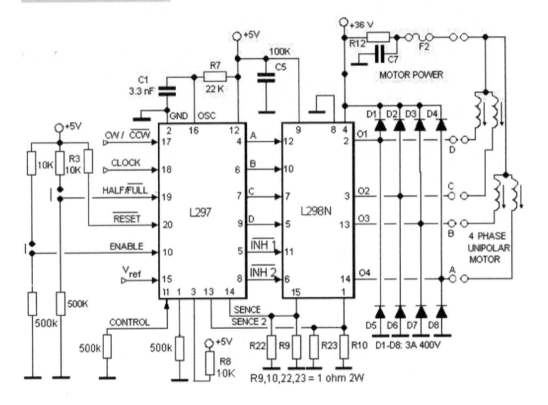

커널연구회(www.kernel.bz)                           정재준 (rgbi3307@nate.com)

## 9.2 DC 모터

커널연구회가 제작한 라지그 모터 보드는 DC 모터를 구동하는 회로로 구성되어 있다. DC
모터는 Stepping 모터처럼 회전각이 정해진 것이 아니라서 회전 정밀도는 다소 떨어지지만,
전압의 Duty 비율(PWM: Pulse Width Modulation)로 회전속도를 조절하면 되므로 구동 회로를
좀더 간단하게 구현할 수 있다.

아래는 커널연구회의 라지그 모터 보드에 구현되어 있는 DC 모터 구동 회로이다. TB6612FNG 에
DC 모터를 각각 2 개씩 연결하여 전체 4 개로 사륜구동할 수 있도록 설계했다.

### 라지그 DC 모터 구동 회로

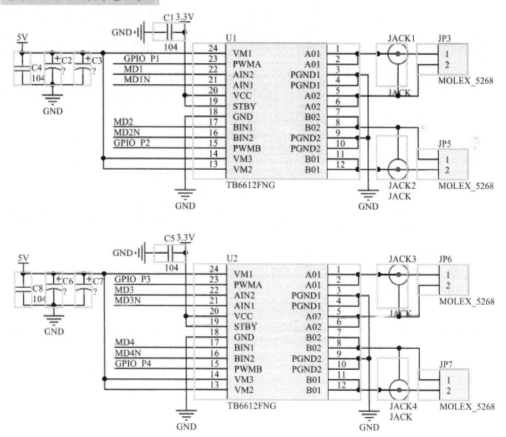

아래에 블록 다이어그램으로 표시한 TB6612FNG 의 23 번핀과 15 번핀에 PWM 신호를 인가하면,
A01 과 B01 핀에서 DC 모터를 구동하게 된다.

커널연구회(www.kernel.bz)                          정재준 (rgbi3307@nate.com)

## TB6612FNG 블록 다이어그램

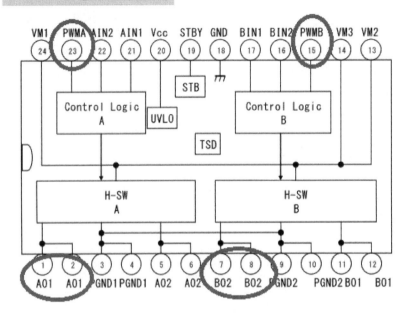

프로그램에서 PWM 신호를 발생시켜서 DC 모터를 제어하는 방법은 커널연구회 교육과정에서
자세히 실습할 수 있으니, 커널연구회 웹사이트(www.kernel.bz)을 참조해 주기 바란다.

커널연구회(www.kernel.bz)                             정재준 (rgbi3307@nate.com)

# 10. UART 모터 제어

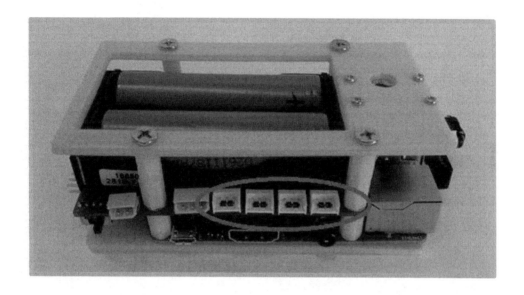

UART 모터는 시리얼통신 프로토콜을 사용하여 모터를 제어할 수 있다. 시리얼 통신 라인에 여러 개의 모터를 연결하여 제어할 수 있으므로, 휴머노이드 로봇과 같이 모터의 수가 많이 사용되는 곳에 활용하기 좋다. 커널연구회의 라지그 센서 보드에는 로보티즈에서 판매하고 있는 다이나믹셀(Dynamixel XL-320) 모터를 연결할 수 있다. 이 모터의 사양과 프로토콜은 아래의 웹사이트 참조하여 정리했다.

### 참조 웹사이트:

http://support.robotis.com/ko/product/dxl_main.htm

http://support.robotis.com/ko/product/dynamixel/xl_320/xl-320.htm

10.1 Dynamixel XL-320 소개

10.2 명령 패킷 프로토콜

10.3 상태 패킷 프로토콜(응답 패킷)

10.4 프로토콜 2.0

10.5 Control Table

커널연구회(www.kernel.bz)          정재준 (rgbi3307@nate.com)

## 10.1 Dynamixel XL-320 소개

### 다이나믹셀(Dynamixel XL-320) 외형 및 크기

 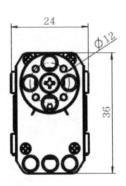 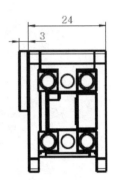

### 다이나믹셀(Dynamixel XL-320) 모터 사양

- 무게          : 16.7g
- 크기          : 24mm * 36mm * 27mm
- 최소 제어각   : 0.29°
- 모터          : Cored Motor
- 기어비        : 238 : 1
- Stall Torque  : 0.39 N.m (at 7.4V)
- No load speed  : 114 rpm (at 7.4V)
- 동작 모드
  - 관절 모드 (0° ~ 300° )
  - 바퀴 모드 (무한 회전)
- 동작 온도    : -5℃ ~ +70℃
- 사용 전압    : 6 ~ 8.4V (권장 전압 7.4V)
- Command Signal : Digital Packet
- Protocol Type  : Half duplex Asynchronous Serial Communication
                          (8bit,1stop,No Parity)
- Link(Physical) : TTL Level Multi Drop (daisy chain type Connector)
- ID            : 253 ID (0~252)
- 통신 속도    : 7843bps ~ 1 Mbps
- 안전장치(클러치) 장착

커널연구회(www.kernel.bz)                       정재준 (rgbi3307@nate.com)

•Feedback        : Position, Temperature, Load, Input Voltage, etc.

•Material           : Engineering Plastic

## Half Duplex UART 핀맵

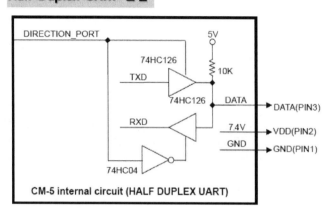

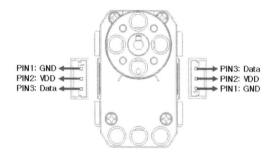

## 10.2 명령 패킷 프로토콜

0XFF 0XFF ID LENGTH INSTRUCTION PARAMETER1 ⋯ PARAMETER N CHECK SUM

### 0xFF 0xFF
패킷의 시작을 나타냄.

### ID
모터(Dynamixel)를 식별하는 아이디로서 명령 패킷으로부터 수신됨.

---

커널연구회(www.kernel.bz)                                          정재준 (rgbi3307@nate.com)

0 에서 253(0x00~0xFD) 범위에서 사용됨.

ID = 254(0xFE)는 브로드캐시팅 ID 로써 모든 Dynamixel 들이 패킷 명령어를 수행한다. 상태 (Status) 값은 수신되지 않는다.

## LENGTH

패킷의 데이터 길이. 파라미터들(데이터)의 수(N) + 2.

## INSTRUCTION

Dynamixel 에게 지시하는 명령어.

| 명령어 | 명칭 | 기능 | 파라미터 데이터 개수 |
|---|---|---|---|
| 0x01 | PING | 실행 없음.<br>제어기가 상태 패킷을 받을 준비가 되었을 때 사용함. | 0 |
| 0x02 | READ_DATA | Dynamixel 로부터 데이터를 읽음(수신) | 2 |
| 0x03 | WRITE_DATA | Dynamixel 에 데이터를 보냄(송신) | 2 개 이상 |
| 0x04 | WRITE_REG | WRITE_DATA 와 유사함. 명령이 송신될때까지 대기함. | 2 개 이상 |
| 0x05 | ACTION | WITE_REG 에 의해서 등록된 명령을 수행. | 0 |
| 0x06 | RESET | Dynamixel 을 공장 초기화함. | 0 |
| 0x83 | WRITE_SYNC | 여러 개의 Dynamixel 을 한번에 제어할 때 사용함. | 4 개 이상 |

## PARAMETER 0...N

데이터들

## CHECK SUM

시리얼 통신하는 동안 패킷에 오류 발생여부 점검.

Check Sum = ~ ( ID + Length + Instruction + Parameter1 + ... Parameter N )
~는 비트 연산자 아님.

Check Sum = ~ ( ID + Length + Instruction + Parameter1 + ... Parameter 3 )
= ~ [ 0x01 + 0x05 + 0x03 + 0x0C + 0x64 + 0xAA ]
= ~ [ 0x123 ] // Only the lower byte 0x23 executes the Not operation.
= 0xDC

커널연구회(www.kernel.bz)　　　　　　　　　　　　　　　　정재준 (rgbi3307@nate.com)

## 10.3 상태 패킷 프로토콜(응답 패킷)

| OXFF | OXFF | ID | LENGTH | ERROR | PARAMETER1 | PARAMETER2 | ⋯ | PARAMETER N | CHECK SUM |

### 0xFF 0xFF
패킷의 시작을 나타냄.

### ID
모터(Dynamixel)를 식별하는 아이디로서 명령 패킷으로부터 수신됨.
0 에서 253(0x00~0xFD) 범위에서 사용됨.
ID = 254(0xFE)는 브로드캐시팅 ID 로써 모든 Dynamixel 들이 패킷 명령어를 수행한다. 상태
(Status) 값은 수신되지 않는다.

### LENGTH
패킷의 데이터 길이. 파라미터들(데이터)의 수(N) + 2.

### ERROR
Dynamixel 의 상태(오류 발생여부)를 나타냄.

| 비트 | 명칭 | 설명 |
|------|------|------|
| 7 | 0 | - |
| 6 | Instruction Error | 정의되지 않은 명령어. reg_write 명령없이 action 명령 전송 |
| 5 | Overload Error | 힘(토크)을 설정하기위한 전류를 제어할 수 없을 때 |
| 4 | Checksum Error | 시리얼 통신하는 동안 체크섬 오류 발생 |
| 3 | Range Error | 명령어가 사용 범위를 벗어 났을 때 발생 |
| 2 | Overheating Error | Dynamixcel 내부 온도가 허용 범위를 벗어 났을 때 발생 |
| 1 | Angle Limit Error | CW 각도와 CCW 각도가 범위를 벗어 났을 때 발생 |
| 0 | Input Voltage Error | 입력 전압이 허용 범위를 벗어 났을 때 발생 |

### PARAMETER 0...N
데이터들

커널연구회(www.kernel.bz)          정재준 ( rgbi3307@nate.com )

## CHECK SUM

Check Sum = ~ ( ID + Length + Error + Parameter1 + ... Parameter N )

# 10.4 프로토콜 2.0

## 10.4.1 명령 패킷 구조

**명령 패킷**: 다이나믹셀(Dynamixel) 모터로 명령 데이터를 전송하는 패킷이다. 이 패킷의 구조는 다음과 같다.

| 0xFF | 0xFF | 0xFD | 0x00 | ID | LEN_L | LEN_H | INST | Param1 | ... | ParamN | CRC_L | CRC_H |
|------|------|------|------|----|-------|-------|------|--------|-----|--------|-------|-------|
| Header | | | 예약 | ID | Packet Length | | Instruction | Parameter | | | 16bit CRC | |

### Header
패킷의 시작을 나타내는 부분

### 예약(Reserved)
0x00 값으로 예약되어 있는 부분

### ID
시리얼 통신 라인에 연결되어 있는 다이나믹셀(Dynamixel) 모터를 구분하기 위한 ID. 명령 패킷을 받아 처리해야 할 다이나믹셀의 ID.

| ID 값 | 의미 |
|-------|------|
| 0 ~ 252 (0x00 ~ 0xFC) | 유일한 식별값 |
| 253(0xFD), 255(0xFF) | 헤더에서 사용되는 관계로 사용 금지 |
| 254 (0xFE) | Broadcast ID 라고 하여, 연결된 모든 다이나믹셀이 Instruction Packet 을 수행하도록 함. |

### Packet Length

커널연구회(www.kernel.bz)          정재준 (rgbi3307@nate.com)

Packet Length 필드 이후의 패킷 길이.

[Instruction] [Parameter] [CRC_L] [CRC_H] 이므로, Parameter 길이 + 3 이 됨.

## Instruction

각 패킷의 명령에 해당하는 필드

| 명령어 | 의미 | 설명 |
|--------|------|------|
| 0x01 | Ping | 해당 ID 의 장치에 패킷 도달 여부 확인을 위한 명령 |
| 0x02 | Read | 데이터를 읽어오기 위한 명령 |
| 0x03 | Write | 데이터를 쓰기 위한 명령 |
| 0x04 | Reg Write | Write 와 유사하나, 명령 패킷을 받아도 데이터를 바로 쓰지 않고 대기 상태로 있다가 Action 명령이 도착하면 데이터를 씀 |
| 0x05 | Action | Reg Write 로 미리 등록한 값을 실행하라는 명령 |
| 0x06 | Factory Reset | 모든 데이터 값을 공장 출하 상태로 되돌리는 명령 |
| 0x08 | Reboot | 장치를 리부팅 시키는 명령 |
| 0x55 | Status(Return) | Instruction Packet 에 대한 응답패킷임을 나타냄. |
| 0x82 | Sync Read | 여러 개의 장치에 동일한 위치에 동일한 크기의 데이터를 한 번에 읽기 위한 명령 |
| 0x83 | Sync Write | 여러 개의 장치에 동일한 위치에 동일한 크기의 데이터를 한 번에 쓰기 위한 명령 |
| 0x92 | Bulk Read | 여러 개의 장치에 각각의 위치에 각각의 크기의 데이터를 한 번에 읽기 위한 명령 |
| 0x93 | Bulk Write | 여러 개의 장치에 각각의 위치에 각각의 크기의 데이터를 한 번에 쓰기 위한 명령 |

## Parameter

각 명령에 보조 데이터가 필요한 경우 사용.  Instruction 마다 의미가 다름.(9.4.5절 참조)

## 16bit CRC

데이터의 신뢰성을 검증하기 위한 CRC-16 값.

CRC-16값은 Packet이 통신 중에 파손되었는지를 점검하기 위해 사용한다.  아래의 방법에 따라 CRC를 계산하여 작성한다.

아래의 CRC16 계산코드를 참고해서, 프로젝트 내에 CRC 함수를 추가한다.

## CRC16 계산 코드

```
unsigned short update_crc(unsigned short crc_accum, unsigned char *data_blk_ptr, unsigned short data_blk_size)
{
    unsigned short i, j;
    unsigned short crc_table[256] = {
        0x0000, 0x8005, 0x800F, 0x000A, 0x801B, 0x001E, 0x0014, 0x8011,
        0x8033, 0x0036, 0x003C, 0x8039, 0x0028, 0x802D, 0x8027, 0x0022,
        0x8063, 0x0066, 0x006C, 0x8069, 0x0078, 0x807D, 0x8077, 0x0072,
        0x0050, 0x8055, 0x805F, 0x005A, 0x804B, 0x004E, 0x0044, 0x8041,
        0x80C3, 0x00C6, 0x00CC, 0x80C9, 0x00D8, 0x80DD, 0x80D7, 0x00D2,
        0x00F0, 0x80F5, 0x80FF, 0x00FA, 0x80EB, 0x00EE, 0x00E4, 0x80E1,
        0x00A0, 0x80A5, 0x80AF, 0x00AA, 0x80BB, 0x00BE, 0x00B4, 0x80B1,
        0x8093, 0x0096, 0x009C, 0x8099, 0x0088, 0x808D, 0x8087, 0x0082,
        0x8183, 0x0186, 0x018C, 0x8189, 0x0198, 0x819D, 0x8197, 0x0192,
        0x01B0, 0x81B5, 0x81BF, 0x01BA, 0x81AB, 0x01AE, 0x01A4, 0x81A1,
        0x01E0, 0x81E5, 0x81EF, 0x01EA, 0x81FB, 0x01FE, 0x01F4, 0x81F1,
        0x81D3, 0x01D6, 0x01DC, 0x81D9, 0x01C8, 0x81CD, 0x81C7, 0x01C2,
        0x0140, 0x8145, 0x814F, 0x014A, 0x815B, 0x015E, 0x0154, 0x8151,
        0x8173, 0x0176, 0x017C, 0x8179, 0x0168, 0x816D, 0x8167, 0x0162,
        0x8123, 0x0126, 0x012C, 0x8129, 0x0138, 0x813D, 0x8137, 0x0132,
        0x0110, 0x8115, 0x811F, 0x011A, 0x810B, 0x010E, 0x0104, 0x8101,
        0x8303, 0x0306, 0x030C, 0x8309, 0x0318, 0x831D, 0x8317, 0x0312,
        0x0330, 0x8335, 0x833F, 0x033A, 0x832B, 0x032E, 0x0324, 0x8321,
        0x0360, 0x8365, 0x836F, 0x036A, 0x837B, 0x037E, 0x0374, 0x8371,
        0x8353, 0x0356, 0x035C, 0x8359, 0x0348, 0x834D, 0x8347, 0x0342,
        0x03C0, 0x83C5, 0x83CF, 0x03CA, 0x83DB, 0x03DE, 0x03D4, 0x83D1,
        0x83F3, 0x03F6, 0x03FC, 0x83F9, 0x03E8, 0x83ED, 0x83E7, 0x03E2,
        0x83A3, 0x03A6, 0x03AC, 0x83A9, 0x03B8, 0x83BD, 0x83B7, 0x03B2,
        0x0390, 0x8395, 0x839F, 0x039A, 0x838B, 0x038E, 0x0384, 0x8381,
        0x0280, 0x8285, 0x828F, 0x028A, 0x829B, 0x029E, 0x0294, 0x8291,
        0x82B3, 0x02B6, 0x02BC, 0x82B9, 0x02A8, 0x82AD, 0x82A7, 0x02A2,
        0x82E3, 0x02E6, 0x02EC, 0x82E9, 0x02F8, 0x82FD, 0x82F7, 0x02F2,
        0x02D0, 0x82D5, 0x82DF, 0x02DA, 0x82CB, 0x02CE, 0x02C4, 0x82C1,
        0x8243, 0x0246, 0x024C, 0x8249, 0x0258, 0x825D, 0x8257, 0x0252,
        0x0270, 0x8275, 0x827F, 0x027A, 0x826B, 0x026E, 0x0264, 0x8261,
        0x0220, 0x8225, 0x822F, 0x022A, 0x823B, 0x023E, 0x0234, 0x8231,
        0x8213, 0x0216, 0x021C, 0x8219, 0x0208, 0x820D, 0x8207, 0x0202
    };

    for(j = 0; j < data_blk_size; j++)
    {
        i = ((unsigned short)(crc_accum >> 8) ^ data_blk_ptr[j]) & 0xFF;
        crc_accum = (crc_accum << 8) ^ crc_table[i];
    }

    return crc_accum;
}
```

전송 패킷과 수신 패킷은 다음과 같이 CRC 계산한다.

커널연구회(www.kernel.bz)　　　　　　　　　　　　정재준 (rgbi3307@nate.com)

unsigned short update_crc(unsigned short crc_accum, unsigned char *data_blk_ptr, unsigned short data_blk_size);

Output : CRC 계산 값.

Input :

1) crc_accum : 무조건 0으로 세팅합니다.

2) data_blk_ptr : 송신 또는 수신한 packet array의 포인터

3) data_blk_size : 패킷에서 CRC를 제외한 packet 사이즈. data_blk_size 의 계산방법은 다음과 같다.

data_blk_size = Header(3) + Reserved(1) + ID(1) + Length(2) +  Packet Length(?) – CRC(2)  = 3+1+1+2+Pakcet Length-2 = 5 + Packet Length;

Packet Length = (LEN_H << 8 ) + LEN_L; // 패킷의 6번째와 7번째 참고.

example :

unsigned char TxPacket[] = { 0xFF 0xFF 0xFD 0x00 0x01 0x00 0x07 0x02 0x00 0x00 0x00 0x02  CRC_L  CRC_H }

위와 같은 Instruction 패킷을 만들어서, 다이나믹셀에게 보내려 한다. 위의 Instruction을 분석하자면,

$\qquad$ 0xFF 0xFF 0xFD : 헤더.

$\qquad$ 0x00 : Reserved

$\qquad$ 0x01 : 1번 ID

$\qquad$ 0x00 0x07 : 패킷의 길이가 7

$\qquad$ 0x02 : Read Instruction

$\qquad$ 0x00 0x00 : 0번지 주소로 부터

$\qquad$ 0x00 0x02 : 2byte를 읽는다.

$\qquad$ CRC_L CRC_H : CRC 값.

$\qquad$ 여기서 CRC 값을 계산해야 한다. 다음과 같이 함수를 호출한다.

$\qquad$ CRC = update_crc ( 0, TxPacket , 12 ) ; // 12 = 5 + Packet Length(0x00 0x07) = 5+7

$\qquad$ CRC_L = (CRC & 0x00FF);

$\qquad$ CRC_H = (CRC>>8) & 0x00FF;

커널연구회(www.kernel.bz)　　　　　　　　　　　　　　　　　　　정재준 (rgbi3307@nate.com)

## 10.4.2 상태 패킷 구조(Return Packet)

| 0xFF | 0xFF | 0xFD | 0x00 | ID | LEN_L | LEN_H | 0x55 | Error | Param1 | ... | ParamN | CRC_L | CRC_H |
|---|---|---|---|---|---|---|---|---|---|---|---|---|---|
| Header | | | 예약 | ID | Packet Length | | Instruction | Error | Parameter | | | 16bit CRC | |

Header, 예약, ID, Packet Length, 16bit CRC 필드는 명령 패킷과 동일하다. Instruction 은 0x55 (Status)로 고정된 값을 사용한다.  Error는 Instruction Packet 의 처리 결과를 나타내며, 값의 의미는 아래와 같다.

### Error 값의 의미

| Bit 7 | Bit 6 | Bit 5 | Bit 4 | Bit 3 | Bit 2 | Bit 1 | Bit 0 |
|---|---|---|---|---|---|---|---|
| Alert | Error Number | | | | | | |

Alert 필드는 장치에 문제가 발생한 경우 1로 Setting 된다.  이 경우 Control Table의 Device Status Check 값을 읽어 보면 문제의 원인을 알 수 있다.

Error Number 필드는 Instruction Packet을 처리할 때 Error가 발생한 경우이며, 이것의 의미는 아래와 같다.

| 값 | 명칭 | 설명 |
|---|---|---|
| 0x01 | Result Fail | 전송된 Instruction Packet 을 처리하는데 실패한 경우 |
| 0x02 | Instruction Eror | 정의되지 않은 Instruction 을 사용한 경우<br>Reg Write 없이 Action 을 사용한 경우 |
| 0x03 | CRC Error | 전송된 Packet 의 CRC 값이 맞지 않는 경우 |
| 0x04 | Data Range Error | 해당 Address 에 쓰려는 Data 가 최소/최대값의 범위를 벗어난 경우 |
| 0x05 | Data Length Error | 해당 Address 의 데이터 길이보다 짧은 데이터를 적으려고 한 경우<br>(ex: 4 byte 값에 2 byte 만 쓰려는 경우) |
| 0x06 | Data Limit Error | 해당 Address 에 쓰려는 Data 가 Limit 값을 벗어난 경우 |
| 0x07 | Accrss Error | Read Only 혹은 정의되지 않은 Address 에 값을 쓰려고 한 경우<br>Write Only 혹은 정의되지 않은 Address 에 값을 읽으려고 한 경우<br>Torque Enable(ROM Lock) 상태에서 ROM 영역에 값을 쓰려고 한 경우 |

Parameter 는 각 Instruction Packet 의 Instruction 필드 값에 따라 달라짐.(9.4.5절 참조)

커널연구회(www.kernel.bz)　　　　　　　　　　정재준 (rgbi3307@nate.com)

## 10.4.3 Packet 전송 전/후 처리

(Header 패턴 출현을 막기 위한 byte stuffing 추가)

### 전송시 처리 순서

① Instruction Packet 을 형식에 맞춰 생성한다.

② Length 까지를 제외한 Instruction 부터 시작해서 CRC16 바로 전까지 중에 0xFF 0xFF 0xFD 의 패턴이 나타날 경우 byte stuffing (0xFD) 을 뒤에 추가한다. (0xFF 0xFF 0xFD 가 나오면 0xFF 0xFF 0xFD 0xFD 로 맨 뒤에 0xFD 한 바이트를 추가)

③ Length 를 byte stuffing 추가한 length 값으로 수정

④ Byte stuffing 추가한 상태로 CRC16 계산하여 마지막 2 byte 에 추가

⑤ 전송

### 수신시 처리 순서

① Header (0xFF 0xFF 0xFD) 를 찾는다. 0xFF 0xFF 0xFD 0xFD 일 경우는 무시 함.

② Header 가 나오면, ID 값을 확인하고, 본인의 ID 와 일치하거나 0xFE 일 경우 바로 다음 필드의Length 만큼 패킷을 받는다.

③ 받으면서 실시간으로 모든 데이터 값을 한 바이트씩 16bit CRC 계산식에 넣어 CRC 값을 계산한다. (byte stuffing 도 포함해서 CRC 계산해야 함)

④ CRC 계산을 끝낸 값에서 0xFF 0xFF 0xFD 0xFD 패턴이 나올 경우 마지막 0xFD 를 버리고 0xFF 0xFF 0xFD 만 사용한다. (byte stuffing 제거)

⑤ 마지막 2 byte 값이 계산한 CRC 값과 일치하는지 확인한다.

## 10.4.4 명령별 파라미터 설명

### Ping

Instruction Packet Parameter : 없음

Status Packet Parameter

| Parameter Byte | 설 명 |
|---|---|
| Parameter 0 | Error Byte (설명은 위 기본 구조 참조) |
| Parameter 1 | 모델 넘버의 하위 바이트 |
| Parameter 2 | 모델 넘버의 상위 바이트 |
| Parameter 3 | 펌웨어 버전 |

커널연구회(www.kernel.bz) 정재준 (rgbi3307@nate.com)

Instruction 설명
　① 장치의 존재 여부 확인 및 기본 정보를 얻기 위한 명령
　② 응답 레벨이 어떤 값으로 되어 있더라도 Ping 에는 무조건 응답을 함
　③ ID 필드가0xFE (Broadcast ID) 로 되어 있을 경우 모든 장치는 서로 충돌이 나지 않도록
　　정해진 순서에 따라 자신의 Status Packet 을 보냄

## Read

Instruction Packet Parameter

| Parameter Byte | 설 명 |
|---|---|
| Parameter 0 | 읽으려는 데이터의 시작 주소의 하위 바이트 |
| Parameter 1 | 읽으려는 데이터의 시작 주소의 상위 바이트 |
| Parameter 2 | 읽으려는 데이터 길이의 하위 바이트 |
| Parameter 3 | 읽으려는 데이터 길이의 상위 바이트 |

Status Packet Parameter (읽으려는 데이터 길이 : N)

| Parameter Byte | 설 명 |
|---|---|
| Parameter 0 | Error Byte (설명은 위 기본 구조 참조) |
| Parameter 1 | 읽으려는 시작 주소에서부터 첫 번째 데이터 바이트 |
| Parameter 2 | 읽으려는 시작 주소에서부터 두 번째 데이터 바이트 |
| ... | ... |
| Parameter N | 읽으려는 시작 주소에서부터 N 번째 데이터 바이트 |

Instruction 설명:
Control Table 의 값을 읽어오기 위한 명령

## Write

Instruction Packet Parameter (쓰려는 데이터 길이 : N)

| Parameter Byte | 설 명 |
|---|---|
| Parameter 0 | 데이터를 쓰려고 하는 곳의 시작 주소의 하위 바이트 |
| Parameter 1 | 데이터를 쓰려고 하는 곳의 시작 주소의 상위 바이트 |
| Parameter 2 | 쓰고자 하는 데이터의 첫 번째 바이트 |

커널연구회(www.kernel.bz)　　　　　　　　　　　정재준 (rgbi3307@nate.com)

| Parameter 3 | 쓰고자 하는 데이터의 두 번째 바이트 |
|---|---|
| ... | ... |
| Parameter N+1 | 쓰고자 하는 데이터의 N 번째 바이트 |

Status Packet Parameter : 기본형태

| Parameter Byte | 설 명 |
|---|---|
| Parameter 0 | Error Byte (설명은 위 기본 구조 참조) |

Instruction 설명:

Control Table 에 값을 쓰기 위한 명령

## Reg Write

Instruction Packet Parameter : Write Instruction 과 동일

Status Packet Parameter : 기본 형태

Instruction 설명:

① Write 명령과 유사하지만 값을 Control Table 에 쓰는 시점이 다름

② Write 명령은 Instruction Packet 을 받음과 동시에 명령이 수행되지만 Reg Write 는 Instruction Packet 을 받으면 그 값을 Buffer 에 저장해 두고 그 값을 Control Table 에 쓰지는 않음. 그리고, Control Table 의 Registerd 값을 1 로 설정함.

③ Action Instruction Packet 이 내려오면 Buffer 에 저장해 두었던 값을 Control Table 에 쓰게 되고, Control Table 의 Registered 값은 0 으로 되돌림.

## Action

Instruction Packet Parameter : 없음

Status Packet 을 보내지 않음

Instruction 설명

① Reg Write 명령으로 등록된 Write 작업을 수행하라는 명령

② 여러 개의 장치를 동시에 동작시킬 경우 맨 처음 명령을 전달받는 장치와 마지막으로 명령을 전달받는 장치는 구동 시점에 차이가 날 수 있음.

③ 이럴 경우 Reg Write 를 통해 각각의 장치에 명령을 등록해 두고, Broadcast ID 로 Action 명령을 내리게 되면 동시에 구동시킬 수 있음.

커널연구회(www.kernel.bz)　　　　　　　　　　　　　　　　　　　정재준 (rgbi3307@nate.com)

## Factory Reset

Instruction Packet Parameter

| Parameter Byte | 설 명 |
|---|---|
| Parameter 0 | OPTION : <br> - 0xFF : 모든 값 리셋 <br> - 0x01 : ID 를 제외한 모든 값 리셋 <br> - 0x02 : ID 와 Baudrate 를 제외한 모든 값 리셋 |

Status Packet Parameter : 기본 형태

Instruction 설명 : Control Table 의 모든 값을 공장 출하 시의 값으로 되돌리는 명령

## Reboot

Instruction Packet Parameter : 없음

Status Packet Parameter : 기본 형태

Instruction 설명 : 장치를 재시작 시키는 명령

## Sync Read

Instruction Packet Parameter

| Parameter Byte | 설 명 |
|---|---|
| Parameter 0 | 공통으로 읽으려는 시작 주소의 하위 바이트 |
| Parameter 1 | 공통으로 읽으려는 시작 주소의 상위 바이트 |
| Parameter 2 | 공통으로 읽으려는 데이터 길이의 하위 바이트 |
| Parameter 3 | 공통으로 읽으려는 데이터 길이의 상위 바이트 |
| Parameter 4 | 값을 읽으려는 첫 번째 장치의 ID |
| Parameter 5 | 값을 읽으려는 두 번째 장치의 ID |
| ... | ... |
| Parameter N+3 | 값을 읽으려는 N 번째 장치의 ID |

Status Packet Parameter : N 개의 Read Status Packet 이 들어옴.

Instruction 설명

① 하나의 Instruction Packet 전송으로 여러 개의 장치에서 동시에 동일한 시작 주소와 동일한 길이의 데이터를 읽어오고자 할 때 사용되는 명령

② Packet 의 ID 필드는 0xFE (Broadcast ID) 로 전송됨.

커널연구회(www.kernel.bz)      정재준 (rgbi3307@nate.com)

## Sync Write

Instruction Packet Parameter

| Parameter Byte | 설 명 |
|---|---|
| Parameter 0 | 공통으로 데이터를 쓰려는 시작 주소의 하위 바이트 |
| Parameter 1 | 공통으로 데이터를 쓰려는 시작 주소의 상위 바이트 |
| Parameter 2 | 공통으로 쓰려는 데이터 길이(L)의 하위 바이트 |
| Parameter 3 | 공통으로 쓰려는 데이터 길이(L)의 상위 바이트 |
| Parameter 4 | 데이터를 쓰려는 첫 번째 장치의 ID |
| Parameter 5 | 첫 번째 장치에 쓰려는 데이터의 첫 번째 바이트 |
| Parameter 6 | 첫 번째 장치에 쓰려는 데이터의 두 번째 바이트 |
| ... | ... |
| Parameter (L+1)+3 | 첫 번째 장치에 쓰려는 데이터의 L 번째 바이트 |
| Parameter (L+1)+4 | 데이터를 쓰려는 두 번째 장치의 ID |
| Parameter (L+1)+5 | 두 번째 장치에 쓰려는 데이터의 첫 번째 바이트 |
| Parameter (L+1)+6 | 두 번째 장치에 쓰려는 데이터의 두 번째 바이트 |
| ... | ... |
| Parameter 2(L+1)+3 | 두 번째 장치에 쓰려는 데이터의 L 번째 바이트 |
| ... | ... |

Status Packet 을 보내지 않음

Instruction 설명

① 하나의 Instruction Packet 전송으로 여러 개의 장치를 동시에 제어하기 위해 사용하는 명령.
단, 시작 주소와 데이터의 길이가 모두 동일해야 함.
② Packet 의 ID 필드는 0xFE (Broadcast ID) 로 전송됨.

## Bulk Read

Instruction Packet Parameter

| Parameter Byte | 설 명 |
|---|---|
| Parameter 0 | 첫 번째 장치의 ID |
| Parameter 1 | 첫 번째 장치의 시작 주소 하위 바이트 |
| Parameter 2 | 첫 번째 장치의 시작 주소 상위 바이트 |
| Parameter 3 | 첫 번째 장치의 데이터 길이 하위 바이트 |
| Parameter 4 | 첫 번째 장치의 데이터 길이 상위 바이트 |

커널연구회(www.kernel.bz)          정재준 (rgbi3307@nate.com)

| Parameter 5 | 두 번째 장치의 ID |
|---|---|
| Parameter 6 | 두 번째 장치의 시작 주소 하위 바이트 |
| Parameter 7 | 두 번째 장치의 시작 주소 상위 바이트 |
| ... | ... |
| Parameter 5(N-1)+0 | N 번째 장치의 ID |
| Parameter 5(N-1)+1 | N 번째 장치의 시작 주소 하위 바이트 |
| Parameter 5(N-1)+2 | N 번째 장치의 시작 주소 상위 바이트 |
| Parameter 5(N-1)+3 | N 번째 장치의 데이터 길이 하위 바이트 |
| Parameter 5(N-1)+4 | N 번째 장치의 데이터 길이 상위 바이트 |

Status Packet Parameter : N 개의 Read Status Packet 이 들어옴.

Instruction 설명:

① Sync Read 와 유사하게 하나의 Instruction Packet 전송으로 여러 개의 장치에서 데이터를 읽어오기 위해 사용하는 명령. 단, Bulk Read 는 각 장치마다 읽어오려는 데이터의 시작 주소와 길이가 달라도 상관없음.

② 동일한 아이디가 여러 번 등장할 수 없음. 즉, 하나의 장치에서는 한 번만 읽을 수 있음. 띄엄띄엄 읽기 위해서는 Indirect Addressing 을 이용해야 함.

③ Packet 의 ID 필드는 0xFE (Broadcast ID) 로 전송됨.

④ Instruction Packet 에 Parameter 에 등장하는 ID 의 장치들은 Data Bus 의 Packet 을 감시하고 있다가 Instruction Packet Parameter 에서 자신의 ID 바로 전에 등장하는 ID 가 Status Packet 을 전송하면, 바로 이어서 자신의 Status Packet 을 전송하여 Status Packet 간의 전송 간격을 최소화 함.

## Bulk Write

Instruction Packet Parameter

| Parameter Byte | 설 명 |
|---|---|
| Parameter 0 | 첫 번째 장치의 ID |
| Parameter 1 | 첫 번째 장치에 쓰려는 시작 주소의 하위 바이트 |
| Parameter 2 | 첫 번째 장치에 쓰려는 시작 주소의 상위 바이트 |
| Parameter 3 | 첫 번째 장치에 쓰려는 데이터 길이의 하위 바이트 |
| Parameter 4 | 첫 번째 장치에 쓰려는 데이터 길이의 상위 바이트 |
| Parameter 5 | 첫 번째 장치에 쓰려는 데이터의 첫 번째 바이트 |
| Parameter 6 | 첫 번째 장치에 쓰려는 데이터의 두 번째 바이트 |

커널연구회(www.kernel.bz)        정재준 (rgbi3307@nate.com)

| ... | ... |
|---|---|
| Parameter L+4 | 첫 번째 장치에 쓰려는 데이터의 L 번째 바이트 |
| Parameter L+5 | 두 번째 장치의 ID |
| Parameter L+6 | 두 번째 장치에 쓰려는 시작 주소의 하위 바이트 |
| ... | ... |

Status Packet 을 보내지 않음

Instruction 설명:

① Sync Write 와 유사하게 하나의 Instruction Packet 전송으로 여러 개의 장치를 제어하기 위해 사용하는 명령. 단, Bulk Write 의 경우 각 장치마다 데이터를 쓰려는 주소와 데이터의 길이가 달라도 상관 없음.

② 동일한 아이디가 여러 번 등장할 수 없음. 즉, 하나의 장치에는 한 번만 쓸 수 있음. 띄엄띄엄 쓰기 위해서는 Indirect Addressing 을 이용해야 함.

③ Packet 의 ID 필드는 0xFE (Broadcast ID) 로 전송됨.

## 10.5 Control Table

Control Table은 다이나믹셀 내부에 존재하는 값으로서 다이나믹셀의 현재 상태와 구동에 관한 Data로 구성되어 있다. 사용자는 Instruction Packet을 통해 Control Table의 data를 변경하는 방식으로 다이나믹셀을 제어할 수 있다.

### EEPROM and RAM

RAM Area의 Data는 전원이 인가될 때마다 다시 초기값으로 설정됩니다. 그러나 EEPROM Area Data의 경우 값을 설정하면 전원이 Off되어도 그 값이 보존됩니다

### Address

Address는 Data의 위치 입니다. Dynamixel에 Data를 쓰거나 읽기 위해서는 Packet에 그 Data가 위치해 있는 Address를 지정해 주어야 합니다.

### 접근

다이나믹셀 Data 에는 읽기 전용(R)과 읽고 쓰기가 가능한 것(RW), 두 가지가 있습니다. 읽기 전용(R)은 주로 센싱용으로 사용되는 data 이며 읽고 쓰기 가능한 것(RW)은 구동을 위한 Data

입니다.

## 초기값

Control Table에서 우측에 표시된 초기값들은 EEPROM 영역 Data인 경우 공장 출하 값이고, RAM Area Data인 경우는 전원이 인가되었을 때 갖는 초기값입니다.

## 상위바이트/하위바이트

Control Table 에는 명칭이 같지만 (L) 과 (H) 가 뒤에 붙어서 Address 가 구분되어 있는 것들이 있습니다. 이것은 16bit가 요구되는 Data를 8bit씩 각Address (low, High)에 나누어 표현한 것입니다. 이 두 개의 Address 는 하나의 Instruction Packet으로 동시에 write 되어야 합니다.

## Control Table 내용

| Area | 주소 | 크기 | 명칭 | 의미 | 접근 | 기본값 | Min | Max |
|---|---|---|---|---|---|---|---|---|
| E<br>E<br>P<br>R<br>O<br>M | 0 | 2 | Model Number | 모델 번호 | R | 350 | - | - |
| | 2 | 1 | Version of Firmware | 펌웨어 버전 정보 | R | - | - | - |
| | 3 | 1 | ID | 다이나믹셀 ID | RW | 1 | 0 | 252 |
| | 4 | 1 | Baud Rate | 다이나믹셀 통신 속도 | RW | 3 | 0 | 3 |
| | 5 | 1 | Return Delay Time | 응답 지연 시간 | RW | 250 | 0 | 254 |
| | 6 | 2 | CW Angle Limit | 시계 방향 한계 각도값 | RW | 0 | 0 | 1023 |
| | 8 | 2 | CCW Angle Limit | 반시계 방향 한계 각도값 | RW | 1023 | 0 | 1023 |
| | 11 | 1 | Control Mode | 제어 모드 | RW | 2 | 1 | 2 |
| | 12 | 1 | Limit Temperature | 내부 한계 온도 | RW | 65 | 0 | 150 |
| | 13 | 1 | Down Limit Voltage | 최저 한계 전압 | RW | 60 | 50 | 250 |
| | 14 | 1 | Up Limit Voltage | 최고 한계 전압 | RW | 90 | 50 | 250 |
| | 15 | 2 | Max Torque | 토크 한계 값 | RW | 1023 | 0 | 1023 |
| | 17 | 1 | Return Level | 응답 레벨 | RW | 2 | 0 | 2 |
| | 18 | 1 | Alarm Shutdown | 알람용 셧 다운(Shut down) 기능 | RW | 3 | 0 | 7 |
| R | 24 | 1 | Torque ON/OFF | 토크 켜기 | RW | 0 | 0 | 1 |
| | 25 | 1 | LED | LED 값 | RW | 0 | 0 | 7 |

커널연구회(www.kernel.bz)     정재준 (rgbi3307@nate.com)

| A | 27 | 1 | D Gain | Derivative Gain | RW | 0 | 0 | 254 |
|---|---|---|---|---|---|---|---|---|
| M | 28 | 1 | I Gain | Integral Gain | RW | 0 | 0 | 254 |
| | 29 | 1 | P Gain | Proportional Gain | RW | 32 | 0 | 254 |
| | 30 | 2 | Goal Position | 목표 위치 값 | RW | - | 0 | 1023 |
| | 32 | 2 | Goal Velocity | 목표 속도 값 | RW | - | 0 | 2047 |
| | 35 | 2 | Goal Torque | 목표 토크 값 | RW | - | 0 | 1023 |
| | 37 | 2 | Present Position | 현재 위치 값 | R | - | - | - |
| | 39 | 2 | Present Speed | 현재 속도 값 | R | - | - | - |
| | 41 | 2 | Present Load | 현재 하중 값 | R | - | - | - |
| | 45 | 1 | Present Voltage | 현재 전압 | R | - | - | - |
| | 46 | 1 | Present Temperature | 현재 온도 | R | - | - | - |
| | 47 | 1 | Registered Instruction | Instruction 의 등록 여부 | R | 0 | - | - |
| | 49 | 1 | Moving | 움직임 유무 | R | 0 | - | - |
| | 50 | 1 | Hardware Error Status | 하드웨어 에러 상태 | R | 0 | - | - |
| | 51 | 2 | Punch | Punch 값 | RW | 32 | 0 | 1023 |

## 10.5.1 EEPROM 영역

**Model Number**
다이나믹셀의 모델 번호입니다.

**Firmware Version**
다이나믹셀 펌웨어 버전입니다.

**ID**
다이나믹셀을 식별하기 위한 고유 번호입니다.
0~253 (0xFD) 까지 사용 가능하며, 254(0xFE)는 브로드캐스트(Broadcast) ID로 특수하게 사용됩니다.
Instruction packet을 보낼 때, 브로드캐스트 ID를 사용하면 모든 다이나믹셀에 명령을 내릴 수

커널연구회(www.kernel.bz)      정재준 (rgbi3307@nate.com)

있습니다. 연결된 다이나믹셀의 ID가 중복되지 않도록 주의해야 합니다.

## Baud Rate
제어기와 통신하기 위한 통신 속도 입니다.
0: 9600, 1:57600, 2:115200, 3:1Mbps

참고: UART는 Baudrate오차가 3% 이내이면 통신에 지장이 없습니다.

## Return Delay Time
제어기로부터 Instruction Packet을 받은 후, Status Packet을 반환하기까지 걸리는 시간입니다.
0~254 (0xFE) 까지 사용 가능하며 단위는 2usec 입니다.
예를 들어, 값이 10일 경우 20 usec 만큼 시간이 지난 후에 Status Packet을 응답합니다.

## CW/CCW Angle Limit
동작이 허용되는 각도를 설정할 수 있습니다.

## CONTROL MODE

| 값 | 동작 방식 |
|---|---|
| 1 | 바퀴 모드 |
| 2 | 관절 모드 |

바퀴 모드는 모터가 무한 회전을 하여 바퀴형 구동 로봇에 쓸 수 있습니다.
관절 모드는 특정 각도로 제어가 가능하여 다관절 로봇에 쓸 수 있습니다.

## The Highest Limit Temperature
동작 온도의 상한 값입니다.
사용 범위는 10~99 (0x0A~0x63)이며, 단위는 섭씨 온도입니다.
예를 들어, 값이 80이면 80℃ 입니다. 내부 온도가 이 값을 넘으면 Status Packet 중 ERROR의

커널연구회(www.kernel.bz)     정재준 (rgbi3307@nate.com)

Over Heating Error Bit (Bit2) 가 '1'로 설정되어 반환되고, Alram LED/Shutdown의 플래그(flag)중 과열(Overheating)이 설정되어 있다면 기능이 발휘됩니다.

**주의** : 온도 상한선을 초기값 보다 높게 설정하지 마십시오. 온도 알람셧다운 발생시 20분이상 휴식하여 다이나믹셀의 온도를 충분히 낮춘후 사용해 주세요. 온도가 높은상태에서 사용시 제품이 손상될 수 있습니다.

## The Lowest(Highest) Limit Voltage

전압 동작 범위의 상한과 하한 값입니다.

상한과 하한 각각 50~250 (0x32~0xFA)까지 사용 가능하며, 단위는 0.1V입니다.

예를 들어, 값이 80이면 8V입니다. 현재 전압 값이 이 범위를 벗어날 경우 Status Packet 중 ERROR의 Voltage Range Error Bit(Bit0)가 '1'로 설정되어 반환되고, Alram LED/Shutdown의 플래그(flag)중 입력 전압 에러(Input Voltage Error)가 설정되어 있다면 기능이 발휘됩니다.

## Max Torque

모터의 최대 출력 제한 값입니다.

0~1023 (0x3FF) 까지 사용 가능하며, 단위는 약 0.1%입니다.

예를 들어, 값이 512이면 약 50%이고 최대 출력 대비 50%만 사용하겠다는 의미입니다.

전원이 켜지면 Torque Limit(Address 34, 35)는 이 값을 초기 값으로 사용합니다.

## Status Return Level

Status Packet의 반환 방식을 결정합니다.

| 값 | 동작 방식 |
|---|---|
| 0 | 모든 명령에 대해 반환하지 않음. (단, PING 명령 제외) |
| 1 | READ 명령에 대해서만 반환함 |
| 2 | 모든 명령에 대해서 반환함 |

**참고**: Instruction packet 의 ID가 Broadcast ID 인 경우는 이 값에 상관 없이 Status Packet이 반환되지 않습니다.

커널연구회(www.kernel.bz)        정재준 (rgbi3307@nate.com)

### Alarm Shutdown

다이나믹셀은 동작 중에 발생하는 위험 상황을 감지하여 스스로를 보호할 수 있습니다.
설정할 수 있는 위험 상황은 아래 표와 같습니다.

| 비트 | 명칭 | 내용 |
|---|---|---|
| Bit 7 | - | - |
| Bit 6 | - | - |
| Bit 5 | - | - |
| Bit 4 | - | - |
| Bit 3 | - | - |
| Bit 2 | ERROR_Input Voltage | 인가된 전압이 설정된 동작 전압 범위를 벗어났을 경우 |
| Bit 1 | ERROR_Over_Heating | 내부 온도가 설정된 동작 온도 범위를 벗어난 경우 |
| Bit 0 | ERROR_Overload | 모터의 최대 출력으로 제어할 수 없는 하중이 지속적으로 적용되는 경우 |

각 Bit의 기능은 'OR'의 논리로 적용되기 때문에 중복 설정이 가능합니다. 즉, 0X05 (2 진수: 00000101)로 설정되었을 경우 Input Voltage Error와 Overheating Error가 발생하는 것을 모두 감지할 수 있습니다. 위험 상황이 발생하면 LED를 깜박이고, Torque Limit의 값을 0 으로 만들어서 모터 출력이 0%가 되도록 합니다.

## 10.5.2 RAM 영역

### Torque Enable

| 값 | 의미 |
|---|---|
| 0 | 모터의 전원을 차단하여 Torque가 발생되지 않도록 합니다. |
| 1 | 모터에 전원을 인가하여 Torque를 발생시킵니다. |

### LED

| 10진값 | Bit2 | Bit1 | Bit0 | LED 색상 |
|---|---|---|---|---|
| 1 | 0 | 0 | 1 | RED |
| 2 | 0 | 1 | 0 | GREEN |

커널연구회(www.kernel.bz)　　　　　　　　정재준 (rgbi3307@nate.com)

| 3 | 0 | 1 | 1 | YELLOW |
|---|---|---|---|---|
| 4 | 1 | 0 | 0 | BLUE |
| 5 | 1 | 0 | 1 | PINK |
| 6 | 1 | 1 | 0 | BLUE-GREEN |
| 7 | 1 | 1 | 1 | WHITE |

## PID Gain

XL 시리즈는 대표적 제어기법인 PID Controller를 이용합니다.


P Gain은 Propotional Gain값 입니다.
I Gain은 Integral Gain값 입니다.
D Gain은, Derivative Gain값 입니다.


값의 범위는 0 ~ 254 입니다.

---

### ※ PID 와 컴플라이언스 슬로프와의 관계

| Slope | P Gain |
|---|---|
| 8 | 128 |
| 16 | 64 |
| 32 | 32 |
| 64 | 16 |
| 128 | 8 |

P 게인이 작을 수록, 유격이 커지고, 목표위치 근처에서의 출력정도가 약해집니다.
즉, 어떻게 보면, margine 과 slope 를 합친 것 같은 개념입니다.
정확하게 예전 컴플라이언스 개념과 매칭 되지 않습니다. 동작의 차이가 나더라도 당연한
일입니다.


### ※ PID 에 대한 설명 요함

일반적인 PID 에 대한 간략한 설명은 아래의 사이트를 참고하도록 하겠습니다.
http://en.wikipedia.org/wiki/PID_controller

커널연구회(www.kernel.bz)　　　　　　　　　　　　　정재준 (rgbi3307@nate.com)

참고로 PID 제어론은, 단순히 모터제어에만 국한 된 이야기가 아니라, 모든 제어에 적용할수
있는 일반적인 이론입니다.

## Goal Position

이동 시키고자 하는 곳의 위치 값입니다.

0~1023 (0x3FF)까지 사용 가능하며 단위는 0.29도 입니다.

CW/CCW Angle Limit의 벗어난 값을 사용하게 되면 Status Packet 중 ERROR의 Angle Limit Error
Bit (Bit1) 가 '1'로 설정되어 반환되고, Alram LED/Shutdown의 플래그(flag)중 Angle Limit Error가
설정되어 있다면 기능이 발휘됩니다. 바퀴 모드로 설정되어 있는 경우 이 값은 사용되지
않습니다.

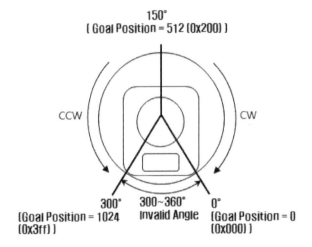

## Moving Speed

이동하는 속도를 나타내며 이 값의 범위와 단위는 동작 모드에 따라 다릅니다.

### •관절 모드

Goal Position으로 이동하는 속도입니다.

0~1023 (0X3FF) 까지 사용되며, 단위는 약 0.111rpm입니다.

0으로 설정하면 속도 제어를 하지 않고 모터의 최대 rpm을 사용한다는 의미입니다.

1023의 경우 약 114rpm이 됩니다.

예를 들어, 300으로 설정된 경우 약 33.3rpm입니다.

커널연구회(www.kernel.bz)          정재준 (rgbi3307@nate.com)

참고: 해당 모델의 최대 rpm을 확인하시기 바랍니다. 최대 rpm 이상을 설정해도 모터는 그 이상의 속도를 낼 수 없습니다.

### •바퀴 모드

목표 방향으로 이동하는 속도입니다.

0~2047( 0X7FF)까지 사용되며, 단위는 약 0.1%입니다.

0~1023 범위의 값을 사용하면 CCW방향으로 회전하며 0으로 설정하면 정지합니다.

1024~2047 범위의 값을 사용하면 CW방향으로 회전하며 1024으로 설정하면 정지합니다.

즉, 10번째 bit가 방향을 제어하는 direction bit가 됩니다.

바퀴 모드는 속도 제어를 하지 않고 출력 제어만 가능합니다.

예를 들어, 512로 설정된 경우 최대 출력 대비 약 50%로 제어한다는 의미입니다.

### Torque Limit

모터의 최대 출력 제한 값입니다.

0~1023 (0x3FF) 까지 사용 가능하며, 단위는 약 0.1%입니다.

예를 들어, 값이 512이면 약 50%이고 최대 출력 대비 50%만 사용하겠다는 의미입니다.

전원이 켜지면 Max Torque(Address 14, 15)의 값을 초기 값으로 사용합니다.

참고: Alarm Shutdown의 기능이 발휘되면 이 값이 0이 되어 모터의 힘이 없어지게 됩니다. 이때 이 값을 0이 아닌 값으로 바꾸면 다시 모터의 출력이 발휘되어 사용할 수 있습니다.

### Present Position

다이나믹셀의 현재 위치 값입니다.

값의 범위는 0~1023 (0x3FF)이며 단위는 0.29도 입니다.

주의: 바퀴 모드로 설정되어 있는 경우 이 값을 회전량 또는 움직인 거리를 측정하는 용도로 사용할 수 없습니다.

커널연구회(www.kernel.bz)             정재준 ( rgbi3307@nate.com )

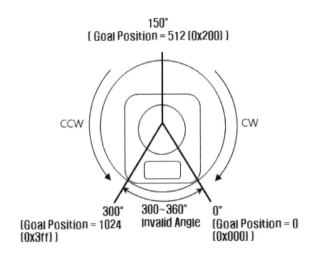

## Present Speed

현재 이동하는 속도입니다.

이 값은 0~2047 (0X7FF) 까지 사용됩니다.
0~1023 범위의 값이면 CCW 방향으로 회전한다는 의미입니다.
1024~2047 범위의 값이면 CW 방향으로 회전한다는 의미입니다.
즉, 10 번째 bit 가 방향을 제어하는 direction bit 가 되며 0 과 1024 는 같습니다.
이 값의 단위는 동작 모드에 따라 다릅니다.

### •관절 모드

단위는 약 0.111rpm 입니다.
예를 들어, 300 으로 설정된 경우 CCW 방향 약 33.3rpm 으로 이동 중이라는 의미입니다.

### •바퀴 모드

단위는 약 0.1%입니다.
예를 들어, 512 로 설정된 경우 CCW 방향 최대 출력 대비 약 50%로 제어 중이라는 의미입니다.

## Present Load

현재 적용되는 하중을 의미합니다.

커널연구회(www.kernel.bz)          정재준 (rgbi3307@nate.com)

이 값의 범위는 0~2047 이며, 단위는 약 0.1%입니다.

0~1023 범위의 값은 CCW 방향으로 하중이 작용한다는 의미입니다.

1024~2047 범위의 값은 CW 방향으로 하중이 작용한다는 의미입니다.

즉, 10 번째 bit 가 방향을 제어하는 direction bit 가 되며, 1024 는 0 과 같습니다.

예를 들어, 값이 512 이면 CCW 방향으로 최대 출력 대비 약 50%로 하중이 감지된다는 의미입니다.

| bit | 15 ~ 11 | 10 | 9 | 8 | 7 | 6 | 5 | 4 | 3 | 2 | 1 | 0 |
|---|---|---|---|---|---|---|---|---|---|---|---|---|
| Value | 0 | Load Direction | | | | Data (Load Ratio) | | | | | | |

**Load Direction = 0 : CCW Load,   Load Direction = 1 : CW Load**

참고: 현재 하중은 Torque 센서 등을 이용한 값이 아니라 내부 출력 값을 기반으로 유추한 것입니다. 이로인해 무게나 토크를 측정하는 용도로 사용할 수 없고, 해당 관절의 어느 방향으로 힘이 작용하는 정도를 감지하는 정도로만 사용해야 합니다.

## Present Voltage

현재 공급되고 있는 전압입니다.

이 값의 단위는 0.1V 입니다. 예를 들어, 값이 100 이면 10V 입니다.

## Present Temperature

내부의 온도입니다.

이 값의 단위는 섭씨 온도입니다. 예를 들어, 값이 85 이면 현재 내부 온도는 85℃ 입니다.

## Registered Instruction

| 값 | 의미 |
|---|---|
| 0 | REG_WRITE 로 전달된 명령이 없습니다. |
| 1 | REG_WRITE 로 전달된 명령이 있습니다. |

참고: ACTION 명령을 수행하면 이 값이 0 으로 바뀝니다.

## Moving

| 값 | 의미 |
|---|---|
| 0 | Goal position 명령 수행을 완료했습니다. |

커널연구회(www.kernel.bz)                  정재준 (rgbi3307@nate.com)

| 1 | Goal position 명령 수행 중입니다. |

## HARDWARE ERROR STATUS

현재 하드웨어 에러 상태를 나타냅니다.

알람 셧다운과 동일한 출력 값을 가집니다.

## Punch

구동시에 모터에 공급되는 최소 전류량 입니다.

초기값은 0x20 이며 최고 0x3ff 까지 설정할 수 있습니다.

커널연구회(www.kernel.bz)                                정재준 (rgbi3307@nate.com)

# 부록A. 라지그 프로젝트 소프트웨어 설계 구조

아래는 커널연구회 라지그 프로젝트에 구현한 소프트웨어 설계 구조를 요약한 것이다. 소프트웨어는 모두 C 언어로 리눅스 시스템 프로그래밍한 것이며, 특히 프로세스와 쓰레드에 대해서 좀더 잘 알고 있으면 쉽게 이해할 수 있다. 라지그 프로젝트에 구현된 소프트웨어는 크게 4 가지 부분으로 모듈화되어 있다.

## 라지그 프로젝트 소프트웨어 구조도

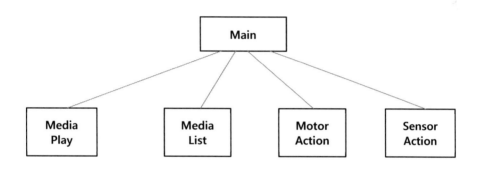

위에서 Media Play, Media List, Motor Action, Sensor Action 은 모두 프로세스 혹은 쓰레드로 실행되는 모듈이다. 아래의 테이블은 이들이 하는 역할에 대해서 요약 설명한 것이다.

| 모듈명(프로세스, 쓰레드) | 기능 요약 설명 |
|---|---|
| Media Play | 센서, 카메라, 모션감지, 음악, 라디오, 비디오 기능 실행 및 종료 |
| Media List | 센서, 카메라, 모션감지 등에서 수집되는 데이터 저장 및 관리 |
| Motor Action | 모터 움직임 제어 |
| Sensor Action | 센서(온도, 습도, 기울기, 이동속도, 방향) 실행 및 종료 |

아래 부터는 위의 4 가지 모듈에 대한 중요한 소스 부분을 발췌하여 수록한 것이다. 소프트웨어 전체 실행 및 소스에 대한 자세한 설명과 실습은 커널연구회 교육과정에서 진행하고 있으므로, 커널연구회 웹사이트(www.kernel.bz)을 참조해 주기 바란다.

# A1.1 Media Play

### media_play.c

```
/**
 *      file name:      media_play.c
 *      author:         JungJaeJoon (rgbi3307@nate.com) on the www.kernel.bz
 *      comments:
 */
#include <stdio.h>
#include <stdlib.h>
#include <string.h>
#include <unistd.h>
#include <sys/statvfs.h>
#include <sys/types.h>
#include <sys/wait.h>
#include <fcntl.h>
#include <dirent.h>
#include <signal.h>

#define BUFF_SIZE     160

static void media_play_run(char *run)
{
    strcat(run, ".sh &");
    system(run);
}

#if 0
static void media_play(char *run)
{
        FILE *fp;
        char buffer[BUFF_SIZE] = {0, };
        const char *kill_act[] = { "killall mplayer", "killall raspistill" };
        const char *check_act[] = { "mplayer -noconsolecontrols", "raspistill -v" };
        int idx = 0;

        while (1)
        {
        if (strstr(run, "camera")) {
            fp = popen("ps aux | grep raspistill -v", "r");
            idx = 1;
        } else {
            fp = popen("ps aux | grep mplayer -noconsolecontrols", "r");
            idx = 0;
        }

                if (fp) {
                        fread(buffer, sizeof(char), BUFF_SIZE, fp);

                        ///printf("%s\n", buffer);

                        system(kill_act[idx]);
```

커널연구회(www.kernel.bz)      정재준 (rgbi3307@nate.com)

```
                                sleep(1);

                                if (!strstr(buffer, check_act[idx])) {
                                        media_play_run(run);
                                        goto _exit;
                                }
                        } else {
                                media_play_run(run);
                                goto _exit;
                        }

                        pclose(fp);
                        memset(buffer, 0, sizeof(buffer));
                        sleep(1);
                }

_exit:
        pclose(fp);
}
#endif

static int file_read_play(const char *fname)
{
        FILE *fp;
        char buf[BUFF_SIZE] = {0,};
        char *pb;
        int len;

        fp = fopen(fname, "r");
        if (!fp) {
                printf("Can't open the file(%s) for read.\n", fname);
                return -1;
        }

        do
    {
        pb = fgets(buf, BUFF_SIZE, fp);
                if (!pb) break;

                len = strlen(buf);
                buf[len-1] = '\0';
///printt( "read: %s\n", buf);

                media_play_run(buf);

                memset(buf, 0, sizeof(buf));

        } while (!feof(fp) );


        fclose(fp);

        if (remove(fname)) {
                printf("Can't remove the file(%s).\n", fname);
                return -2;
        } else {
```

```
                        ///printf("Removed the file(%s).Wn", fname);
        }

        return 0;
}

int main(void)
{
        struct dirent *entry;
        DIR *dir;
        char *path = "../../data/media/";
        char fname[32] = {0};

        while (1)
        {
                dir = opendir (path);
                while ((entry = readdir (dir)) != NULL) {
                        if (strlen(entry->d_name) > 5) {
                                strcat(fname, path);
                                strcat(fname, entry->d_name);

                                ///printf ("fname = %sWn", fname);

                                if (strstr(fname, "media_")) file_read_play(fname);

                                ///sleep(1);
                                memset(fname, 0, sizeof(fname));
                        }
                } //while
                closedir(dir);

                sleep(1);
        }

        return 0;
}
```

## A1.2 Media List

**media_list.c**

```
/**-------------------------------------------------------------
 * Name:    media_list.c
 * Purpose: media list collection module
 * Author:      JungJaeJoon on the www.kernel.bz
 *-------------------------------------------------------------
 * Notes:
 *-------------------------------------------------------------
 */

#include <stdio.h>
```

커널연구회(www.kernel.bz)　　　　　　　　　　정재준 (rgbi3307@nate.com)

```
#include <stdlib.h>
#include <string.h>
#include <unistd.h>
#include <sys/stat.h>
#include <sys/statvfs.h>
#include <sys/wait.h>
#include <sys/types.h>
#include <sys/inotify.h>
#include <fcntl.h>
#include <dirent.h>
#include <signal.h>
#include <pthread.h>
#include <time.h>

#include "../common/usr_types.h"
#include "../lib/user_mysql.h"

#define MEDIA_DIR    "/media/pi/"
#define RAZIG        "/razig"

#define CAMERA       "/camera/"
#define RECORD       "/record/"
#define ACTION       "/action/"
#define MOTION       "/motion/"
#define MOTION_ACT   "/home/pi"
#define MUSIC        "/music/"
#define VIDEO        "/video/"
#define RADIO        "/radio/"
#define MOTION_DIR   "/home/pi/motion/"

#define EVENT_SIZE  (sizeof(struct inotify_event))
#define BUF_LEN     (1024 * (EVENT_SIZE + 16))

typedef struct _dir_tag {
    char path[80];
    char subdir[20];
} DIR_T;


char Path[80];
uint32_t DirMediaFound=0;

void str_char_replace(char *s, char t, char r)
{
    int len = strlen(s);
    int i;

    for (i=0; i<len; i++) {
        if (s[i] == t) s[i] = r;
    }
}

int dir_get(char *arg, char *buf)
{
    FILE *fp;
```

```
    int ret;

    sprintf(buf, "df -h | awk '/dev\\/%s/ {print $6}'", arg);
    fp = popen(buf, "r");

    if (fp) {
        fgets(buf, 30, fp);
        if (strstr(buf, MEDIA_DIR)) ret = 1;
        else ret = 0;
    } else {
        ret = -1;
    }

        pclose(fp);

    return ret;
}

int dir_media_check(char *path, char *subdir)
{
    char *arg[] = { "sda1", "sda2", "sda3", "sda4"
                  , "sdb1", "sdb2", "sdb3", "sdb4"
                  , "sdc1", "sdc2", "sdc3", "sdc4"
                  , "sdd1", "sdd2", "sdd3", "sdd4" };
    DIR *dir;
    int i, found, cnt;

    cnt = ARRAY_CNT(arg);
    for (i=0; i < cnt; i++) {
        found = dir_get(arg[i], path);
        if (found > 0) break;
    }

    if (found > 0) {
        i = strlen(path) - 1;
        path[i] = '\0';
        strcat(path, subdir);
        ///printf("path=%s\r\n", path);
    } else {
        return -1;
    }

    dir = opendir(path);
    if (dir) {
        closedir(dir);
        return 1;
    } else {
        printf("Do not find media directory(%s)\r\n", path);
        mkdir(path, 0755);
        return -2;
    }
}

int dir_sub_check(char *path, char *subdir)
{
    DIR *dir;
```

```
    MYSQL *conn;

    strcat(path, subdir);
    dir = opendir(path);
    if (dir)
    {
        closedir(dir);
        if (strstr(subdir, "record") || strstr(subdir, "motion")) {
            char query[128];
            conn = user_mysql_connect("localhost", "root", "kernel.bz");
            user_mysql_select_db(conn, "db_razig");
            sprintf(query, "UPDATE `tbl_media` SET path='%s' WHERE sub='%s'", path, subdir);
            user_mysql_query(conn, query);
            user_mysql_close(conn);
        }
        return 1;
    } else {
        printf("Do not find media directory(%s)\r\n", path);
        mkdir(path, 0755);
        return -1;
    }
}


void dir_motion_files_move(char *fname)
{
    struct dirent *entry;
        DIR *dir;
        char path_trg[80];
        char fullpath[80];
        char buf[160];
        struct stat sb;
        struct timespec ts;

        strcpy(path_trg, Path);
        strcat(path_trg, MOTION);
        ///if (!strcmp(path_src, path_trg)) return;

        strcpy(fullpath, MOTION_DIR);
    strcat(fullpath, fname);
        stat(fullpath, &sb);
        ///ts = sb.st_atim;
        ts = sb.st_mtim;

    dir = opendir (MOTION_DIR);
    while ((entry = readdir (dir)) != NULL) {
        if (strlen(entry->d_name) > 5) {
            ///memset(fullpath, 0, sizeof(fullpath));
            strcpy(fullpath, MOTION_DIR);
            strcat(fullpath, entry->d_name);
            stat(fullpath, &sb);

            if ((int)sb.st_size > 0 && sb.st_mtim.tv_sec < ts.tv_sec-60) {
                sprintf(buf, "mv %s %s", fullpath, path_trg);
                system(buf);
            };
```

커널연구회(www.kernel.bz)      정재준 (rgbi3307@nate.com)

```
        }
    } //while
    closedir(dir);
}

int dir_files_insert(char *path, char *subdir, char *fname)
{
    char fullpath[160] = {0};
        char dtime[20], utime[20];
        int ret=0;
        time_t t = time(NULL);
    struct stat sb;
        struct tm *tms;
        char qbuf[256];
        MYSQL *conn;
        const char *query = "INSERT INTO `tbl_files` " ₩
        "(`path`, `sub`, `fname`, `dtime`, `size`, `utime` " ₩
        ") VALUES ( '%s', '%s', '%s', '%s', %d, '%s' );";

    if (!strcmp(path, MOTION_DIR)) goto _end;

    conn = user_mysql_connect("localhost", "root", "kernel.bz");
    if (!conn) goto _exit;
    if (user_mysql_select_db(conn, "db_razig") < 0) goto _exit;

    strcpy(fullpath, path);
    strcat(fullpath, fname);
    stat(fullpath, &sb);
    tms = localtime(&sb.st_mtime);
    sprintf(dtime, "%04d-%02d-%02d %02d:%02d:%02d"
            , 2000+(tms->tm_year%100), tms->tm_mon+1, tms->tm_mday
            , tms->tm_hour, tms->tm_min, tms->tm_sec);
    tms = localtime(&t); //current time
    sprintf(utime, "%04d-%02d-%02d %02d:%02d:%02d"
            , 2000+(tms->tm_year%100), tms->tm_mon+1, tms->tm_mday
            , tms->tm_hour, tms->tm_min, tms->tm_sec);

    printf ("INSERT: %s, %s, %s, %s, %d, %s₩r₩n"
            , path, subdir, fname, dtime, (int)sb.st_size, utime);

    memset(qbuf, 0, sizeof(qbuf));
    str_char_replace(fname, '₩'', '`');
    sprintf(qbuf, query, path, subdir, fname, dtime, (int)sb.st_size, utime);
    ret = user_mysql_query(conn, qbuf);

_exit:
    user_mysql_close(conn);

_end:
    if (!strcmp(subdir, MOTION)) {
        dir_motion_files_move(fname);
    }

    return ret;
}
```

```c
int dir_files_update(char *path, char *subdir, char *fname)
{
    char fullpath[160] = {0};
        char dtime[20], utime[20];
        int ret=0;
    struct stat sb;
    time_t t = time(NULL);
        struct tm *tms;
        char qbuf[256];
        MYSQL *conn;
        /*
        const char *query = "UPDATE `tbl_files` SET " ₩
        " `dtime`='%s', `size`=%d " ₩
        " WHERE `path`='%s' and `sub`='%s' and `fname`='%s'";
        */
    const char *query = "INSERT INTO `tbl_files` " ₩
        "(`path`, `sub`, `fname`, `dtime`, `size`, `utime` " ₩
        ") VALUES ( '%s', '%s', '%s', '%s', %d, '%s' );";

    if (!strcmp(path, MOTION_DIR)) goto _end;

    conn = user_mysql_connect("localhost", "root", "kernel.bz");
    if (!conn) goto _exit;
    if (user_mysql_select_db(conn, "db_razig") < 0) goto _exit;

    strcpy(fullpath, path);
    strcat(fullpath, fname);
    stat(fullpath, &sb);
    tms = localtime(&sb.st_mtime);
    sprintf(dtime, "%04d-%02d-%02d %02d:%02d:%02d"
            , 2000+(tms->tm_year%100), tms->tm_mon+1, tms->tm_mday
            , tms->tm_hour, tms->tm_min, tms->tm_sec
    );
    tms = localtime(&t); //current time
    sprintf(utime, "%04d-%02d-%02d %02d:%02d:%02d"
            , 2000+(tms->tm_year%100), tms->tm_mon+1, tms->tm_mday
            , tms->tm_hour, tms->tm_min, tms->tm_sec);

    printf ("INSERT: %s, %s, %s, %s, %d, %s₩r₩n", path, subdir, fname
            , dtime, (int)sb.st_size, utime);

    memset(qbuf, 0, sizeof(qbuf));
    str_char_replace(fname, '₩'', '`');
    //sprintf(qbuf, query, dtime, fsize, path, subdir, fname);
    sprintf(qbuf, query, path, subdir, fname, dtime, (int)sb.st_size, utime);
    ret = user_mysql_query(conn, qbuf);

_exit:
    user_mysql_close(conn);

_end:
    return ret;
}

int dir_files_delete(char *path, char *subdir, char *fname)
{
```

```c
        int ret=0;
        char qbuf[256];
        MYSQL *conn;
        const char *query = "DELETE FROM `tbl_files` " ₩
        " WHERE `path`='%s' and `sub`='%s' and `fname`='%s'";

    if (!strcmp(path, MOTION_DIR)) goto _end;

    conn = user_mysql_connect("localhost", "root", "kernel.bz");
    if (!conn) goto _exit;
    if (user_mysql_select_db(conn, "db_razig") < 0) goto _exit;

    printf ("DELETE: %s, %s, %s₩r₩n", path, subdir, fname);

    memset(qbuf, 0, sizeof(qbuf));
    str_char_replace(fname, '₩'', '`');
    sprintf(qbuf, query, path, subdir, fname);
    ret = user_mysql_query(conn, qbuf);
    ret = user_mysql_query(conn, "OPTIMIZE TABLE `tbl_files`");

_exit:
    user_mysql_close(conn);

_end:
    return ret;
}

int dir_files_delete_all(void)
{
        int ret=0;
        MYSQL *conn;

    conn = user_mysql_connect("localhost", "root", "kernel.bz");
    if (!conn) goto _exit;
    if (user_mysql_select_db(conn, "db_razig") < 0) goto _exit;

    ret = user_mysql_query(conn, "DELETE FROM `tbl_files`");
    ret = user_mysql_query(conn, "ALTER TABLE `tbl_files` auto_increment=1");
    ret = user_mysql_query(conn, "OPTIMIZE TABLE `tbl_files`");

_exit:
    user_mysql_close(conn);

    return ret;
}

int dir_files_collect(char *path, char *subdir)
{
        struct dirent *entry;
        DIR *dir;
        char buf[80] = {0};
        char fname[160] = {0};
        char dtime[20];
        int cnt=0;
        struct stat sb;
        struct tm *tms;
```

커널연구회(www.kernel.bz)        정재준 (rgbi3307@nate.com)

```
        char qbuf[256];
        MYSQL *conn;
        const char *query = "INSERT INTO `tbl_files` " ₩
        "(`path`, `sub`, `fname`, `dtime`, `size` " ₩
        ") VALUES ( '%s', '%s', '%s', '%s', %d );";

    strcpy(buf, path);
    if (dir_sub_check(buf, subdir) <= 0) return -1;

    conn = user_mysql_connect("localhost", "root", "kernel.bz");
    if (!conn) goto _exit;
    if (user_mysql_select_db(conn, "db_razig") < 0) goto _exit;

    dir = opendir (buf);
    while ((entry = readdir (dir)) != NULL)
    {
        if (strlen(entry->d_name) > 5) {
            strcpy(fname, buf);
            strcat(fname, entry->d_name);
            stat(fname, &sb);
            tms = localtime(&sb.st_mtime);
            sprintf(dtime, "%04d-%02d-%02d %02d:%02d:%02d"
                    , 2000+(tms->tm_year%100), tms->tm_mon+1, tms->tm_mday
                    , tms->tm_hour, tms->tm_min, tms->tm_sec
            );
            ///printf ("INSERT: %s, %s, %s, %s, %d₩r₩n", buf, subdir, entry->d_name
            ///        , dtime, (int)sb.st_size);

            memset(qbuf, 0, sizeof(qbuf));
            str_char_replace(entry->d_name, '₩'', '`');
            sprintf(qbuf, query, buf, subdir, entry->d_name, dtime, (int)sb.st_size);
            user_mysql_query(conn, qbuf);
            cnt++;
        } //if
    } //while
    closedir(dir);

_exit:
    user_mysql_close(conn);

        return cnt;
}

void *thread_dir_media_check(void *arg)
{
    int ret;

    while (1) {
        memset(Path, 0, sizeof(Path));
        ret = dir_media_check(Path, RAZIG);
        if (ret > 0) {
            if (DirMediaFound == 0) {
                dir_files_delete_all();
                ret = dir_files_collect(Path, CAMERA);
                ret += dir_files_collect(Path, RECORD);
                ret += dir_files_collect(Path, ACTION);
```

커널연구회(www.kernel.bz)        정재준 (rgbi3307@nate.com)

```
                      ///ret += dir_files_collect(MOTION_ACT, MOTION);
                      ret += dir_files_collect(Path, MOTION);
                      ret += dir_files_collect(Path, MUSIC);
                      ret += dir_files_collect(Path, VIDEO);
              }
              if (ret >= 0) DirMediaFound++;
              if (DirMediaFound > 10) DirMediaFound = 10;

          } else {
              DirMediaFound = 0;
          }
          sleep(4);
     } //while

     return (void*)0;
}
void *thread_dir_notify(void *arg)
{
     int fd, wd;
     char buf[BUF_LEN]__attribute__((aligned(4)));
     ssize_t len, i=0;
     DIR_T *dirt = (DIR_T *)arg;

     fd = inotify_init();
     if (fd == -1) {
         printf("inotify_init() error in the dir_notify.\r\n");
         goto _exit;
     }
     wd = inotify_add_watch(fd, dirt->path, IN_MOVE | IN_CREATE | IN_DELETE);
     if (wd == -1) {
         printf("inotify_add_watch() error in the dir_notify.\r\n");
         goto _exit;
     }

_retry:
     i = 0;
     len = read(fd, buf, BUF_LEN);   ///block, nonblock in thread
     if (len < 0) {
         printf("read() error in the dir_notify.\r\n");
         sleep(1);
         goto _retry;
     }
     while ( i < len ) {
         struct inotify_event *event = ( struct inotify_event * ) &buf[i];

         if ( event->len ) {
           if ( event->mask & IN_CREATE ) {
             if (!(event->mask & IN_ISDIR)) {
               printf( "The file %s was created.\n", event->name );
               dir_files_insert(dirt->path, dirt->subdir, event->name);
             }
           }
           else if ( event->mask & IN_DELETE ) {
             if (!(event->mask & IN_ISDIR)) {
               printf( "The file %s was deleted.\n", event->name );
```

```
                    dir_files_delete(dirt->path, dirt->subdir, event->name);
                }
            }
            else if ( event->mask & IN_MOVED_FROM ) {
                if (!(event->mask & IN_ISDIR)) {
                    printf( "The file %s was moved from.\n", event->name );
                    dir_files_delete(dirt->path, dirt->subdir, event->name);
                }
            }
            else if ( event->mask & IN_MOVED_TO ) {
                if (!(event->mask & IN_ISDIR)) {
                    printf( "The file %s was moved to.\n", event->name );
                    dir_files_update(dirt->path, dirt->subdir, event->name);
                }
            }
        } //if
        i += EVENT_SIZE + event->len;
    } //while

    sleep(2);
    goto _retry;

_exit:
    inotify_rm_watch(fd, wd);
    close(fd);
    return (void*)0;
}

int thread_create(DIR_T **dir, char *path, char *subdir, pthread_t *tid)
{
    int ret;

    *dir = malloc(sizeof(DIR_T));
    strcpy((*dir)->path, path);
    strcat((*dir)->path, subdir);
    strcpy((*dir)->subdir, subdir);
    ret = pthread_create(tid, NULL, thread_dir_notify, *dir);
    if (ret) {
        printf("thread_dir_notify(%s) error in the media_list.\r\n", subdir);
        return 0;
    } else {
        printf("thread_dir_notify(%s%s) created in the media_list.\r\n", path, subdir);
        return 1;
    }
}

void thread_delete(DIR_T *dir, pthread_t tid)
{
    void *tret = (void*)0;

    pthread_cancel(tid);
    pthread_join(tid, &tret);
    printf("thread_dir_notify(%s%s) delete in the media_list.\r\n", dir->path, dir->subdir);
    if (dir) free(dir);
}
```

```
int main(int argc, char **argv)
{
    int ret=0;
    uint32_t thread_cnt=0;
    pthread_t tid0, tid1, tid2, tid3, tid4, tid5, tid6, tid7;
    DIR_T *dir_music, *dir_video, *dir_camera, *dir_record
        , *dir_action, *dir_motion, *dir_motion_act;

    ///#define RAZIG        "/razig"
    ret = pthread_create(&tid0, NULL, thread_dir_media_check, NULL);
    if (ret) {
        printf("thread_dir_media_check() error in the media_list.₩r₩n");
        return -1;
    }

    while (1)
    {
        if (DirMediaFound==1 && thread_cnt==0) {
            ret = thread_create(&dir_music, Path, MUSIC, &tid1);
            thread_cnt += ret;
            ret = thread_create(&dir_video, Path, VIDEO, &tid2);
            thread_cnt += ret;
            ret = thread_create(&dir_camera, Path, CAMERA, &tid3);
            thread_cnt += ret;
            ret = thread_create(&dir_record, Path, RECORD, &tid4);
            thread_cnt += ret;
            ret = thread_create(&dir_action, Path, ACTION, &tid5);
            thread_cnt += ret;
            ret = thread_create(&dir_motion, Path, MOTION, &tid6);
            thread_cnt += ret;
            ret = thread_create(&dir_motion_act, MOTION_ACT, MOTION, &tid7);
            thread_cnt += ret;

        } else if (DirMediaFound==0 && thread_cnt > 0) {
            thread_cnt = 0;
            thread_delete(dir_music, tid1);
            thread_delete(dir_video, tid2);
            thread_delete(dir_camera, tid3);
            thread_delete(dir_record, tid4);
            thread_delete(dir_action, tid5);
            thread_delete(dir_motion, tid6);
            thread_delete(dir_motion_act, tid7);

            dir_files_delete_all();
        }
        sleep(2);
    } //while

    return 0;
}
```

커널연구회(www.kernel.bz)         정재준 (rgbi3307@nate.com)

# A1.3 Motor Action

## motor_dc.c

```
/**
 *      file name:      motor_dc.c
 *      author:         JungJaeJoon (rgbi3307@nate.com) on the www.kernel.bz
 *      comments:   DC Motor Control
 */

#include <stdio.h>
#include <stdlib.h>
#include <stdint.h>
#include <unistd.h>
#include <string.h>
#include <sys/statvfs.h>
#include <fcntl.h>
#include <dirent.h>

#include "../lib/wiringPi.h"
#include "../lib/softPwm.h"

//Motor Speed GPIO
#define MOTOR_P1    30
#define MOTOR_P2    31
#define MOTOR_P3    21
#define MOTOR_P4    26

//Motor Direction GPIO
#define MOTOR_D1    4
#define MOTOR_D2    5
#define MOTOR_D3    28
#define MOTOR_D4    29

#define MOTOR_D1_GO    0
#define MOTOR_D2_GO    0
#define MOTOR_D3_GO    1
#define MOTOR_D4_GO    1

#define MOTOR_D1_BACK    1
#define MOTOR_D2_BACK    1
#define MOTOR_D3_BACK    0
#define MOTOR_D4_BACK    0

#define  BUFF_SIZE    160

#define SPEED_FIRST    10
#define SPEED_GOOD     20
#define SPEED_MAX      40
#define SPEED_MAX2     30
#define SPEED_MIN       6
#define SPEED_MIN2      2
#define SPEED_STEP      2
```

커널연구회(www.kernel.bz)      정재준 (rgbi3307@nate.com)

```
#define SPEED_RANGE     100


int MotorRunning = 0;
unsigned int MotorSpeed = SPEED_FIRST;    //fast=4 ~ slow=24

static void motor_set_dir(int d1, int d2, int d3, int d4)
{
    digitalWrite(MOTOR_D1, d1);     ///Right Front Wheel
    digitalWrite(MOTOR_D2, d2);     ///Left Front Wheel
    digitalWrite(MOTOR_D3, d3);     ///Left Rear Wheel
    digitalWrite(MOTOR_D4, d4);     ///Right Rear Wheel
}

static void motor_set_speed(int s1, int s2, int s3, int s4)
{
    softPwmWrite(MOTOR_P1, s1);     ///Right Front Wheel
    softPwmWrite(MOTOR_P2, s2);     ///Left Front Wheel
    softPwmWrite(MOTOR_P3, s3);     ///Left Rear Wheel
    softPwmWrite(MOTOR_P4, s4);     ///Right Rear Wheel
}

static void motor_set_dec(void)
{
    while (MotorSpeed > SPEED_MIN2) {
        MotorSpeed -= SPEED_STEP;
        motor_set_speed(MotorSpeed, MotorSpeed, MotorSpeed, MotorSpeed);
        usleep(200);
    }
}

static void motor_set_inc(void)
{
    while (MotorSpeed < SPEED_GOOD) {
        MotorSpeed += SPEED_STEP;
        motor_set_speed(MotorSpeed, MotorSpeed, MotorSpeed, MotorSpeed);
        usleep(200);
    }
}

/**
//speed
//Soft PWM test(pin, duty, interval(Hz=1/f))
//----------------------------------------------
// 3:  6: 2092Hz
// 6: 12: 1065Hz
//12: 24:  560Hz
//25: 50:  240Hz
//50:100   120Hz
*/
static int motor_init(void)
{
    if (wiringPiSetup () == -1) return -1;

    pinMode(MOTOR_D1, OUTPUT);
    pinMode(MOTOR_D2, OUTPUT);
```

커널연구회(www.kernel.bz)　　　　정재준 (rgbi3307@nate.com)

```
    pinMode(MOTOR_D3, OUTPUT);
    pinMode(MOTOR_D4, OUTPUT);

    motor_set_dir(MOTOR_D1_GO, MOTOR_D2_GO, MOTOR_D3_GO, MOTOR_D4_GO);

    pinMode(MOTOR_P1, OUTPUT);
    pinMode(MOTOR_P2, OUTPUT);
    pinMode(MOTOR_P3, OUTPUT);
    pinMode(MOTOR_P4, OUTPUT);

    digitalWrite(MOTOR_P1, 0);
    digitalWrite(MOTOR_P2, 0);
    digitalWrite(MOTOR_P3, 0);
    digitalWrite(MOTOR_P4, 0);

    pinMode(MOTOR_P1, PWM_OUTPUT);
    pinMode(MOTOR_P2, PWM_OUTPUT);
    pinMode(MOTOR_P3, PWM_OUTPUT);
    pinMode(MOTOR_P4, PWM_OUTPUT);

    return 0;
}

static void motor_setup(void)
{
    MotorSpeed = SPEED_FIRST;

    ///thread create
    softPwmCreate (MOTOR_P1, MotorSpeed, SPEED_RANGE, MODE_DC_MOTOR);
    softPwmCreate (MOTOR_P2, MotorSpeed, SPEED_RANGE, MODE_DC_MOTOR);
    softPwmCreate (MOTOR_P3, MotorSpeed, SPEED_RANGE, MODE_DC_MOTOR);
    softPwmCreate (MOTOR_P4, MotorSpeed, SPEED_RANGE, MODE_DC_MOTOR);

    MotorRunning = 1;
}

static void motor_close(void)
{
    ///thread cancel
    softPwmStop(MOTOR_P1);
    softPwmStop(MOTOR_P2);
    softPwmStop(MOTOR_P3);
    softPwmStop(MOTOR_P4);

    MotorRunning = 0;
}

static void motor_stop(void)
{
    motor_set_dec();

    if (MotorRunning) motor_close();
}

static void motor_go(void)
{
```

커널연구회(www.kernel.bz)         정재준 (rgbi3307@nate.com)

```
    if (!MotorRunning) motor_setup();

    motor_set_dec();

    motor_set_dir(MOTOR_D1_GO, MOTOR_D2_GO, MOTOR_D3_GO, MOTOR_D4_GO);

    ///speed up to SPEED_GOOD
    while (MotorSpeed < SPEED_GOOD) {
        MotorSpeed += SPEED_STEP;
        motor_set_speed(MotorSpeed, MotorSpeed, MotorSpeed, MotorSpeed);
        usleep(400);
    }
}

static void motor_back(void)
{
    if (!MotorRunning) motor_setup();

    motor_set_dec();

    motor_set_dir(MOTOR_D1_BACK, MOTOR_D2_BACK, MOTOR_D3_BACK, MOTOR_D4_BACK);

    ///speed up to SPEED_GOOD
    while (MotorSpeed < SPEED_GOOD) {
        MotorSpeed += SPEED_STEP;
        motor_set_speed(MotorSpeed, MotorSpeed, MotorSpeed, MotorSpeed);
        usleep(400);
    }
}

static void motor_left(void)
{
    if (!MotorRunning) motor_setup();

    motor_set_dec();
    motor_set_dir(MOTOR_D1_GO, MOTOR_D2_BACK, MOTOR_D3_BACK, MOTOR_D4_GO);

    ///speed up to SPEED_MAX2
    while (MotorSpeed < SPEED_MAX2) {
        MotorSpeed += SPEED_STEP;
        motor_set_speed(MotorSpeed, MotorSpeed, MotorSpeed, MotorSpeed);
        usleep(200);
    }
}

static void motor_right(void)
{
    if (!MotorRunning) motor_setup();

    motor_set_dec();
    motor_set_dir(MOTOR_D1_BACK, MOTOR_D2_GO, MOTOR_D3_GO, MOTOR_D4_BACK);

    ///speed up to SPEED_MAX2
    while (MotorSpeed < SPEED_MAX2) {
        MotorSpeed += SPEED_STEP;
        motor_set_speed(MotorSpeed, MotorSpeed, MotorSpeed, MotorSpeed);
```

커널연구회(www.kernel.bz)          정재준 (rgbi3307@nate.com)

```
            usleep(200);
        }
}

static void motor_left_go(void)
{
    if (!MotorRunning) motor_setup();

    motor_set_dec();
    motor_set_dir(MOTOR_D1_GO, MOTOR_D2_GO, MOTOR_D3_GO, MOTOR_D4_GO);
    motor_set_inc();

    MotorSpeed = SPEED_FIRST;
    motor_set_speed(SPEED_MAX2, MotorSpeed, MotorSpeed, SPEED_MAX2);
}

static void motor_right_go(void)
{
    if (!MotorRunning) motor_setup();

    motor_set_dec();
    motor_set_dir(MOTOR_D1_GO, MOTOR_D2_GO, MOTOR_D3_GO, MOTOR_D4_GO);
    motor_set_inc();

    MotorSpeed = SPEED_FIRST;
    motor_set_speed(MotorSpeed, SPEED_MAX2, SPEED_MAX2, MotorSpeed);
}

static void motor_left_back(void)
{
    if (!MotorRunning) motor_setup();

    motor_set_dec();
    motor_set_dir(MOTOR_D1_BACK, MOTOR_D2_BACK, MOTOR_D3_BACK, MOTOR_D4_BACK);
    motor_set_inc();

    MotorSpeed = SPEED_FIRST;
    motor_set_speed(SPEED_MAX2, MotorSpeed, MotorSpeed, SPEED_MAX2);
}

static void motor_right_back(void)
{
    if (!MotorRunning) motor_setup();

    motor_set_dec();
    motor_set_dir(MOTOR_D1_BACK, MOTOR_D2_BACK, MOTOR_D3_BACK, MOTOR_D4_BACK);
    motor_set_inc();

    MotorSpeed = SPEED_FIRST;
    motor_set_speed(MotorSpeed, SPEED_MAX2, SPEED_MAX2, MotorSpeed);
}

static void motor_faster(void)
{
    ///speed up to SPEED_MAX
    while (MotorSpeed < SPEED_MAX) {
```

커널연구회(www.kernel.bz)        정재준 (rgbi3307@nate.com)

```
            MotorSpeed += SPEED_STEP;
            motor_set_speed(MotorSpeed, MotorSpeed, MotorSpeed, MotorSpeed);
            usleep(400);
        }
}

static void motor_slower(void)
{
    ///speed down to SPEED_MIN
    while (MotorSpeed > SPEED_MIN) {
        MotorSpeed -= SPEED_STEP;
        motor_set_speed(MotorSpeed, MotorSpeed, MotorSpeed, MotorSpeed);
        usleep(400);
    }
}


static void motor_action(char *mode)
{
    int i;
    char *action[] = { "stop", "go", "back", "left", "right"
                    , "left_go", "left_back", "right_go", "right_back"
                    , "faster", "slower" };
    void (*fn_action[])(void) = {
            motor_stop, motor_go, motor_back, motor_left, motor_right
            , motor_left_go, motor_left_back, motor_right_go, motor_right_back
            , motor_faster, motor_slower
            , motor_stop };

    for (i=0; i<11; i++) {
        if (!strcmp(mode, action[i])) break;
    }

    fn_action[i]();
}

static int motor_file_read(const char *fname)
{
        FILE *fp;
        char buf[BUFF_SIZE] = {0,};
        char *pb;
        int len;

        fp = fopen(fname, "r");
        if (!fp) {
                printf("Can't open the file(%s) for read.\n", fname);
                return -1;
        }

        ///do
    ///{
        pb = fgets(buf, BUFF_SIZE, fp);
                if (!pb) goto _end;

                len = strlen(buf);
                if (len < 2) goto _end;
```

커널연구회(www.kernel.bz)　　　　　　　　　　　　　　　　정재준 (rgbi3307@nate.com)

```
                    buf[len-1] = '\0';
        printf( "read: %s\n", buf);

                    motor_action(buf);
                    ///memset(buf, 0, sizeof(buf));

    ///} while (!feof(fp) );

_end:
        fclose(fp);

        if (remove(fname)) {
                    printf("Can't remove the file(%s).\n", fname);
                    return -2;
        } else {
                    ///printf("Removed the file(%s).\n", fname);
        }

        return 0;
}

int main(void)
{
        struct dirent *entry;
        DIR *dir;
        char *path = "../../data/motor/";
        char fname[32] = {0};

        if (motor_init() < 0) {
        printf("motor_init() error!\r\n");
        return -1;
        }

        while (1)
        {
        dir = opendir (path);
                    while ((entry = readdir (dir)) != NULL) {
                            if (strlen(entry->d_name) > 5) {
                                    strcat(fname, path);
                                    strcat(fname, entry->d_name);

                                    //printf ("fname = %s\n", fname);
                                    if (strstr(fname, "motor_")) motor_file_read(fname);

                                    memset(fname, 0, sizeof(fname));
                            }
                    } //while
                    closedir(dir);
                    usleep(300);
        }

    if (MotorRunning) motor_close();
        return 0;
}
```

# A1.4 Sensor Action

## sensor_main.c

```
/**-------------------------------------------------------------------------
 * Name:      sensor_main.c
 * Purpose: sensor main
 * Author:      JungJaeJoon on the www.kernel.bz
 *-------------------------------------------------------------------------
 * Notes:
 *-------------------------------------------------------------------------
 */

#include <stdio.h>
#include <stdlib.h>
#include <unistd.h>
#include <stdint.h>
#include <string.h>
#include <errno.h>
#include <time.h>
#include <signal.h>

#include "../common/usr_types.h"
#include "../lib/wiringPi.h"
#include "../lib/wiringPiI2C.h"
#include "../lib/user_mysql.h"

#include "sensor.h"
#include "hts221.h"
#include "lps25hb.h"
#include "lis3mdl.h"
#include "lsm6ds0.h"

#define WHO_AM_I        0x0F
#define HTS221          0
#define LPS25HB         1
#define LIS3MDL         2
#define LSM6DS0         3

int     Sensor[4] = {0};  //device fd

static void main_device_fd_get(void)
{
        int i, fd, data;

    //I2C Clock: 100KHz
        //sudo i2cdetect -y 1 (/dev/i2c-1)
        const int dev_i2c[4] = { 0x1e, 0x5d, 0x5f, 0x6b };    //0x01 ~ 0x77
        //const int dev_i2c[4] = { 0x5F, 0x5D, 0x1E, 0x6B };

        printf("----------- get_device_fd(start) --------------------\r\n");
```

커널연구회(www.kernel.bz)         정재준 (rgbi3307@nate.com)

```c
    for (i=0; i < 4; i++) {
        fd = wiringPiI2CSetup (dev_i2c[i]);
        if (fd < 0) {
            printf("I2C[%02X] setup error!\r\n", dev_i2c[i]);
            continue;
        }
        data = wiringPiI2CReadReg8(fd, WHO_AM_I);

        if(data == HTS221_DEVICE_ID) {
            Sensor[HTS221] = fd;
            printf("Sensor HTS221: i2c=[%02X], dev_fd=%d, dev_id=[%02X]\r\n"
                    , dev_i2c[i], fd, data);
            continue;
        }
        if(data == LPS25HB_DEVICE_ID) {
            Sensor[LPS25HB] = fd;
            printf("Sensor LPS25HB: i2c=[%02X], dev_fd=%d, dev_id=[%02X]\r\n"
                    , dev_i2c[i], fd, data);
            continue;
        }
        if(data == LIS3MDL_DEVICE_ID) {
            Sensor[LIS3MDL] = fd;
            printf("Sensor LIS3MDL: i2c=[%02X], dev_fd=%d, dev_id=[%02X]\r\n"
                    , dev_i2c[i], fd, data);
            continue;
        }
        if(data == LSM6DS0_DEVICE_ID) {
            Sensor[LSM6DS0] = fd;
            printf("Sensor LSM6DS0 i2c=[%02X], dev_fd=%d, dev_id=[%02X]\r\n"
                    , dev_i2c[i], fd, data);
            //continue;
        }
    } //for
    printf("---------- get_device_fd(end) --------------------\r\n");
}

static void main_device_fd_close(void)
{
    int i;
    for (i=0; i < 4; i++) {
        close(Sensor[i]);
    }
}


void process_stop(int signo)
{
    main_device_fd_close();
    sleep(1);
    ///exit(0);
}

static int main_mysql_tbl_init(MYSQL *conn)
{
    int cnt, ret;
```

```
    MYSQL_RES    *qres;
    MYSQL_ROW    qrow;

    qres = user_mysql_query_result(conn,
            "SELECT max(cnt) as cnt FROM `tbl_sensor` WHERE sdate=curdate()");
    qrow = mysql_fetch_row(qres);
    cnt = (qrow[0] > 0) ? atoi(qrow[0]) : 0;
    if (cnt==0) {
        qres = user_mysql_query_result(conn,
                "SELECT max(cnt) as cnt FROM `tbl_sensor2` WHERE sdate=curdate()");
        qrow = mysql_fetch_row(qres);
        cnt = (qrow[0] > 0) ? atoi(qrow[0]) : 0;
    } else {
        ///Backup
        ret = user_mysql_query(conn,
                "INSERT IGNORE INTO `tbl_sensor2` SELECT * FROM `tbl_sensor`");
        sleep(1);
        if (ret >= 0) ret = user_mysql_query(conn, "DELETE FROM `tbl_sensor`");
    }

    return (cnt+1);
}

int main(int argc, char **argv)
{
    int status[4] = {0}, interval, cnt;
    Sensor_T    *sdata; ///sensor data
    time_t      t;
    struct tm   *tms;
    char        buf[12], qbuf[512];
    MYSQL       *conn;
    const char *query = "INSERT INTO `tbl_sensor` " ₩
        "(`sdate`, `cnt`, `stime`, `temper`, `humty`, `press`, `altid`, " ₩
        "`mag_x`, `mag_y`, `mag_z`, `acc_x`, `acc_y`, `acc_z`, `groll`, `gpitch`, `gyaw`) " ₩
        "VALUES ( '%s', %d, '%s', %d, %d, %d, %d, %d, %d, %d, %d, %d, %d, %d, %d, %d );";

    if (argc > 1) interval = atoi(argv[1]);
    else interval = 4;

    main_device_fd_get();

    if (Sensor[HTS221] > 0) {
        status[HTS221] = hts221_init(Sensor[HTS221]);
    }
    if (Sensor[LPS25HB] > 0) {
        status[LPS25HB] = lps25hb_init(Sensor[LPS25HB]);
    }
    if (Sensor[LIS3MDL] > 0) {
        status[LIS3MDL] = lis3mdl_init(Sensor[LIS3MDL]);
    }
    if (Sensor[LSM6DS0] > 0) {
        status[LSM6DS0] = lsm6ds0_init(Sensor[LSM6DS0]);
    }

    conn = user_mysql_connect("localhost", "root", "kernel.bz");
    if (!conn) goto _exit;
```

```
    if (user_mysql_select_db(conn, "db_razig") < 0) goto _exit;


    if (signal(SIGUSR1, (void *)process_stop) == SIG_ERR) {
        printf("signal(SIGUSR1) error in sensor_action.\r\n");
    }

    ///Backup
    cnt = main_mysql_tbl_init(conn);

    sdata = malloc(sizeof(Sensor_T));
    while (1)
    {
        memset(sdata, 0, sizeof(Sensor_T));
        t = time(NULL);
        tms = localtime(&t);

        memset(buf, 0, sizeof(buf));
        sprintf(buf, "%04d-%02d-%02d", (tms->tm_year%100)+2000, tms->tm_mon+1, tms->tm_mday);
        strncpy(sdata->sdate, buf, 10);
        memset(buf, 0, sizeof(buf));
        sprintf(buf, "%02d:%02d:%02d", tms->tm_hour, tms->tm_min, tms->tm_sec);
        strncpy(sdata->stime, buf, 8);

        if (status[HTS221] > 0) hts221_read(Sensor[HTS221], sdata);
        if (status[LPS25HB] > 0) lps25hb_read(Sensor[LPS25HB], sdata);
        if (status[LIS3MDL] > 0) lis3mdl_read(Sensor[LIS3MDL], sdata);
        if (status[LSM6DS0] > 0) lsm6ds0_read(Sensor[LSM6DS0], sdata);

        memset(qbuf, 0, sizeof(qbuf));
        sprintf(qbuf, query, sdata->sdate, cnt, sdata->stime
                        , sdata->temper, sdata->humty, sdata->press, sdata->altid
                        , sdata->mag_x, sdata->mag_y, sdata->mag_z
                        , sdata->acc_x, sdata->acc_y, sdata->acc_z
                        , sdata->groll, sdata->gpitch, sdata->gyaw );
        //printf(qbuf);
        ///if (user_mysql_query(conn, qbuf) < 0) break;
        user_mysql_query(conn, qbuf);

        sleep(interval);
    }

_exit:
    ///printf("\r\n");
    if (sdata) free(sdata);
    main_device_fd_close();
    user_mysql_close(conn);

        return 0 ;
}
```

커널연구회(www.kernel.bz) 　　　　　　　　　　　　　　　　　　정재준 (rgbi3307@nate.com)

# 부록B. 커널연구회 교육과정 상세안내

## B1.0 커널연구회 교육과정 로드맵

커널연구회 교육학원은 다음과 같은 훈련과정 개발 체계를 갖추고 있습니다. 먼저 프로그래밍의 가장 기본이 되는 "C언어와 자료구조 알고리즘"에 대해서 자체적으로 출판한 교재를 통하여 교육 생들이 확실이 기초를 다질 수 있도록 교육한후, 이것을 바탕으로 "리눅스 시스템 프로그래밍" 과정을 익혀서 어플리케이션을 개발할 수 있도록 합니다. 그리고 "ARM 아키텍쳐 펌웨어 실습" 과정을 거쳐서 STM32 펌웨어 프로그래밍을 할 수 있는 역량을 배양합니다. 위의 과정들을 마치게 되면 "리눅스 커널과 디바이스드라이버 실습" 과정을 통하여 IoT 환경의 프로젝트를 수행하도록 하는 훈련과정 개발 체계를 갖추고 있습니다. 최종적으로는 교육과정에서 산출한 내용물과 교육 프로젝트 수행 결과물들을 서로 공유하여 사회에 공헌하는 체계로 접근하고 있습니다.

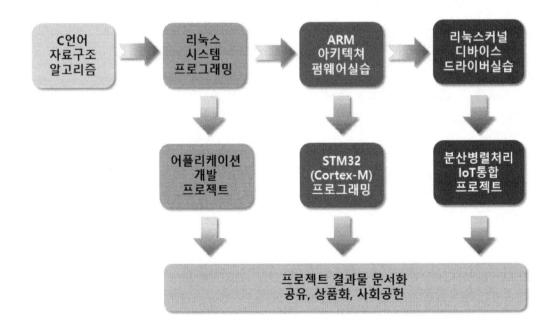

커널연구회(www.kernel.bz)　　　　　　　　　　　　　　　　　정재준 (rgbi3307@nate.com)

# B1.1 C언어와 자료구조 알고리즘

## 과정개요

본 과정은 C언어를 체계적으로 학습한 후 자료구조와 알고리즘을 C언어로 실습하여 이해할 수 있는 교육과정입니다.  C언어의 역사는 오래 되었고 많은 컴퓨터 프로그래밍 분야에서 사용되고 있습니다.  또한, 자료구조와 알고리즘은 컴퓨터 프로그래밍의 기반을 이루는 초석입니다.  응용은 기반이 되는 기초지식을 토대로 이루어집니다.  오늘날 많은 공학적 응용제품들은 자연과학(수학, 화학, 물리)의 토대 위에서 만들어졌습니다.  컴퓨터 응용 프로그램들 또한 자료구조와 알고리즘 기반에서 코딩 되었으며, C언어는 자료구조와 알고리즘을 구현하는데 유용한 컴퓨터 프로그래밍 언어의 선구자이며 C언어를 잘 학습하면 여러가지 어플리케이션을 작성할 수 있습니다.

## 과정목표

- C 언어의 형태, 연산자, 표현, 제어흐름을 이해할 수 있습니다.
- 조건판단, 반복문, 분기에 대해서 익힐 수 있습니다.
- 문장과 블록, 함수, 영역(scope)에 대해서 알 수 있습니다.
- 매크로, 전처리기, 포인터와 주소, 함수, 배열에 대해서 이해합니다.
- 주소연산, 포인터 배열, 함수 포인터, 복잡한 포인터를 해석 합니다.
- 객체 지향 코딩, 모듈화, 라이브러화, 구조적 프로그래밍을 익힐 수 있습니다.
- 반복, 재귀, 포인터, 정렬 알고리즘에 대해서 이해할 수 있습니다.
- Linked List, Stack, Queue 를 실습합니다.
- Hashing, Binary Search Tree 에 대해서 이해하게 됩니다.

## 과정장점

본과정은 강사가 직접 집필한 "C 언어와 자료구조 알고리즘" 교재를 가지고 강의하므로, 교육내용을 확실히 이해할 수 있도록 정확하게 전달합니다.  강사가 실무에서 경험한 다양한 예제들을 가지고 교습하므로 쉽고 재미있게 학습할 수 있습니다.

## 사전지식

사전 지식이 없어도 C 언어는 학습할 수 있습니다.

## 강의내용

| 순서 | 주요내용 | 상세설명 |
|---|---|---|
| 1 | 형태, 연산자, 표현 이해 | 변수명 / 데이터 타입(DATA TYPE)과 크기 / 상수 / 선언 / 산술 연산자들 / 관계와 논리 연산자들 / 형변환 / 증감 연산자 / 비트단위 연산자들 / 할당 연산자와 표현 / 조건 표현 / 연산 순위 |
| 2 | 제어 흐름 이해 | 문장과 블럭 / IF-ELSE / ELSE-IF / SWITCH / 루프 - WHILE, FOR / 루프 DO-WHILE / BREAK 와 CONTINUE / GOTO 와 LABELS |
| 3 | 함수와 프로그램 구조 | 함수의 기초 / 외부 변수들 / 영역(SCOPE) 규칙들 / 헤더 파일들 / 고정(STATIC) 변수들 / 레지스터 변수들 / 블록 구조 / 초기화 / 재귀(RECURSION) / 전처리기(PREPROCESSOR) |
| 4 | 포인터와 배열 | 포인터(POINTER)와 주소(ADDRESS) / 포인터와 함수 매개변수 / 포인터와 배열 / 주소 연산 / 문자 포인터와 함수 / 포인터 배열 / 다차원 배열 / 포인터 배열의 초기화 / 포인터 배열과 다차원 배열 / 명령라인 매개변수 / 함수를 가르키는 포인터 / 복잡한 포인터 선언들 이해 |
| 5 | 구조체 이해 | 구조체의 기본 / 구조체와 함수 / 구조체 배열 / 구조체 포인터 / TYPEDEF / UNIONS / 비트 필드 / 구조체 PADDING |
| 6 | 반복, 재귀 이해 | 반복과 재귀를 통한 알고리즘 효율성 이해 |
| 7 | 정렬 알고리즘 이해 | Bubble / Insertion / Merge / Quick / Shell / Heap 정렬 |
| 8 | Linked List 이해 | Linked List / Stack / Queue 실습 |
| 9 | Tree 이해 | Hashing / Binary Search Tree 실습 |

커널연구회(www.kernel.bz)     정재준 (rgbi3307@nate.com)

# 강의교재

도서명: C 언어와 자료구조 알고리즘
출판사: 커널연구회
저자: 정재준
도서정보 링크(시중서점): http://www.aladin.co.kr/shop/wproduct.aspx?ItemId=16931344

C 언어와 자료구조 알고리즘을 예제 소스코드를 통하여 실습할 수 있도록 구성한 책. C 언어의 형태, 연산자, 표현, 제어흐름, 함수, 배열, 포인터, 구조체등을 잘 설명하고 있으며, 특히 핵심적인 내용을 빠짐없이 잘 전달하고 있다. 아울러 깔끔하게 정리한 예제 소스코드를 직접 실습해 볼 수 있도록 했고, 실행결과를 확인하여 이론적으로 학습한 내용을 직접 확인하여 익히도록 했다. C 언어에 대한 저자의 오랜 경험을 토대로 설명을 아주 쉽고 간결하게 하고 있다. 제 1 부에서 익힌 C 언어를 사용하여 제 2 부에서는 자료구조 알고리즘을 체계적으로 익히도록 유도하고 있다. 특히, 자료구조와 알고리즘을 이론적으로 설명하는데 그치지 않고 C 언어 예제 소스코드를 통하여 독자들이 직접 실습해 볼 수 있도록 내용을 알차게 구성하였다. 자료구조와 알고리즘 설명도 필자의 오랜 경험을 바탕으로 기초가 되는 반복, 재귀, 정렬에서부터 스택, 큐, 링크드 리스트, 해싱, 트리등을 핵심 위주로 잘 설명하고 있다.

## 실습장비

ARM Cortex-A7(core 4 개) 기반의 라즈베리파이 2 보드에서 gcc 버전 4.9.2 로 실습합니다.

통합개발 환경(IDE)인 CodeBlocks 을 사용하여 소스 편집, 컴파일, 실행, 디버깅 합니다.

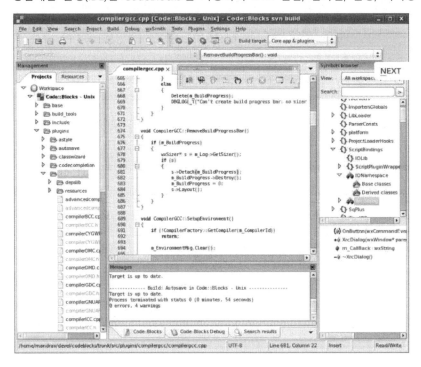

커널연구회(www.kernel.bz)　　　　　　　　　　　　　　　　　　　정재준 (rgbi3307@nate.com)

# B1.2 리눅스 시스템 프로그래밍

## 과정개요

리눅스 시스템 프로그램은 리눅스 시스템이 지원하는 라이브러리 함수를 시스템 호출하는 방식으로 동작합니다. 리눅스 커널과 GCC 컴파일러가 제공하는 표준 라이브러리를 사용하는 방법을 익혀서 C 언어로 코딩하는 작업이므로 C 언어에 대해서 사전지식이 있으면 충분히 학습할 수 있습니다. 리눅스 시스템 프로그래밍은 모든 프로그래밍의 원천기술에 해당하므로 본 과정을 잘 익혀두면 이것으로부터 파생되는 대부분의 응용프로그래밍을 쉽게 익힐 수 있습니다.

## 과정목표

- 시스템 호출(System Call)의 개념을 이해할 수 있습니다.
- 각종 하드웨어 장치들과 입출력(I/O)을 수행하는 방법을 익힐 수 있습니다.
- 프로세스와 쓰레드에 대해서 익히고 C 언어로 코딩할 수 있습니다.
- 프로세스간의 신호(Signals)에 대해서 이해할 수 있습니다.
- 컴퓨터에서 시간을 어떻게 측정하고 관리하는지 코딩할 수 있습니다.
- 메모리 관리기법(할당, 사용, 해제)을 익힐 수 있습니다.

## 과정장점

본과정은 강사가 직접 집필한 "리눅스 시스템 프로그래밍" 교재를 가지고 강의하므로, 교육내용을 확실히 이해할 수 있도록 정확하게 전달합니다. 강사가 실무에서 경험한 다양한 예제들을 가지고 교습하므로 쉽고 재미있게 학습할 수 있습니다.

## 주요내용

- 시스템 호출(System Call)의 개념 설명
- 장치 입출력(open, read, write, ioctl, seek) 실습
- 진보된 입출력(select, poll, scatter, gather) 실습
- 프로세스(pork, 쓰레드, 데몬, 신호) 실습
- 시간(get, set, sleep, wait, timer) 실습
- 메모리(할당, 해제, 매핑, 스택) 실습

## 사전지식

C 언어 프로그래밍에 대해서 중급 이상의 실력을 보유하고 있어야 함.

## 강의내용

| 순서 | 주요내용 | 상세설명 |
|---|---|---|
| 1 | 시스템 호출 이해 | open() / read() / write() 실습 |
| 2 | 장치 입출력(I/O) 실습 | sync() / lseek() / 버퍼입출력 / fopen() / fread() / fwrite() 실습 |
| 3 | 진보된 입출력 실습 | select() / poll() / scatter() / gather() / mmap() 실습 |
| 4 | 프로세스 이해 및 실습 | fork() / exec(), exit(), wait() / 쓰레드 / 데몬 / 신호 실습 |
| 5 | 시간(time) 실습 | time 구조체 / clock, time() / settime(), localtime() / sleep(), usleep() / nanosleep() / alarm(), timer 실습 |
| 6 | 메모리 실습 | malloc(), calloc(), free() / mmap(), munmap() / alloca() 스택할당 실습 |

커널연구회(www.kernel.bz)                     정재준 (rgbi3307@nate.com)

# 강의교재

도서명: 리눅스 시스템 프로그래밍
출판사: 커널연구회
저자: 정재준
도서정보 링크(시중서점): http://www.aladin.co.kr/shop/wproduct.aspx?ItemId=16931463

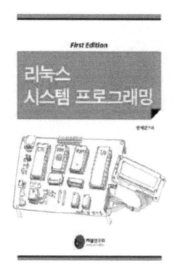

저자가 수년 동안 리눅스 시스템 프로그래밍을 하면서 경험한 내용을 토대로 기술하였다. 리눅스 시스템 프로그래밍을 개념 위주로 설명하는데에 그치지 않고 직접 실습해 볼 수 있는 소스코드를 많이 실었다. 제 1 부에서는 임베디드보드와 부트로더에 대해서 저자가 실습한 내용을 그대로 기술하고 리눅스 커널 포팅에 대해서 설명했다. 제 2 부에서 리눅스 시스템 프로그래밍을 위한 시스템 호출 함수들을 예제 소스코드와 함께 자세히 설명하고 있다. 입출력(I/O), 프로세스, 데몬, 신호, 쓰레드를 구현하는 함수들을 설명하고 이것을 저자가 직접 실습한 소스코드를 함께 실어서 설명했다. 아울러 시간 및 메모리에 대해서도 빠짐없이 기술했다. 특히 마지막 3 부에서 저자가 직접 임베디드 보드에 구현한 영어학습기 예제 소스를 실어서 리눅스 시스템 프로그래밍에 대해서 실습 위주로 익힐 수 있도록 내용을 알차게 구성했다.

커널연구회(www.kernel.bz)      정재준 ( rgbi3307@nate.com)

## 실습장비

ARM Cortex-A7(core 4 개) 기반의 라즈베리파이 2 보드에서 gcc 버전 4.9.2 로 실습합니다.

통합개발 환경(IDE)인 CodeBlocks 을 사용하여 소스 편집, 컴파일, 실행, 디버깅 합니다.

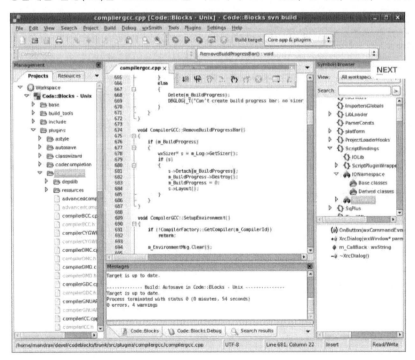

커널연구회(www.kernel.bz)　　　　　　　　　　　　　정재준 (rgbi3307@nate.com)

# B1.3 ARM 아키텍쳐, STM32 프로그래밍

## 과정개요

시중에서 상품화 되고 있는 임베디드 보드는 대부분 ARM 아키텍쳐로 되어 있습니다. ARM 계열의 임베디드 보드에서 프로그래밍을 하려면 ARM 구조에 대해서 잘 알고 있어야 합니다. 본 교육과정은 ARM 아키텍쳐, 메모리맵, 입출력 장치에 접근하는 주소에 대해서 이해한후, 여러가지 입출력(GPIO, UART, 인터럽트, I2C, SPI, Timer, PWM, ADC, DMA) 장치들을 동작시키는 소스 코드를 설명합니다. 실습을 통해서 이해하게 되므로 현장 업무에 바로 적용할 수 있습니다.

## 과정목표

* **ARM 아키텍쳐 및 메모리맵 어드레싱에 대해서 이해 합니다.**
* **통합개발환경(IAR)을 설치하고 작업환경을 설치합니다.**
* **GPIO 와 UART 에 대해서 실습합니다.**
* **인터럽트 동작을 이해 합니다.**
* **I2C / SPI 인터페이스를 실습 합니다.**
* **Timer, PWM 동작방식을 이해하고 실습 합니다.**
* **ADC 에 거리측정 센서를 연결하여 DMA 로 읽는 방식을 이해합니다.**

## 과정장점

본과정은 강사가 현장 업무에서 경험한 내용들을 잘 정리하여 소스 코드 레벨에서 이해하기 쉽도록 교육합니다. 프로그램 소스를 IAR 환경에서 구조적으로 작성하여 수강생들이 소스 코드를 따라가면서 이해할 수 있도록 구성했으므로 현장 업무에도 바로 적용할 수 있습니다.

## 주요내용

* **ARM 아키텍쳐 이해**
* **메모리맵 이해**
* **개발환경(IAR) 이해**
* **GPIO / UART 실습**
* **인터럽트 / I2C / SPI 실습**
* **Timer, PWM 실습**
* **ADC / DMA 실습**

커널연구회(www.kernel.bz)            정재준 (rgbi3307@nate.com)

# 사전지식

C 언어 프로그래밍에 대해서 중급 이상의 실력을 보유하고 있어야 함.
리눅스 시스템 프로그래밍에 대해서 기본적인 지식이 있어야 함.

# 강의내용

| 순서 | 주요내용 | 상세설명 |
|---|---|---|
| 1 | **ARM 아키텍쳐 이해** | ARM Cortex-M 특징 및 구조 이해<br>ARM Cortex-A 특징 및 구조 이해 |
| 2 | 메모리맵 이해 | 어드레싱 / 메모리맵 / 입출력 장치(I/O) 접근주소 |
| 3 | **개발환경(IAR) 이해** | IAR 통합개발환경 설치 및 이해 |
| 4 | **GPIO 실습** | GPIO 초기화 / 핀설정 / 동작모드 / 입출력 실습 |
| 5 | **UART 실습** | UART 초기화 / 핀설정 / 동작모드 / 입출력 실습 |
| 6 | 인터럽트 실습 | 인터럽트 초기화 / 핀설정 / 동작모드 / 인터럽트 실습 |
| 7 | I2C 실습 | I2C 초기화 / 핀설정 / 동작모드 / I2C 입출력 실습 |
| 8 | **SPI 실습** | SPI 초기화 / 핀설정 / 동작모드 / SPI 입출력 실습 |
| 9 | **Timer, PWM 실습** | Timer, PWM 초기화 / 핀설정 / 동작모드 / PWM 실습 |
| 10 | **ADC 실습** | ADC 초기화 / 핀설정 / 동작모드 / ADC 실습 |
| 11 | DMA 실습 | DMA 초기화 / 핀설정 / 동작모드 / DMA 실습 |

커널연구회(www.kernel.bz)　　　　　　　　　정재준 ( rgbi3307@nate.com )

## 강의교재

ARM 아키텍쳐 Manual 과 Datasheets 을 교재로하여 프로그램 소스를 직접 실습하면서 강의를 합니다.

## 실습장비

ARM Cortex-M0 Discovery 보드 2 개를 브래드보드에 연결하여 실습합니다.

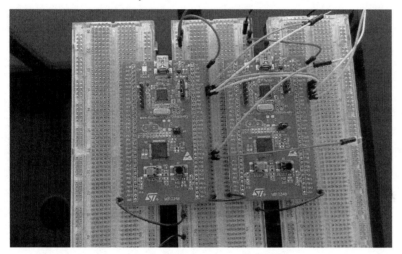

통합개발 환경(IDE)인 IAR 을 사용하여 소스 편집, 컴파일, 실행, 디버깅 합니다

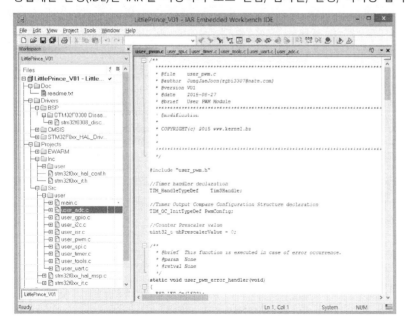

커널연구회(www.kernel.bz)　　　　　　　　　　　　　　　　정재준 (rgbi3307@nate.com)

# B1.4 리눅스 커널 자료구조 알고리즘 실습

## 과정개요

리눅스 커널은 하드웨어 자원을 빠르고 효율적으로 처리하기 위해 가장 최적화된 자료구조와 알고리즘을 적용하고 있습니다. 이로인해 커널의 자료구조 알고리즘에 대한 깊이있는 지식이 없다면 커널을 제대로 이해할 수 없습니다. 본 과정은 리눅스 커널의 분석과 이해가 필요한 개발자를 위해 커널에 적용된 자료구조와 알고리즘을 분석하고 이해하기 위한 과정입니다.

## 과정목표

- 리눅스 커널 자료구조 알고리즘 설계에 대해 이해할 수 있습니다.
- 커널 객체지향 구조체에 대해 이해할 수 있습니다.
- 커널 링크드 리스트(Doubly Circular Linked List)에 대해 알수 있습니다.
- 커널 큐(Queues) 자료구조에 대해 알 수 있습니다.
- Red-Black Tree 자료구조에 대해 알 수 있습니다.

## 과정장점

본 과정은 단순 이론 설명이 아니라 커널 소스를 직접 분석하고 이를 응용하는 실습을 통해 커널에 적용된 자료구조와 알고리즘을 제대로 알수 있도록 실습 위주로 강의합니다.
(커널 소스의 기반이 되는 링크드 리스트와 큐, Red-Black Tree 에 대한 중점 강의).

## 주요내용

- 리눅스 커널 객체지향 코딩 이해
- 커널에서 다루는 구조체, 함수 포인터
- offsetof, container_of 매크로 이해
- Linked-List 이해 및 실습
- 큐(Queue) 이해 및 실습
- Red-Black Tree 이해 및 실습

## 사전지식

C 언어 중고급 문법을 알고 있고 특히 구조체와 포인터에 대해서 잘 이해하고 있어야 함.

## 강의내용

| 순서 | 주요내용 | 상세설명 |
|---|---|---|
| 1 | 커널 객체지향 코딩 | 커널 구조체 / 구조체 멤버변수 접근방식 이해<br>구조체 내의 함수 접근방식 이해 |
| 2 | 객체지향 코드 실습 | 구조체 offsetof 매크로 이해 / 구조체 container_of<br>매크로 이해 / 커널 구조체 실습 |
| 3 | Include/linux/list.h | LIST_HEAD 매크로 이해 / list_init |
| 4 | 링크드 리스트 실습 | list_add / list_del / list_replace / list_move / list_last<br>list_cut / list_splice |
| 5 | 링크드 리스트 탐색 | list_entry / list_first_entry / list_for_each /<br>list_prepare_entry / hlist |
| 6 | 큐(Queues) 실습 | kfifo 구조체 이해 / kfifo_init / kfifo_alloc / kfifo_free<br>__kfifo_put / __kfifo_get |
| 7 | Include/linux/rbtree.h | Red-Black Tree 구조체 이해 / rb_parent / rb_color<br>rb_is_red / rb_is_black |
| 8 | lib/rbtree.c | *rb_next / *rb_prev / *rb_first / *rb_last |
| 9 | lib/rbtree.c 탐색 | rb_entry / rb_first / rb_insert / rb_search<br>rb_output / rb_erase |
| 10 | 커널 내의 자료구조<br>알고리즘 적용사례 | task_struct / work_queue / run_queue 이해 |

커널연구회(www.kernel.bz)　　　　　　　　정재준 (rgbi3307@nate.com)

## 강의교재

도서명: 리눅스 커널과 디바이스드라이버 실습 2
출판사: 커널연구회
저자: 정재준
도서정보 링크(시중서점): http://www.aladin.co.kr/shop/wproduct.aspx?ItemId=27737654

저자가 커널연구회(www.kernel.bz)를 수년동안 운영하면서 리눅스 커널 소스를 분석한 내용 위주로 구성했다. 리눅스 커널 소스를 이론적으로 설명하지 않고 최신 소스를 분석하여 소스 위주로 설명하고자 하는 저자의 꼼꼼한 노력이 돋보이는 책이다. 특히 Second Edtion 에서는 다음과 같은 내용을 대폭 보강했다.

제 4 장 동기화에 대해서 내용을 수정함. 제 6 장 메모리 관리 및 주소 변환에 대해서 내용을 좀더 자세히 보강함. 제 8 장 커널내부 들여다보기에서 커널 부팅 과정을 소스 분석적 관점에서 자세히 설명하고 커널모드와 사용자 모드에 대해서 설명을 좀더 추가함. 제 10 장 기본원리 이해에서 디바이스 드라이버 작성에 대한 기본을 좀더 충실히 기술함. 제 11 장 문자 드라이버들에서 병렬포트 실습 소스 코드를 좀더 자세히 추가하고, 임베디드에서 자주 사용하는 플랫폼 디바이스 드라이버에 대한 설명을 추가함. 제 12 장 직렬통신 디바이스 드라이버에 대한 설명을 좀더 보강함. 제 13 장 IIC 버스 인터페이스에 대한 내용을 새롭게 추가함. 제 14 장 PWM 과 ADC 드라이버에 대한 내용을 새롭게 추가함. 부록 1 리눅스 커널 버전별 특징을 새롭게 추가함.

## 실습장비

ARM Cortex-A7(core 4 개) 기반의 라즈베리파이 2 보드에서 gcc 버전 4.9.2 로 실습합니다.

통합개발 환경(IDE)인 CodeBlocks 을 사용하여 소스 편집, 컴파일, 실행, 디버깅 합니다.

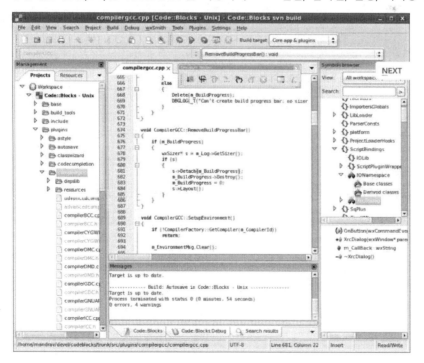

커널연구회(www.kernel.bz)　　　　정재준 (rgbi3307@nate.com)

# B1.5 리눅스 커널 소스 디버깅 실습

## 과정개요

리눅스 커널 소스를 이론적으로만 강의하는 방식이 아니라 커널 소스를 line by line, step by setp으로 디버깅하는 방법을 익혀서 커널 부팅과정, 디바이스드라이버 초기화 및 동작과정, 실무사례에 적용하는 방법등을 직접 실습하면서 익힐 수 있습니다.

## 과정목표

- 커널 소스 디버깅(menuconfig, kgdb, kgdboc) 방법을 습득할 수 있습니다.
- 디바이스 드라이버 초기화 및 진입지점 소스를 디거깅하면서 이해할 수 있습니다.
- 디바이스 드라이버 설계사상 및 동작 흐름을 디버깅할 수 있습니다.
- 실무사례들을 통하여 커널 소스 디버깅 방법을 좀더 자세히 익힐 수 있습니다.

## 과정장점

리눅스 커널 소스를 직접 디버깅하면서 소스 레벨에서 커널의 동작 과정을 확인하면서 커널 소스를 이해할 수 있습니다.  실무사례들(시스템콜, kobject, I2C 인터페이스)을 가지고 커널 소스를 효율적으로 디버깅하는 방법들을 숙지할 수 있고 현장 업무에 바로 적용할 수 있습니다.

## 주요내용

- 리눅스 커널 소스 디버깅 환경 구축
- 커널 menuconfig, kgdb, kgdboc 설치 및 사용법
- 커널 부팅과정 소스 디버깅
- 디바이스드라이버 초기화 및 진입지점 디버깅
- 디바이스드라이버 설계사상 및 동작흐름 디버깅
- 실무사례들로 커널 소스 디버깅

## 사전지식

C 언어 중고급 문법을 알고 있고 특히 구조체와 포인터에 대해서 잘 이해하고 있어야 함.
리눅스 커널 자료구조 알고리즘에 대해서 사전 지식이 있어야 함.

커널연구회(www.kernel.bz)　　　　　　　　　정재준 (rgbi3307@nate.com)

## 강의내용(리눅스 커널 4.1)

| 순서 | 주요내용 | 상세설명 |
|---|---|---|
| 1 | 리눅스 커널 소스 디버깅 환경구축 | 시리얼 콘솔 연결 / kgdb, gdb 설치 / 커널 menuconfig 설정 실습 |
| 2 | **kgdboc 사용 실습** | list 명령 실습 / continue, break / info, clear disable 실습 / next, setep, watch / print, display 실습 |
| 3 | 리눅스 커널 효율적인 디거깅 방법 실습 | Kconfig, Makefile 이해 및 활용기법 debug message 와 로그 활용 및 실습 |
| 4 | **커널 부팅 디버깅** | init/main.c / strat_kernel() 소스 디버깅 rest_init() / 디바이스드라이버 초기화 과정 디버깅 |
| 5 | 디바이스드라이버 설계사상 이해 및 디버깅 | drivers/base 이해 / device_driver 구조체 이해 module_init / probe 실습 |
| 6 | 실무사례 1 시스템콜 디버깅 | open, read, write / loctrl copy_to_user() / copy_from_user() 실습 |
| 7 | 실무사례 2 **kobject 디버깅** | kobject 구조체 및 설계사상 이해 kobject_create / attribute 구조체 /sys/kernel 실습 |
| 8 | 실무사례 3 **I2C 인터페이스 디버깅** | i2c-core / i2c-dev / i2c-gpio / i2c-bcm2708 실습 |

커널연구회(www.kernel.bz)　　　　　　　　　정재준 (rgbi3307@nate.com)

## 강의교재

도서명: 리눅스 커널과 디바이스드라이버 실습 2
출판사: 커널연구회
저자: 정재준
도서정보 링크(시중서점): http://www.aladin.co.kr/shop/wproduct.aspx?ItemId=27737654

저자가 커널연구회(www.kernel.bz)를 수년동안 운영하면서 리눅스 커널 소스를 분석한 내용 위주로 구성했다. 리눅스 커널 소스를 이론적으로 설명하지 않고 최신 소스를 분석하여 소스 위주로 설명하고자 하는 저자의 꼼꼼한 노력이 돋보이는 책이다. 특히 Second Edtion 에서는 다음과 같은 내용을 대폭 보강했다.

제 4 장 동기화에 대해서 내용을 수정함. 제 6 장 메모리 관리 및 주소 변환에 대해서 내용을 좀더 자세히 보강함. 제 8 장 커널내부 들여다보기에서 커널 부팅 과정을 소스 분석적 관점에서 자세히 설명하고 커널모드와 사용자 모드에 대해서 설명을 좀더 추가함. 제 10 장 기본원리 이해에서 디바이스 드라이버 작성에 대한 기본을 좀더 충실히 기술함. 제 11 장 문자 드라이버들에서 병렬포트 실습 소스 코드를 좀더 자세히 추가하고, 임베디드에서 자주 사용하는 플랫폼 디바이스 드라이버에 대한 설명을 추가함. 제 12 장 직렬통신 디바이스 드라이버에 대한 설명을 좀더 보강함. 제 13 장 IIC 버스 인터페이스에 대한 내용을 새롭게 추가함. 제 14 장 PWM 과 ADC 드라이버에 대한 내용을 새롭게 추가함. 부록 1 리눅스 커널 버전별 특징을 새롭게 추가함.

## 실습장비

ARM Cortex-A7(core 4 개) 기반의 라즈베리파이 2 보드에서 ARM Native gcc 버전 4.9.2 로
실습합니다. (arm-linux-gnueabihf-gcc). 리눅스 커널 소스 버전은 4.1 입니다.

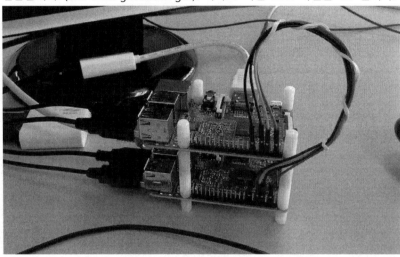

통합개발 환경(IDE)은 CodeBlocks 을 사용합니다.

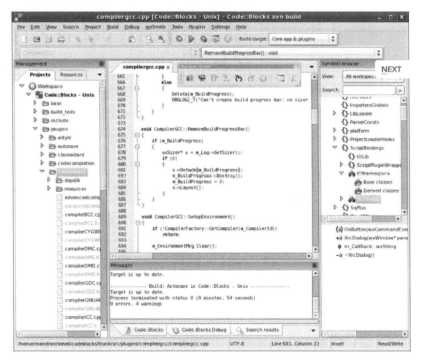

커널연구회(www.kernel.bz)　　　　　　　　　　　　　　　　정재준 (rgbi3307@nate.com)

# B1.6 리눅스 커널 Device Tree 실습

## 과정개요

Device Tree는 리눅스 커널에 탑재된 장치들에 대한 접근주소(register 기준 주소)를 트리구조로 표준화한 파일입니다. 커널은 장치들을 동작시킬때 해당 장치에 접근하는 주소를 알아야 합니다. 리눅스 커널 3.2 이하의 버전에서는 아키텍쳐별로 장치에 접근하는 주소를 하드 코딩하다보니 커널소스 관리가 복잡해지고 무거워 졌습니다. 그래서 3.2 이후의 커널 버전부터 Device Tree로 표준화 시키면서 4.x 버전부터는 이 규정을 엄격하게 지켜서 디바이스드라이버를 작성해야 합니다.

## 과정목표

- Device Tree 소스파일을 작성하는 문법을 이해할 수 있습니다.
- 각종 하드웨어 장치들을 Device Tree 에 연결하는 방법을 익힐 수 있습니다.
- 리눅스 커널에서 Device Tree 을 운영하는 소스를 활용할 수 있습니다.
- Device Tree 가 적용된 실무사례를 가지고 소스를 분석하고 현장업무에 적용할 수 있습니다.

## 과정장점

Device Tree 작성방법을 익히고 리눅스 커널에서 이것을 어떻게 운영하고 있는지 이해할 수 있습니다. 디바이스드라이버를 작성할때 Device Tree 를 작성하는 규정을 이해하고 따라서 하면 리눅스 커널 소스를 효율적으로 코딩할 수 있습니다.

## 주요내용

- Device Tree 소스파일 설명
- Device Tree 속성값 및 노드 명칭 이해
- 레지스터 주소 매핑 이해
- Device Tree 와 하드웨어 장치들간의 연결관계
- 이해와 소스코드 실습
- Device Tree 검색 및 탐색법 실습

## 사전지식

커널연구회(www.kernel.bz)　　　　　　　　　　　　　　정재준 (rgbi3307@nate.com)

C 언어 중고급 문법을 알고 있고 특히 구조체와 포인터에 대해서 잘 이해하고 있어야 함.
리눅스 커널 자료구조 알고리즘에 대해서 사전 지식이 있어야 함.

## 강의내용(리눅스 커널 4.1)

| 순서 | 주요내용 | 상세설명 |
|---|---|---|
| 1 | **Device Tree 개념 이해** | Device Tree 소스 위치설명<br>Device Tree 소스 분석법<br>Device Tree 문법이해 |
| 2 | **Device Tree 문법 설명** | 노드 명칭들 / compatible 속성 이해<br>주소 및 레지스터 표현법<br>cell 속성 설명<br>reg 속성 설명<br>ranges 속성 설명 |
| 3 | **하드웨어 장치들을 Device Tree 로 표현하는 방법** | CPU, 메모리, 인터럽트, Clock, MMC, I2C, SPI, UART, PWM, ADC 등의 장치들을 Device Tree 에 표현하는 방법 |
| 4 | **Device Tree 소스 설명 (/drivers/of)** | address.c / base.c / device.c<br>dynamic.c / irq.c / of_*.c |
| 5 | **Device Tree 예제 1** | Device Tree 에 있는 장치들을 가져오는 소스 설명<br>probe() / of_alias_get_id() 실습 |
| 6 | **Device Tree 예제 2** | Device Tree 탐색 실습<br>dtree_search_init()<br>dtree_loop(()<br>dtree_property()<br>dtree_find_all_nodes() 실습 |

커널연구회(www.kernel.bz)         정재준 (rgbi3307@nate.com)

## 강의교재

도서명: Device Tree 상세분석  in Linux Kernel 4.0
출판사: 커널연구회
저자: 정재준
도서정보  링크(시중서점): http://www.aladin.co.kr/shop/wproduct.aspx?ItemId=65981744

커널연구회는 리눅스 커널과 자료구조 알고리즘을 연구하고
리눅스 시스템 프로그래밍 및 디바이스드라이버 개발을 통하여
창의적인 프로젝트를 수행하여 IoT 관련 제품들을 만들어 일상
생활을 풍요롭고 편리하게 하는데 가치를 두고 있습니다.
아울러 관련 기술들을 교육하여 여러사람들과 공유할 수
있도록 노력하고 있습니다. "Device Tree 상세분석 in Linux
Kernel 4.0"은 커널연구회가 그동안 수년동안 최신의 리눅스
커널 소스를 분석하고 정리해온 노력들이 그대로 책속에
담겨져 있습니다. 또한 삼성 Exynos5420 이 탑재된 Arndale
Octa Board 에 리눅스 커널 4.0 소스와 Device Tree 를 포팅하는
과정을 그대로 따라하면서 실습할 수 있도록 내용을 구성하여
독자분들이 현장 업무에 그대로 적용할 수 있도록 했습니다.

커널연구회(www.kernel.bz)        정재준 (rgbi3307@nate.com)

## 실습장비

ARM Cortex-A7(core 4 개) 기반의 라즈베리파이 2 보드에서 ARM Native gcc 버전 4.9.2 로 실습합니다. (arm-linux-gnueabihf-gcc). 리눅스 커널 소스 버전은 4.1 입니다.

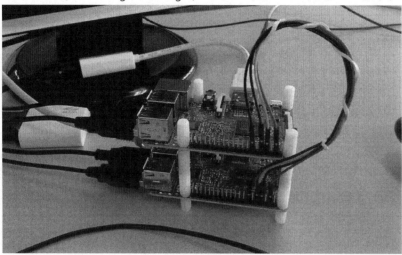

통합개발 환경(IDE)은 CodeBlocks 을 사용합니다.

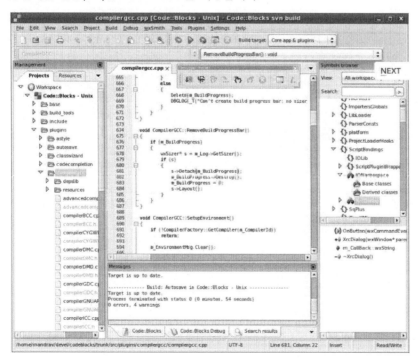

커널연구회(www.kernel.bz)                                      정재준 (rgbi3307@nate.com)

## 커널연구회 교육학원 내부시설

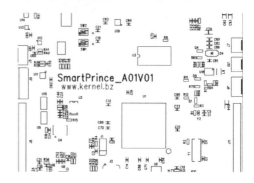

커널연구회(www.kernel.bz) 　　　　　　　　　　　　　　　　정재준 (rgbi3307@nate.com)

## 만들면서 배우는 커널연구회 라지그 프로젝트

# 커널연구회 교육학원 위치(약도)

● **주소:** 서울시 금천구 두산로 70 (독산동 291-1)

　　**현대지식산업센터 A동 26층 2611호**

● **교통: 지하철 1호선 독산역 1번출구**

　　(도보 11분, 이동거리 708미터)

♣ 기타 내용들은 커널연구회(www.kernel.bz) 웹사이트를 참조하시기 바랍니다.

♣ 감사합니다.

커널연구회(www.kernel.bz)　　　　　　　　　　　　　　정재준 (rgbi3307@nate.com)